体育文化
演讲录

体育文化丛书

卢元镇 著

中山大学出版社
SUN YAT-SEN UNIVERSITY PRESS

·广州·

版权所有　翻印必究

图书在版编目（CIP）数据

体育文化演讲录/卢元镇著．—广州：中山大学出版社，2020.11
（体育文化丛书）
ISBN 978-7-306-06994-8

Ⅰ.①体… Ⅱ.①卢… Ⅲ.①体育文化—演讲—文集
Ⅳ.①G80-054

中国版本图书馆 CIP 数据核字（2020）第 195186 号

Tiyu Wenhua Yanjianglu

| 出 版 人：王天琪
| 丛书策划：王延红
| 责任编辑：李先萍
| 封面设计：刘　犇
| 责任校对：苏深梅
| 责任技编：何雅涛
| 出版发行：中山大学出版社
| 电　　话：编辑部 020-84111946，84113349，84111997，84110779
　　　　　　发行部 020-84111998，84111981，84111160
| 地　　址：广州市新港西路 135 号
| 邮　　编：510275　　　传　真：020-84036565
| 网　　址：http://www.zsup.com.cn　　E-mail:zdcbs@mail.sysu.edu.cn
| 印 刷 者：广东虎彩云印刷有限公司
| 规　　格：787mm×1092mm　1/16　14.75 印张　249 千字
| 版次印次：2020 年 11 月第 1 版　2024 年 4 月第 2 次印刷
| 定　　价：42.00 元

如发现本书因印装质量影响阅读，请与出版社发行部联系调换

总　　序

近日，卢元镇先生文集将结集付梓，先生嘱我为其拟一序。其言殷殷，其情切切。我半推半就，信口而出："我手中拙笔，何能勾画出你魁梧身躯和硕大的脑袋已装不下的灵魂呢？"先生依然不依不饶。虽然这不似崔斯坦[①]那么惊心动魄的抉择，但还是有点力不从心的后怕，伴有一点点"听话总是吃亏"的感觉。

卢先生是我们圈内被称为"先生"的极少数学者之一。先生只是一介书生，可见，大家都是出自内心的。先生在圈内地位之高、受崇之至，由此可窥一斑！小时候，母亲带我去上学，教我称老师为先生，医生也必须称之为先生。医生为我们解痛苦称之先生，理所当然，就像庚子年初抗疫的逆行者，他们当之无愧！而不断给我"制造痛苦"的老师，为何也要称之为"先生"呢？母亲的回答却是斩钉截铁："天地君亲师！"

我与卢先生相识40余年，这是上世修来的缘分。从相识、相知、相交，到彼此相处时觉得舒服（人与人相处的最高境界是舒服），不用取悦对方，不怕得罪对方。在来去匆匆、物欲横流、观念撕裂的时代，找一个能说说话的人，谈何容易？值得庆幸的是，我们找到了一个彼此可以坦诚说话的人。聊得来，始于有趣；聊得深，得于有益；聊得久，终于三观。如果你只见过卢先生站在讲台上目光如炬、声如洪钟、针砭时弊、慷慨激昂的样子，那你一定会忽略他被演讲激情掩盖了的丰富的情感世界。你可见过先生大块吃肉，大碗喝酒，大声高歌？先生这辈子的唯一遗憾是没有醉过，我亲见他喝一斤半酒像没事的人一样；而被人称"酒仙"的，却醉了一天

---

① 崔斯坦系克莱儿·麦克福尔小说中的灵魂摆渡人。他思想清晰、经验丰富又勇敢无畏，引领了许多灵魂。

一夜。先生的歌声与朗诵，可是小有名气的。你可看过先生诗词唱和、散文杂评、摄影拍照？旁征博引，妙趣横生，精彩纷呈！你可知晓先生栽花养宠、叠被开床、洗菜做饭？每天为宠物洗脚，是珍爱生命的人；每天叠被开床，是一个有仪式感的人；而会洗菜做饭的男人一定是个好男人。不知诸君信否？反正我信！

卢先生是体育界最有文化的人之一，也是文化界最懂体育的人之一。卢先生读书之多、行路之远、经历之丰，让人叹为观止。尽管圈内有几位很著名、很优秀的学者跟我说过：他们是本领域读书最多的人！我每次都要加上一句：还有卢先生。卢先生自侃"家学文史哲，喜爱数理化，落脚跑跳投"。卢先生祖籍江苏苏州，生于云南昆明，长成南人北相。卢先生孩提时代，正是西南联大在昆明办学的时期。他外祖父王伯祥是著名的史学家。他父母在昆明结婚的证婚人是朱自清。他父母在昆明经营的书店，是一批大名鼎鼎的文人、学者，如巴金、华罗庚、金岳霖、陈寅恪等聚会的地方。家庭是人生的第一位老师，卢先生不仅有"家学文史哲"的底色，身上还印满这批学者名士的"手印"。即便是跑跳投，他也能跑出诗情画意，跳出思想火花，投得五彩缤纷。

卢先生是体育界影响最广的学者。大至参与国家体育方略制定，小到参与凤凰卫视节目《问答神州》的录制，传播体育文化。先生出书几十本，发表文章几百篇，演讲上千场，受众几万人。时至今日，天天有文字记录，哪怕是微博的内容，也饱含家国情怀。先生的著作、教材占了近30年中国体育学界最有影响力的著作的1/8。如此认真，如此执着，使人明白态度决定成败！先生最突出的贡献在中国体育社会学方面，他是中国体育社会学的开山者。中国知识分子从来重名轻利，立言于世是其终身追求。一位好的学者，能够在自己的领域内留下一些值得传承记载的东西，已经是永铭历史了。卢先生如此丰硕的成果，让人顿生高山仰止之感。

卢先生最难能可贵的是一身浩然正气，蓬勃朝气，昂扬锐气。人是要有点精神的，有了这种精神，自然会"不待扬鞭自奋蹄"。卢先生主业是体育社会学，而批判主义是社会学的主要理论范式。这不禁使人想起社会学的开山鼻祖孔德：手握真理却四面楚歌，一生坎坷潦倒。事后万千鸣笛，不如当初一哨吹起。社会需要喜鹊，更需要啄木鸟！卢先生一生也有沟沟坎坎，有很多机会为官、从政、经商。在改革开放的大潮中，鱼龙混杂，大浪淘沙,就看谁能坐得稳、守得住、走得远。先生始终是一身磊落的士人风骨,道统文化始终主宰着他。他可以在自己的精神世界里做自己的主,称自己的王!这样的人生才有长度、宽度和高度。他的高,别人难以企及;他的远,别人难以抵达。到了最后,也只有具备真人格、真性情、真才华的人才能到达。

我深信:一切成功是做人的成功,一切失败是做人的失败。

2020 年 4 月 8 日

自　序

从教以来，我在中学、大学的课堂里度过了生命的大部分时光。除了在课堂上与学生们交流，课余时间也经常外出讲学，讲学的邀请单位有机关、学校、兵营、社科院、科研所、运动队，也有街道办事处、居委会等。讲课的内容主要是体育，有时也讲文化、教育、卫生、音乐等内容，讲台是我传播体育文化的主要阵地。40多年来，讲学数百场，受众十余万人，为此走遍了全国大多数省、市、自治区，时至今日，无论走到哪里，都能与曾经的学生或听众交谈。令人意外的是，我还曾被科学技术部、中宣部等单位评为"全国科普先进工作者"。在我一生所获的众多奖项中，唯此最让我引以为傲。

教学与讲学有所不同。课堂教学要注重教学效果，既要对讲课内容条分缕析，也要尽量让学生当堂消化所学内容。但在大讲堂中讲学，听众常在百人以上，知识水平参差不齐，因此，讲学需要有更高的技巧与能力。首先，讲学的内容一定要新颖，观点要鲜明，论证要清晰，要让多数听众有收获。其次，语速要稍快于教学。既要注重科学性，也要讲究文学性。风趣幽默的语言能让听众有愉悦感、舒适感。再次，要分清观点语言、陈述语言、论证语言与事例故事语言的区别，避免平铺直叙。要掌握听众的情绪，有时氛围重于教学内容的传达，如果数百人哄乱起来，再好的教学内容也等于零。最后，讲学时声音要洪亮悦耳。由于长期在合唱团唱歌、朗诵，在这方面，我有一些优势。

本书选编的是我近20年在国际、国内的研讨会、论坛上发布过的讲稿。为了保证讲述逻辑的完整，其中有几篇讲稿中可能存在重复使用的段落和语句，读者阅读时跳过即可。20世纪的讲稿多为纸质文件，在多次搬迁中散失，已经无法恢复，有的甚至连题目都想不起来了，想来大多已过时。在最近的讲学中，我发现自己的语速在下降，口误在增加，感到自己已经到了退出讲坛的时候。而这本书的出版也算是为我的讲学生涯画上了一个圆满的句号。

卢元镇
2019 年 9 月 1 日写于北京宣颐家园容笑斋

目　录

体育运动
　　——现代人生命质量的守护神／1
社区体育是社会体育的最佳组织形态／10
大学：人类的精神乐园／21
当代中国休闲的特点及其休闲理论的本土化／23
"人"文化、"福"文化、"和"文化在北京奥运会上的形象表达
　　——兼谈中国方块字的文化特殊性／30
休闲的失落：中国传统文化的遗憾／36
竞技：人类进步的表征与希望／43
体育的人文观和社会观／53
公民体育权利的伸张、保障与发展／67
竞技运动与社会心理的相互影响／73
进入世界优秀文化之林的中国－东盟国家的大众体育／80
我的体育生涯与体育主张／83
绿色：体育运动增长方式转型的基本原则／96
武术的生命力及其在现代社会的延续／101
全民健身文化建设刍议／106
中国社会体育的基本命题面临的形势与变革／117
从北京到伦敦："举国体制"路在何方？／126
大学体育与大学生人格体魄／135
新时代全民健身的特点与发展趋势／146
大话冰雪运动／153
健康中国与全民健身／168
体育改革的回顾与展望／178

全民健身助力健康中国 / 184
幼儿体育功能的社会学阐释 / 191
活力城市的哲学思辨
　　——亚洲活力城市标准制订的前提性思索 / 198
体育，一个永恒的话题 / 203
附图　学术活动及讲学相关的现场照片 / 208

体 育 运 动

——现代人生命质量的守护神

(1999年在中国科学技术协会举行的"健康专家论坛"上的讲演)

当我们跨进知识经济时代的大门,意识到创造社会财富不再只是依赖自身的体力,而是要依靠聪颖和智慧的时候,当我们向传统社会告别,以成为现代人为乐为荣的时候,一个怪影游荡而来,它无情地嘲弄着人们。而此刻,人们正奔忙在高楼林立的都市里,龟缩在用钢筋水泥制成的"火柴盒子"里,沉湎于无所不能、无所不及的计算机网络中。这个怪影是一直隐藏在潘多拉魔盒中的祸患,当它从魔盒中被释放出来,就以各种丑恶行径对人类施以报复和惩罚:人类的生物结构和机能正在退化,"文明疾病""都市疾病"广泛暴发和蔓延,而各种与心理相关的疾病也成为人群的高发病,这些千奇百怪的疾病几乎是闻所未闻的。

这个怪影是牵制人类走向高级文明的一种不可忽视的张力,它已经让人类付出了沉重的代价。以美国为例,1989年死于心血管疾病的职工人数是死于工业事故人数的10倍,治疗心血管疾病的费用占全年医疗费用开支的18%,而从1970—1994年,全美用于健康的费用增长了13.4倍,1991年的健康支出占国民生产总值的13.2%。1994年我国上海市的医疗费用高达65亿元,占当年当地职工收入的16.94%。

今天,提高现代人的生活质量,乃至生命质量的现实任务严峻地摆在健康工作者面前,摆在众多与健康直接或间接相关的学科的研究者面前。体育运动与体育科学在这场守护健康的革命中所体现的价值已被越来越多的人接受,体育运动在关照、监控和提高人的生命质量方面所起的特殊作用是其他活动替代不了的。

一、体育运动是现代人继续进化的推动者

从猿进化到人，人类站立起来主宰了这个星球。直立行走的姿势给人带来了巨大的进步，如手的解放、劳动工具的使用，但也带来了麻烦，如出现了只有人类才会生发的痔疮、静脉曲张等疾病。其实人是很不情愿直立的，美国自然科学家阿西摩夫说："人的骨骼不很适合于他的直立姿势，人可能是处在正常姿势和正常活动的情况下都可能出现腰酸背痛的唯一动物。"于是，人们总喜欢坐下来，一天要坐 8～12 小时，这也成为人们头脑清醒时保持最长久的一种身体姿势。由于科学技术的发展，在各行各业中，脑力劳动的人数占全部就业人数的绝大部分。长时间伏案工作已经成为部分社会成员的基本活动方式，英国政府惊呼，"盎格鲁－撒克逊人已经成了坐在椅子上的民族"。久坐所造成的"运动不足"和"肌肉饥饿"，已经成为普遍的社会问题，正如美国明尼苏达大学生理卫生实验室教授亨利·布莱克本说的："坐着工作是文明史上对人的新陈代谢影响最深刻的变化，这是造成我们许多新陈代谢失调现象的原因。"

人类文明史上的另一件关键性的大事是机器的发明。机器是人类的发明，但影响改变之巨大，使人类为之震惊。弗洛姆在《人类毁灭的原因》一书中说，机器比活的东西更能投人所好。人对机器的偏爱是自我毁灭的信号，机械化迫使人类抛弃了自己本来的习惯。由于职业的专业化和超专业化，人们已经习惯把超出自己智力之上的许多技能请机器来代劳。思考、计算、设计生活方式、适应新的环境、唱歌、绘画、舞蹈、下棋等，都由各种机器代为操作。这种因机器代劳而使自己技能退化的做法，不仅会使身体活动能力下降，而且会导致疾病上身，严重的还需要服药治疗。如果长时间在工作上依赖机器，人也会丧失双手灵巧操作的能力和敏捷自然的身体动作，最终可能会影响智力。人体运动能力减弱，是由于受机器的奴役和自身放弃了努力。运动能力低下，是人类身体和心理受到损伤的集中反映。

进入人类高级文明社会后，又产生了一个新的问题，即自然与文化之间界限的问题。因文化而来的进化、因文化而获得的高雅以及更经常出现的因文化而导致的畸形，使人类脱离自然。精细的食物，使人类的牙齿退化；时髦的服装，限制了人们的行动；大量生化药物和各种射线，损伤着人的机体；各种复杂的社会关系，考验着人们的神经系统，扭曲着人们的精神世界。

美国著名考古学家托埃·狄库松在《未来的人类》一书中曾悲观地认为人类会因内脏的枯萎而变成鸡胸狗肚。由于肉体的塌缩而失去全部原有的功能，手脚变细了，皮肤又黑又硬，就像荔枝皮那样，脑袋比身体要大。有的人类学家甚至估计若干年后人类可能会演变成一种类似蜘蛛的体形——人们将丧失躯干，只留下细弱的四肢附着在头上。英国伦敦大学遗传学教授斯蒂夫·琼斯认为地球上最高级的动物——人类已经停止发展，人类已经用不着在体貌上再进化。人类已经控制一切，用进化论的语言来说，人类是最令人厌烦的物种。

以上所有悲观的论调都忽视了人类社会进步的一个基本事实，那就是当代体育运动在世界范围的繁荣和发展。社会的进步为人们参与体育活动提供了更多的机会和可能，同时参与体育活动也是现代人内心深处的一种需要，一种基于人类进化进程的需要。我们正在采取一切措施和行动，使当代人恢复他们已经失去的身体能力。如果一个人不能掌握多样且灵活的肢体动作，他在生活中的行动能力就会非常弱，他将不能承担起人类进化赋予他的那部分责任。当我们留意和观察他人的时候，会发现包括自己在内的许多人在一天之内可能不会挥动一次手臂，一周之内身体很少因为运动而腾空，一个月之内很少让自己的心率达到 100 次/分钟，一年之内没有搬运 20 公斤重物的机会。我们远离了各种体力活动，更多地靠近电视机、录像机，拿着遥控设备通过红外线延长手臂。于是，我们就可以理解体育为何会成为生命的需要，知道它的价值和真谛何在了。到户外去，去过粗放的生活，回归自然，找回人类的本原，已经成为时代的口号。

人类获得智慧不仅靠说话和思维，也依靠表情、姿势、动作和行动，依靠竭尽全力从事活动的操作。哲学家和科学家大脑皮质的发达，并不是另外增加了什么东西，不是在原有的感觉器官、运动能力和情感之上建立了另外的上层结构，而是表明这是一个有了新的功能的器官，实际上是感觉器官、运动能力、情感本身变得更有智慧了。人的身体，特别是人的双手，和语言一样是有智慧的。人跑步不像动物跑步，加上人的智慧，便成了一种新的跑步方式。这种方式之所以是新的，不仅是由于人的特殊的体格和特殊的运动方式，也因为这是一个有智慧的人在跑步，所以他的跑本身就是智慧。从这种意义上，体育的价值，在于它维系着人类的本原和未来。

二、体育运动是现代人体内能量积蓄的释放者

随着机械化、电气化和自动化程度的提高，现代化交通工具的普及以及信息技术的发展，人们从事劳动和工作的时间大大减少，1997 年我国城市职工平均每日工作时间为 5 小时 37 分钟，比 1990 年减少了 1 小时 42 分钟。又由于家务劳动社会化和家用电器的普遍使用，人们用于家务劳动的时间也大大缩短，我国男职工家务劳动时间同期减少了 27 分钟，女职工减少了 80 分钟。

此外，由于工业发达国家施行了高工资、高物价、高消费的分配政策，以及家畜、家禽工厂化生产和冷藏设备的普及，工业发达国家居民的食物数量和膳食结构发生了重大的变化，例如，美国每年每人消耗的食物总量为 660 千克左右，其中脂肪含量高达 42%，动物蛋白摄取量占蛋白摄取总量的 80%。国外营养学家普遍认为，这可能是使心脏病、糖尿病、高血压、肥胖症、恶性肿瘤变成工业发达国家常见病、多发病和高发病的一个主要原因。在我国，膳食结构也随着消费水平的提高而改变，1992 年我国城乡人均谷物和薯类消费与 1982 年相比，分别下降了 10.9% 和 49.4%，而肉、蛋、奶和水产品分别增加了 81%、200%、323% 和 97.4%。

这些被称为"文明病"的慢性病，影响范围之广、危害之烈，令人触目惊心。有的国家 1/3 的中年男子、1/4 的中年女子受到心肌梗死的威胁。按国际通用的标准（BMI）测算，有 49% 的美国妇女和 59% 的美国男子体重超标。德国国民体重超重的人高达 38%。1992 年我国城市居民体重超重者已达 14.9%，北京市居民中体重超重者已达到 32.8%。肥胖可能会导致胰岛素抵抗、乳糖不耐受、脂蛋白代谢紊乱和高血压等疾病。美国因心血管系统疾病而死亡的人数占死亡总人数的 50% 以上。我国 1980—1991 年的近 12 年间，高血压的患病人数平均每年增加 320 万。据全国人群调查统计，我国现患高血压的人数已达 9000 万人，糖尿病患者 2000 万人，每年肿瘤发病人数达 160 万人。北京市居民中，1992 年高血压患者比 1986 年增加了 2 倍，心脑血管疾病患者增加了 3 倍，冠心病患者则增加了 5 倍。这种情况在脑力劳动的阶层尤为严重，北京某高校的 400 名教师，在一次体检中发现 75% 的人患有顽疾。中国科学院对全院工作在第一线的研究员和院士进行了体检，结果发现只有 18 人用医学指标衡量是相对健康的。

用历史的眼光来看，这种情况的出现是一种惩罚，因为 19 世纪中叶，地球上生产和使用的全部动力有 96% 来自人和家畜的肌肉力量，仅有 4% 来

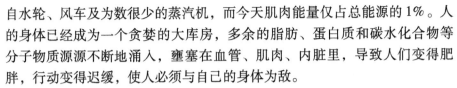

自水轮、风车及为数很少的蒸汽机,而今天肌肉能量仅占总能源的1%。人的身体已经成为一个贪婪的大库房,多余的脂肪、蛋白质和碳水化合物等分子物质源源不断地涌入,壅塞在血管、肌肉、内脏里,导致人们变得肥胖,行动变得迟缓,使人必须与自己的身体为敌。

面对这些恶果,为了给身体内营养物质的高积蓄寻找一条高消耗的出路,人类便只得求助于体育活动,以消耗热量、减轻体重从而保护心脏。而这一做法确实起到了积极的作用,例如,20世纪美国由于开展了大众体育活动,冠心病的发病率,70年代比40年代下降了8.7%,死亡率下降了7%,80年代后仍在持续下降。这就更加激发了人们参加大众体育活动的热情。

20世纪70年代后,人们认识到一种叫作"有氧锻炼"活动的重要性。在这种活动中,人们需要吸进大量的氧气。今天大气层中的氧气含量仅是恐龙时代的1/29,人的许多疾病(如癌症)与细胞缺氧十分相关,充足的氧气也是燃烧消耗体内多余养分、减少脂肪沉着的重要原料。从事这类运动要求"长、慢、远",即时间长、速度慢、距离远,每天要消耗150~400大卡的热量,至少有10分钟心率达到130次/分钟以上。活动的方式是长走、慢跑、游泳、登山、骑自行车、划船、上台阶、有氧体操等。可一次性持续活动30分钟,也可分3次进行,每次10分钟。坚持有氧锻炼的同时必须注意合理饮食,即"食量与体力活动要平衡"。由于东方人长期饮食习惯造成的解剖和机能特点,我们在"欧化"膳食结构的时候要慎重,还是要坚持以植物性食物为主、动物性食物为辅。

三、体育运动是现代人心理疾患的监控者

在体力劳动时代,也就是劳动强度时代,劳动者的疲劳是全身性的,疲劳的部位主要集中在四肢,恢复的方式主要是良好的睡眠。

进入机械化时代,也就是劳动密度时代,严格的社会分工造成的疲劳则是局部性的疲劳,疲劳的部位开始由过去的四肢转向大脑,而且往往出现睡眠障碍,不易得到恢复,还会形成局部疲劳的积蓄,从而影响健康。据日本劳动省做的一项调查,57%的人在车间里感到孤独,77%的人"不喜欢自己所从事的工作",71.3%的人认为"不能充分发挥自己的能力",87.7%的人感到精神疲劳。在日本丰田汽车公司,有65%的工人感到劳动强度过大,19.4%的工人在第二天上班时未能消除前一天的疲劳。在现代社会,紧张的生活节奏造成的心理障碍成为重要的社会问题。

进入信息化劳动时代，生产劳动对人的疲劳的影响则进一步转向了高级神经系统，使劳动者的健康状况发生着更为深刻的变化。在美国，患有神经系统疾病和心理失常症的人占全国人口总数的10%。在纽约市，每4个人中就有1个患神经官能症，严重偏离心理学标准。在日本，1975年企业界的自杀人数是4429人，1985年增至10128人，还有12339人离家出走，不少人被送进了精神病疗养院。

心理失调包括焦虑、抑郁、狂躁、自卑和妄想5个方面。这些失调的发生与社会生活有密切的关系。生活内容的丰富、生活气氛的炽烈、生活空间的窄化、生活节奏的高速化，都可能导致心理失调，而高科技使得人们的高情感逐渐退化，最终层出不穷的心理疾病成为现代社会一个难以逾越的难关。

人类社会是一个有意识的有机体。随着人类对自然界开发的广度和深度的发展，人类社会的外部环境日益"人化"，社会自身结构更加复杂和多样化，社会运动的时间节奏越来越充分地展现出由慢到快的变化趋势。生活节奏的加快，是社会发展和人类进步的必然趋势，也是人们获得越来越多的物质财富和余暇时间必须付出的代价。它的积极意义在于提高了生命的效率，使尽可能多的社会成员经过高速的协调配合，能为社会创造出更多的物质财富和精神财富。生活在快节奏环境里的人会精神振奋、生活充实、朝气蓬勃，因而快节奏生活受到人们的欢迎。

生活节奏的加快，在给社会成员带来好处的同时，也确实带来了许多健康方面的麻烦，这也引起了人们的重视。生活节奏的加快对于整个社会来说，具有不可逆转的性质，人们在退出一定的生产方式和生活方式之前，必须强制性地接受社会生活节奏的改变，并与之同步。因此，尽管快节奏生活有悖于一些人的生理习惯，但他们也必须与之适应。况且人类和动物不同，其生物节律具有一定的自主性和可塑性，大多数人经过一段时间的适应后，便能接受快的生活节奏。

体育运动和身体娱乐是人们调整、顺应新的生活节奏的重要辅助手段。体育运动缓解精神紧张、提供消遣娱乐的作用更为人们所重视。一些实验和社会调查证明，运动员和经常从事体育活动的人对生活节奏的改变有较强的适应性，经常参加运动会的人可以表现出较强的自制、快乐、超我、坚韧、敏锐、自信、合群和从容不迫的心理调节能力。

体育运动不仅能对人体的神经系统、心血管系统起作用，更可以提高人体对快节奏生活的应变能力和耐受能力，也可以帮助人们克服对快节奏生活的抵触、恐惧、厌烦和焦虑等心理障碍，可以稳定心理情绪、缓解身心紧张，控制"A"型反应，以增强人们在快节奏生活中的自信心。在体育活动中，人们所掌握的多种活动技能和活动方式，有利于人们准确、协调、敏捷地完成各种生产、生活动作，既可避免多余的动作，又不会力不胜任。

体育运动还可以通过扩展生活空间的方式调节人们的心理。每一个人都有一种在宽敞的生活空间舒展肢体的生理要求，更有一种向往更大的生活空间的心理追求。强制性地缩小生活空间，就会使人产生一种受惩罚的痛苦感，而生活空间的合理扩大有利于人们的身体健康和心理安宁。运动状态的人比坐在座椅上的人占有更大的生活空间。如果体育运动是在绿茵场上、江河湖海里、草原山麓上、森林雪原上进行，那么人们的活动空间将会变得更宽大。不唯如此，体育运动为人们提供的空间体验和感受更可以改善人们的心理环境。有一种运动和游戏被称为"眩晕活动"，它是指滑行、旋转、翻腾、上升、下降、坠落、摇摆、转动、滚动、波动、碰撞、追逐等活动，这些瞬息多变的活动给了人们日常生活中难以得到的各种身体状态，人们的平衡器官、视听器官、运动器官受到强烈的刺激，人们的内脏器官也会"翻江倒海"，此时人们会极度兴奋。此外，高速运动所带来的快感、命中目标后的喜悦感以及运动带来的创造欲（如战术计谋的实现）和破坏欲（如击打保龄球）的满足都是有益于磨炼心理的。

体育运动必须通过个人的努力去达到健身、健心、健美的实效，但体育运动不仅仅是个人或几个人的机械劳作和配合而已，体育运动是人与人、人与社会交往、交流感情的重要方式。在体育运动中，人们可以得到归属于群体的崇高感、亲情之间的伦理感、服从于规则的道德感、相互关怀和沟通的信任感、对新鲜事物追求的求知感和美感，并形成具有强烈的竞争、协作意识的独立人格，这些都对发展、健全和调节现代人的心理起到了至关重要的作用。

四、体育运动是现代生活方式的调理者

经过几千年的积淀，人类种种生活方式被保留下来了，它们是现代人与现代社会相适应的生活方式。现代生活方式强调生活质量，因为生活质量反映的是人类为了生存所进行的一切活动的能力和活动的效率。而生活质量取决于经济、教育、环境和健康等要素。健康，以及健康促成的长寿是人们获取良好生存机会的基本生命前提。然而，受历史和现实因素的影响，人们的生活方式中常常包含了许多不良的因素，影响了他们的健康和

生命的延续。美国 1979 年因不良生活方式导致死亡的人数占死亡总数的 48%。这是因为美国人每年与烟相关的花费是 120 亿美元，与酒相关的花费是 180 亿美元，吸毒则花掉 100 亿美元。

在我国，因不当的生活方式导致死亡的比例也高达 44.8%。具有不良嗜好的人所占比重也是相当高的，特别是吸烟已经十分严重地威胁到了居民的健康。最近的一项普查表明，我国体育人口的比例不是很高，不到 20%，大大低于发达国家的水平。居民的健康状况也令人担忧，有 1/5 的人患有慢性病，超过 1/3 的人感到身体疲劳，1/6 的人运动不足，1/4 的人需要每月吃药，1/3 的人需要定期看医生，1/10 的人在 5 年中有住院治疗的经历。有 1/4 的人喜欢饮酒，2/5 的人有抽烟的习惯。有一半以上的人在离开学校后（20 岁以下）就中断了体育活动。当身体出现问题之后，只有 1/3 的人想到了体育，而那些远离体育运动的人仍然有 2/3 还不打算和体育亲近。也就是说，中国大量处于"灰色健康"状态的人，还没有利用体育这种最佳的方式来解决身心健康问题。

我们可以根据成年人的健康状况将其分为三个基本的群体，即具有高健康水平与最大能力的完全健康组，有慢性病或隐性病症的亚健康组，以及出现残疾或过早死亡的完全不健康组。亚健康的人群在现代社会有逐年增加的趋势，在总人口中的比例日趋升高，一些地区估计已高达 70%。其症状是：食欲不振、疲乏无力、失眠多梦、烦躁、易发怒、健忘、胸闷、心悸、头疼、头晕、感觉迟钝、注意力不集中、记忆力下降、思维和想象能力降低、偏执、消极悲观、情绪低沉、犹豫不决、容易沾染坏习惯等。现代生活综合征、双休日综合征、空调综合征、大楼综合征等形形色色的与现代生活有关的病症都属于此列。其中，有庞大的人群无须涌进医疗机构，也没有必要都去接受医生和心理大夫的诊治。他们应该从事体育运动，而健身运动、消遣娱乐恰恰是改善亚健康状态的一种最积极、最有效、最廉价的手段。

从伏尔泰提出"生命在于运动"这一辉煌的命题开始，直到今天，几百年里，无数人在用体育实践反复地证明了这一真理——体育运动与人类生命的存在和健康发展构成一对无法拆割的因果关系。从事运动医学的德国医生范·阿肯为现代人的健康提出了一个更高的标准："健康是一种生命的舞蹈，具有节律的起伏，它不是静止的，而是充满了运动，它应在每月、每年、每 10 年，甚至高龄的生命历程中逐渐赢得、保持和加强。""健康者是那些不断努力超越自己精神和身体极限的人。"而要达到这种健康的最高境界，体育运动无疑是最重要的手段和途径之一。

在现代社会，健康已经成为公民享有的一种基本权利。同时，参与体育活动也被视为现代社会人权的组成部分。联合国《体育运动国际宪章》提出，每个人都具有从事体育运动的基本权利，这是为充分发展其个性所必需的。通过体育运动发展身体、心智与道德力量的自由必须从教育体制和从社会生活的其他方面加以保证。只有确立良好的健康观、环境观、营养观、生活观、体育观并培养相应的权利意识，一个社会才能无愧为现代社会，社会成员才能无愧为现代人。

社区体育是社会体育的最佳组织形态

(2000年11月在武汉城市社区体育理论与实践研讨会上的演讲)

一、社区体育是我国社会变革的必然产物

(一) 社区体育的概念

我国城市社区体育在现阶段主要是指在街道办事处的辖区内，以自然环境和体育设施为物质基础，以全体社区成员为主要对象，为满足社区成员的体育需求，增进社区成员的身心健康，就近就地开展的区域性的社会体育活动。对社区体育的概念，专家学者和实际工作者先后有过多种表述，随着社区体育的开展，人们对它的认识也在逐步地加深。我在这里提出来的目的，从理论上讲是对实践工作的升华，从实践上讲是对多年社区体育工作的概括。这一界定体现了三层意思：一是指出了社区体育的范围和参与的主体，二是指出了社区体育的主要目的，三是指出了社区体育的性质。这三层意思，基本上体现了社区体育的特征。

(二) 单位所有制社会控制系统的弱化

从1984年开始的以转变企业经营机制为核心的城市经济体制改革，强化了企业的经济功能，压缩了政府和事业单位的编制。这一系列的变化冲击了根深蒂固的"单位社会化"现象，单位的许多职能正在分离给社会，由社区承担起来。以"条条"管理、单位管理为主的社会体育受到了越来越多的限制，人们的体育需求难以在单位得到满足，其体育利益取向开始由单位转向社区，从而推动了社区体育的发展。社区体育的出现，标志着社会体育的"单位"所有制的逐渐解体。过去我们每个人都生活在一个"单位"里，每个单位都是一个独立的、完整的、五脏俱全的组织，负责每个成员的衣食住行、生老病死。单位作为国家的一个"部件"，也管理着每

个成员的体育娱乐，为他们提供时间和经费，由单位代表国家出钱为群众购买健康服务，因此，社会体育是社会福利事业的一部分。而社区体育按照居住的空间把人们重新整合起来，在真正的余暇时间开展自愿参加的活动，这不得不说是一个巨大的进步。

（三）社区体育是社区建设的重要组成部分

城市社区建设和社区服务，以及与市场经济体制相适应的社区管理体系，是社区体育兴起的土壤。在市场经济体制下，经济发展主要按区域进行规划和组织，这就对城市社区建设提出了更高的要求，众多的社会服务职能分离到社区，加强社区建设、社区管理和开展社区服务已成为深化经济体制改革的需要。社区体育是社区建设的重要内容，开展社区体育不但能增强居民的体质，丰富业余文化生活，改善生活方式，提高生活质量，还可以密切人际关系，培养社区感情，增强社区凝聚力，强化社区意识，促进社区精神文明建设。发展社区体育既是体育事业的需要，也是社区建设、社区管理和社区服务的需要。

二、社区体育是社会体育改革的新生事物

（一）我国社会体育的基本状况

改革开放以来，我国经济的巨大变化为社会体育发展提供了强大的综合国力的支持，也为城乡居民的体育参与提供了较好的经济背景。随着《全民健身计划纲要》（以下简称《纲要》）的推行，社会体育进入了发展的黄金时代。

1. 社会体育的普及化程度将有较快的发展

随着我国经济水平的迅速增长、人民群众物质生活和精神生活的改善，我国社会体育在今后将会得到较快的发展。1996年我国16岁以上的成年人中，达到体育人口判定标准的人口比例是15.46%，约为1.4亿人；全国成年人体质监测的结果证明我国城乡居民的健康与体质状况有了明显的提高。中国体育人口的现有规模和体质状况的改善是近50年社会体育发展的结果，也是20年社会体育体制改革的成果。

2. 社会体育将全面走向社会化

随着我国社会主义市场经济体制的形成，一种新型的由国家调控、依托社会、服务群众、充满生机和发展活力的社会体育管理体制和良性循环

的运行机制将逐步建立起来。由政府部门办社会体育的单一局面将得到逐步突破；企事业单位、街道办事处、农村文化站和社区仍将在社会体育发展中起到积极的组织作用；各级社会体育指导中心将逐步建立健全起来，培养壮大一支有组织能力和技术水平、面向社会、服务群众的社会体育指导员队伍；社会群众组织将会有较大的发展，各种体育协会、俱乐部、辅导站等将会承担起社会体育的大量组织工作；同时，社会体育的市场将被培育起来，群众将逐步适应体育娱乐消费，进行体质与健康投资。由此，我国社会体育的社会化程度将大大提高，社会体育将出现一个崭新的局面。

社会体育的社会化还集中反映在终身体育、社区体育、体育健身消费等概念被社会普遍接受，不同年龄、性别、职业和体质特点的社会成员将以各种不同的方式加入社会体育中来。在全面走向社会化的过程中，社会体育指导员将起到重要的作用，随着社会体育技术等级制度的推行，这批人员将逐渐发展壮大，成为我国社会体育的中坚力量。

3. 社会体育的科学化水平将有较大的提高

社会体育的科学化是提高社会体育活动质量的关键，在充分动员社会成员参与体育活动的同时必须提高体育活动的科学性，使得群众可以最有效地锻炼身体，增强体质。我国推行的国民体质测定制度，将制定出一整套科学实用、易于检测，符合我国国情的针对成年人、青少年和儿童的体质测定标准。这套标准不仅可以为个人参加身体锻炼、编制各种运动处方提供可靠的依据，而且对监测全社会的体质水平，及时地公布国民体质监测报告和全民健身指南，提高社会健康的总体水平也是非常有意义的。

对身体锻炼和身体娱乐方法手段的挖掘、整理、创新、规范、推荐是科学化的重要一环，这项工作将在体育科学的指导下开展起来，逐步形成一个适合我国国情的、具有东方传统健身活动特色的、内容丰富多彩的、文明健康的方法手段体系。

4. 社会体育呈多样化发展的格局

社会体育的多样化是普及化和社会化的必然结果。多样化首先表现为组织形式的不拘一格，在市场经济的效益原则下，效益最高的方式将会被人们自觉采用，政府、社会团体、企事业单位、家庭和个人都可以采用各种形式组织和参加社会体育活动。

活动方式的多样性表现在活动资金的筹集、社会体育场地设施的兴建、体育组织的建立、社会体育指导员的培训等都要采取比较灵活的方式。

身体锻炼和身体娱乐手段的多样化则表现在更具民族传统、地方特色，更具时代特征和世界文化的特点，这些方法手段不仅为中国群众喜闻乐见，而且可以在国际大众体育中推广和流行。

（二）我国社会体育改革的基本思路

1. 从社会本位向人本位的过渡

在市场经济社会，"人"的地位发生了重要的变化。在中国传统的伦理文化中，除了承认国家、民族、集体、社会的公益，是不允许有"我""人"这些概念存在的，人们称这种哲学理论为"忘我论"。"忘我论"是计划经济的道德基础，与市场经济是不相容的。市场经济激活了个人的积极性和创造性，市场经济的正当性在于作为个体的人类生命的重要性，而不仅仅是作为一个社会成员的重要性。市场秩序使得社会、经济、政治制度都充分尊重个体的重要性。市场经济的最大动力及其可行性就在于社会成员把自己的物质文化需求摆在其一切活动的中心位置。在社会体育领域，以人为本的思想更加突出地表现出来，群众的体育需求和组织者的为人民服务的宗旨结合在一起，极大地推动了社会体育的发展。

2. 从人治到法治

随着市场经济的建立和发展，经济和社会运行越来越脱离单一的行政管理手段，而逐步走上依法行政、法制管理的轨道。长期以来，中国的体育法制建设都是相当薄弱的，依法行政和依法治体的观念也相当淡薄。《中华人民共和国体育法》（以下简称《体育法》）的颁布，标志着中国体育进入了一个全新的法制化的发展阶段。《体育法》和《纲要》为开展社区体育提供了法律依据和政策保障。《体育法》规定："城市应当发挥居民委员会等社区基层组织的作用，组织居民开展体育活动。"《纲要》指出："积极发展社区体育。街道办事处要加强对体育工作的组织，发挥居民委员会和基层体育组织的作用，做好社区体育工作。体育行政部门要给予支持和指导。"社区体育是符合我国体育工作和社区工作实际情况的基层体育组织形式，是在市场经济条件下，城市居民开展社会体育活动组织网络的一部分。因此，开展社区体育，是一项落实《体育法》和《纲要》的基础性工作。

3. 从计划经济单纯的福利型到市场经济的多样化

由计划经济向市场经济转轨不仅是一种经济管理体制的变革，也是走现代化道路的必然选择。市场经济给社会体育的发展带来了巨大的实惠，如社会财富的飞速增加、余暇时间的延长，而且在管理和经营方面也开辟了多种途径。根据我国的社会性质，社会体育基本属于社会公共事业，应该由国家提供基础的条件，如社区体育设施的规划建设等；同时鼓励发展体育健身产业，使一部分健身、娱乐、康复活动进入市场，满足不同社会阶层的不同层次的体育需要。

（三）社区体育可以最大限度地共享体育资源

我国是一个城市化水平很低、城市人口又高度密集的国家。解决城市人口的基本生活需求如供水、供电、住宅、交通、饮食、通信是城市管理者首先要考虑的问题，因此长期以来在居民体育设施的投入方面欠账很多。充分发挥现有社区范围内公共体育设施、机关、企业、学校体育设施的功能，广泛调动社区内各单位社会体育指导员的积极性是社区体育的优势。这一点也恰是中国社区体育与其他国家所不同的。

三、社区体育是世界各国发展大众体育的共同方式

社区在发达国家是一种居民生活最基本的社会单位。社会的发展，实际上是以社区的发展为基础的。作为社区文化主体之一的社区体育无疑在社区发展中起到了突出的作用。如在美国，社区体育是指在州政府管辖下的城市、城镇、县及村镇的范围里开展的大众体育活动。美国的社区体育具有100多年的历史，它是著名的"休闲运动"的产物。由于休闲运动的推动，美国政府历来高度重视社区体育，使社区体育成为美国大众体育的载体。美国的社区体育一般由公园与休闲委员会负责。它的主要任务是：动用社区中一切可利用的体育资源，向社区内所有的成员平等地提供体育休闲机会；了解和研究社区成员的各种体育需求和兴趣，在此基础上，与有关体育社会团体合作，制订社区体育活动计划，组织和引导社区体育活动；在社区政府各部门、社区体育官方机构、各种体育协会和俱乐部等社会团体及其他有关组织之间进行联络，促进合作和信息沟通，并通过财力、人力、物力等多种管理手段，最大限度地满足社区居民的各种体育需求。在美国，几乎每个社区都有自己的社区活动中心，它们有的是不同年龄的人共同参加活动的地方，有的则是专门为青少年、老年人、残疾人或其他兴趣群体服务。社区活动中心是多用途的中心，可进行许多户外体育活动（高尔夫球、网球、游泳、钓鱼、野餐、骑马、滑翔、飞机模型以及其他需要特殊场地与设备的活动）、室内体育活动（乒乓球、羽毛球、游泳、舞蹈

以及电子与机械游戏)、健身与锻炼活动等。社区中心必须经常调整开放的时间并评估自己的工作,以便满足社区居民的需求。欧美各国、日本都是把发展社区体育作为开展社会体育的基本环节而给予高度重视的。

四、社区体育符合中国城乡社会结构的变革

(一) 适应产业结构的变革

在中国进入现代化的进程中,产业结构正在发生巨大的变化,第三产业的产值在20年的时间内将增加5%左右。在这一阶段,会有许多企业转产、破产,大量职工下岗待业,回到社区。因此,开辟体育娱乐市场是吸纳待业人口,分流部分失业人员,减轻社区压力,缓解社会矛盾的措施之一,也是许多国家面临相同问题时采取的共同手段。这一变化也使体育健身产业更加贴近社区,更能满足社区体育开展的需要。同时,也应该看到由于产业结构的变化,社区中脑力劳动人群迅速增加,甚至出现了一批在家里工作的SOHO一族[①],他们对社区体育有更强的依赖性。

(二) 顺应城乡结构的演变

我国正处在社会转型时期,在农业社会向工业社会转型、乡村社会向城镇社会转型的过程中,城镇的迅速发展是当今社会的一个重要特征。到2000年,我国城镇人口将超过5亿人,城镇化率将达到40%;到2010年,城镇人口将超过6.9亿人,城镇化率将达到50%,我国的城镇化将以发展小城镇为主。这一变化对发展社区体育是十分有利的。城市的教育程度较高、组织化程度较高、物质条件较好,做好城市居民的社区体育、小城镇体育、各种开发区的体育、外来人口的体育的工作不仅是落实全民健身计划的任务,也具有服务经济发展和社会稳定的价值。体育社会科学必须尽快开发有关城市体育的新概念,适应这种变化。

(三) 迎接老龄化社会的到来

社区老龄人口增多、体育需求增长是社区体育兴起的催化剂。随着我国离退休制度的建立,社区里将会出现大批离退休人员。老年人拥有大量的闲暇时间,又有迫切的健康长寿和重建社会交往圈的愿望。体育活动正好是他们保持健康、延缓衰老、扩大社会交往、消除孤独与寂寞、善度闲暇时光的理想途径。老年人对体育的钟情,促进了社区体育的发展。

---

① SOHO:small office,home office,泛指在家办公或小型创业者。

在我国，人口老龄化的问题越来越严重，2000年我国已进入老龄化社会。老年人的体育发展已成为全社会关心的一件大事。由于中国老年人口的增加，进入20世纪80年代后，中国的疾病谱和死亡谱都发生了重大的变化，已经接近发达国家的水平。中国老年人的平均预期健康期问题应该引起我们的重视。中国老年人的平均带病期较其平均健康期的时间长得多，中国老年人自评的平均预期心理健康期较老年人的健康期相对要短些，即中国老年人的余寿中平均有1/4左右的时间处于机能受损的状态。由于中国老年人这种比较特殊的社会健康状况，即人口数量大、平均寿命长、健康余年短、疾病余年长、医疗费用难以承受的状况，老年人对体育的自我重视程度越来越高，社会对老年人的这种最廉价的健康维护系统也要给予较高的重视，当今社区体育的出现可以说主要满足了社区老年人的体育需求。

（四）住宅制度的变革

我国职工的住房制度从单位福利分房发展到职工购买商品房，这逐步使家属院、大院的居民组合形式向无业管理的居民区、居民小区的形式转变。这就使许多不是一个单位、一种职业的居民混居在一起，单位逐渐放弃了对社会体育的管理，代之而来的必定是新型的社区体育。

五、社区体育符合中国城乡居民生活方式的变革

社会体育的发展不是孤立的，它始终受到社会的政治、经济、文化的深刻影响，这些要素为社会体育的发展营造了一个基本的社会环境。社会体育的发展最终还要取决于人们的生活方式和生活质量。

（一）生活方式对社会健康的制约

生活方式与人们的健康息息相关，生活方式的变化，包括生活内容、生活领域、生活节奏的改变，都会引起个人乃至社会的健康问题。人的一生中，生活方式不可能一成不变。随着生活方式的改变，在内容上丰富或贫乏，在领域里开阔或狭窄，在质量上提高或降低，在节奏上加快或减慢，都可能给健康带来正面或负面的影响。有人曾举过这样一个实例：某个发达国家由于财政因素决定停止研制某种飞机，致使数以万计的工程技术人员和工人失业，给许多家庭造成经济上和情绪上的紧张。不少人需要重新学习新的技能，改变早已习惯的生活模式。新的模式使身体各系统的输入节律陷入紊乱状态，继而引发了一系列的嗜睡、疼痛、恶心等病症。

美国流行病学所做的医学调查表明，生活方式是影响人们健康的首要

原因。在 20 世纪 70 年代美国的死因构成中，来自卫生制度方面的原因占 10%，来自生理因素和环境因素的各占 20%，而来自生活方式的原因则高达 50%。例如，在美国，有 1/3 的人抽烟，1/3 的人患不同程度的肥胖症，2/5 的人缺少必要的体力活动，全国每年用于饮酒的费用高达 180 亿美元，用于抽烟的费用高达 120 亿美元，而用于吸毒的费用更高达 100 亿美元。这就使社会健康产生了巨大的问题。据我国武汉医学院社会医学教研室梁浩材同志的调查，我国死亡人口的死因构成中，来自生活方式的原因高达 44.7%，而在生活方式中，不良的消费占 89.1%（其他几项为职业、职业毒害和有害的业余活动）。

人们为了根治各种由于生活方式造成的社会疾病，不得不把体育运动纳入医学的体系中，因为体育运动贯穿于整个生活方式之中，起着调节的作用，它调节并改善着人们由于饮食、营养、体重、作息等方面长期不合理的积习所造成的生活方面的健康效应。美国把有规律地参加体育活动，不仅看成一种消遣娱乐活动手段，也当成一种戒除生活恶习的有力措施。在许多大学的健康、体育系中，出现了"生活方式与身体健康"的自我评价系统，受到人们的广泛重视。

（二）余暇时间是社会体育发展的重要前提

1. 余暇时间的发展规律

（1）人们的余暇时间呈逐渐延长的趋势。随着社会物质财富的增加，人们得到的第二个恩惠就是余暇时间的延长。在原始人的一生中，自由时间为整个生命时间的 16.6%，劳动时间占 33.3%；农业人分别为 22.9% 和 28.6%；工业人则分别为 38.6% 和 10.4%。

（2）余暇时间与必要时间划分得越来越清晰，余暇时间越来越集中。在农业时代，人们的生活受到自然的支配，为了适应季节和农作物生长的自然节奏，没有固定的余暇时间。在工业时代，余暇时间与工作时间已经有了区别，但不够清晰。到了现代信息社会，人们的劳动时间明显缩短，并相对集中，人们对余暇时间的观念加强，出现了余暇活动繁荣发展的景象，大众体育也随之发展起来。

2. 中国城乡居民支配余暇时间的基本方式

目前，我国城乡居民余暇时间相对较短，这影响了社会体育的开展。生产力水平低下，是造成我国城乡居民余暇时间偏短的根本原因。这表现在以下 3 个方面。

（1）生产时间较长，体力劳动繁重。一些职工在8小时的劳动时间外还要加班工作或从事第二职业工作。

（2）"与工作（学习）有关联的时间"占比较高。例如，北京市的职工每天在上班途中花的时间平均为54分钟。

（3）家务劳动时间过长。我国男职工每天用于家务劳动的时间比欧美一些国家平均多2.5～2.8小时，女职工多0.7～1.9小时；自由时间男职工少1.6～2.3小时，女职工少1.3～2.6小时。按1年计算，男职工的家务劳动时间比欧美国家多消耗1387～1496小时，女职工则多329～693小时；自由活动时间，男、女职工分别少584～840小时和475～876小时。多项社会调查显示，这是影响我国职工参加社会体育活动的重要原因。这种状况随着我国推行每周5日工作制而有较大的缓解。1997年，国家统计局、全国总工会、劳动部、卫生部、民政部、中国人民银行总行对全国29个省份71个城市的14977位职工实施了调查。结果显示：职工日劳动时间为5小时37分钟，上下班途中花的时间为39分钟，家务劳动时间为2小时24分钟，睡眠时间为7小时41分钟，学习阅览时间为55分钟，文体娱乐时间为1小时37分钟，教育子女的时间为42分钟，聊天时间为1小时21分钟。在余暇时间的活动可分为三个层次，即"消除疲劳型""体质投资型"和"消遣娱乐型"三类。我国居民绝大多数处在第一种类型上，也有部分人开始向第二、第三型转移，但数量还不多。

（三）生活消费水平决定着家庭对社会体育的投入

体育健身消费，是消费结构中用于改善社会健康状况、优化生活方式、提高生活质量的重要部分。通过教育训练和文化体育消费活动，劳动者的知识、智力、技巧、审美、修养、情操、价值观，乃至成就、威望等都有了一定程度的提高。体育消费也是社区体育、家庭体育的重要前提。

体育消费的增加和发展，促进了社会消费结构的优化和合理化。体育消费在消费结构中的地位和比重，常常可以反映出个人、家庭和社会的文明程度。第一次世界大战后，主要经济发达国家消费水平和消费结构变动较大，如美国1940—1982年，按当年的价格计算，文娱体育开支从85亿美元增加到1267亿美元。近40年来，我国城乡居民用于体育消费的比例也有所增加，但总体的水平还是很低的。

体育消费与社会的医疗卫生消费之间存在着一种互补的关系。一个社会，体育消费增加了，医疗卫生经费就会减少；体育经费减少了，医疗卫生经费就必然会增加。国外报告曾指出，将医疗卫生经费的 1/10 用于体育消费，就可以得到同样的社会健康效果。

（四）健康价值观念的变化

合理正确的体育价值观念和积极稳定的体育态度是促使人们参加大众体育活动的重要因素。一个人的体育行为起源于他对体育的需要。需要引发动机，动机决定选择目标，在一定的情景作用下，便可产生行为。一个人在他的生活实践，尤其在体育实践中，逐步形成自己的体育价值观念和体育态度。包含着兴趣、情绪、习惯等心理活动的体育态度一经形成，便对体育行为产生相当大的影响。积极的体育态度对个人体育行为具有促进作用，消极的体育态度则起阻碍作用。而强烈鲜明的体育态度是人们克服各种困难、坚持体育锻炼的主要因素。

进入小康社会后，人们的健康观、体育观都发生了很大的变化。首先是健康在生活中的地位大大提高。健康在人们价值观的排序中明显上升，排在了金钱、成就之上。其次，获取健康的手段发生了改变，从被动消极地依靠医学、营养手段开始向体育运动的手段转移，人们开始意识到体育是一种最积极的、最有效的、最廉价的获取健康的手段。

六、当前影响社区体育发展的几个重要因素

（一）体育设施的兴建、开放和使用

社区体育是一项社会公共事业。体育场地设施、必要的经费投入、人员保障等是社区体育发展所需的基本条件。体育设施是社区体育生存的物质基础，充分利用和挖掘社区资源，改善社区体育环境，满足社区单位和居民对体育活动的需求和愿望，是社区体育发展的必备条件。

体育场地设施是发展社区体育事业的基础物质条件之一。各级体育行政部门要参与新建居住区、居民小区体育设施的规划、施行、监督和管理。对城市规划和居民小区建设施行过程中出现的侵害群众体育利益的问题，要及时报告当地政府，予以解决。在房地产开发向市场转轨的情况下，积极尝试城市社区体育场馆建设的新形式，有条件的省、市、区体委可会同有关部门安排适量的示范小区、示范工程加以引导。要保护社区内已有的体育设施，依法恢复被占用的体育场地设施，社区内的学校、企事业单位要向居民开放体育场地设施。利用体育彩票的公益金开展的"全民健身工程"，受到了居民群众的普遍欢迎。

(二) 培训社会体育指导员

社会体育指导员是社会体育开展的基本条件，也是保证社区体育工作质量的前提条件。但是我国这项工作开展较晚，与社区体育发展的要求差距很大。按照全国城市平均每千名参加锻炼者拥有 1 名社会体育指导员，农村平均每个乡（镇）拥有 1 名以上社会体育指导员计算，根据《中国群众体育现状调查与研究》提供的数据，全国城市至少应有社会体育指导员 18.7 万人，农村至少应有社会体育指导员 4.5 万人，全国至少应有社会体育指导员 23.2 万人。随着我国体育人口数量的增加，对社会体育指导员数量与质量的要求还将大大提高。目前，日本全国平均每 2000 人中就有 1 名体育指导员。如按这一标准计算，我国应有社会体育指导员 60 万人以上，而我国现有社会体育指导员仅 6 万人，与我国预测的需求差 17 万人以上，按日本现在社会体育指导员的比例，则相差很大。因此，迅速有效地培养社会体育指导员是一项当务之急的工作。

(三) 发展体育社团

体育社团是党和政府团结、联系广大体育工作者、爱好者的桥梁和纽带，是发展体育事业不可缺少的重要力量，也是人民群众参与体育组织与管理的重要形式。《纲要》指出："充分发挥各群众组织和社会团体在开展群众性体育活动中的重要作用，建立健全行业、系统体育协会和其他群众体育组织，逐步形成社会化的全民健身组织网络。"当前，我国社区体育社团的基本形式有以下几种：单项体育协会和俱乐部、以特定的对象为成员的协会或俱乐部（如老年人体育协会）、社区体育活动站和辅导站等。要加强社区体育社团的组织建设，做好政府与体育社团之间、体育社团与其他社团之间、体育社团与企事业单位之间的协调工作。

大学：人类的精神乐园

（2006年在华南师范大学开学典礼上的讲话）

首先让我代表华南师范大学的老师们，向今年入学的本科生、硕士研究生和博士研究生表达热烈的欢迎之情、祝贺之情。每年的今天我们都能看到一张张充满喜悦的陌生面孔，你们选择了华师，华师也认定了你们，你们的选择是明智的，华师因你们的明智而感动。

今年暑假我结交了两位新朋友，一位是高考落榜的男生，他失落沮丧，悔不当初，痛不欲生，在他的身上，我看不到今天在座各位那张对未来充满憧憬的笑脸，也听不到今天现场那种无忧无虑的欢声笑语。我劝慰他，开导他，但我知道今后他的道路将很漫长，很艰苦。相比之下，你们是幸运的。衷心地祝贺你们在人生道路的又一次转折中获得了成功。更要祝贺你们踏上了新的征程，知识宝库的大门再度向你们打开。你们要去探幽寻宝，要在灯火阑珊处，寻她千百度；要在绝处逢生，去享受登上知识顶峰时的欣喜与欢乐。我的另一位新朋友是高中榜单的女孩，生活在她面前像一架旋律和谐的大钢琴。每天清晨，我们一起"学术散步"，有时长达2小时。她好奇地问我各种问题，其中最难回答的问题是："什么是大学？"我思索了很久才告诉她："大学是人类的精神乐园。"

大学积累和凝聚了人类浩瀚的知识财富，它们在图书馆、在实验室、在教室、在沙龙、在教授的头脑中、在一切真实的或虚拟的空间中，等待你们以正确的方法去获取。在大学，伟大的人文精神得到了充分的体现和舒展，所有创新的理念、创造性的思维方式、富有魅力的学术活动，以及具有独创精神的人格个性，都可以得到鼓励和赞许。在大学，"尊严"二字具有沉甸甸的分量。每一个人都必须保持尊严，而每一个人的尊严都不容他人亵渎。大学里不答应斯文扫地，不容忍虚伪诡诈，更不允许伤风败俗。大学是平民的天下，却具有贵族的气质；大学是年轻人的世界，却尊重千百年造就的传统；大学生自由、洒脱、奔放，却是最讲道德、最守纪律、素质最高、最有活力的军团，一旦战争爆发，可以立即集结待命，奔赴前线。

这就是大学！一个连国家元首也要对它肃然起敬的地方。

那个女孩又问我："如何才能不虚度大学的四年时光？"

我说：第一，要有责任感。对国家、社会、父母、家庭、老师、同学、自己都要有责任感，学习要有责任感，工作要有责任感，做人更要有责任感。一个缺乏责任感的人如同水塘里的一片秋叶，飘来荡去，永无建树。那么，什么是责任感？首先，要知道你自己是什么人；其次，要知道什么是你应该或不应该做的事；最后，知道你做的事情将会对他人和自己产生什么样的后果，因为站在责任背后的是道德和法律。

第二，要有独立性。既要有独立的精神，更要有独立生存的能力。与独立对立的是依赖。依赖父母，没有出息；依赖老师，难以成才；依赖电脑，失去自我；依赖金钱，反被吞食。面对机遇与挑战并存的竞争社会，我们必须独立！谁今天学习不努力，谁明天就将加倍努力地去找工作，这是摆在大学生面前的一条铁律。

女孩去学校报到了，告诉我学校的生活条件很艰苦，8个人挤在一间狭小的宿舍里，属于自己的私密空间，只有一个刚能放下几本书的小抽屉。我马上联想到了美丽静谧的广州大学城，以及生活在大学城中的你们。大学城华师校园的现代化程度在国内数一数二，连那些来参观的教育家也发出感叹。你们在这里能享受到的有形或无形的教育资源，会让你的同龄人羡慕不已。珍惜它吧，珍惜这片让我们安静读书的净土，珍惜这段人生最美好的青春时光。

有一位历史学家在总结一生的治学经验时，得出八个字：天合地合人合己合。我对这八个字有自己的解读，转赠给你们：做到天高云淡，为天合；脚踏实地，为地合；与人为善，为人合；一己康乐，为己合。在万物和谐之中，我们才能工作与休闲，才能传承与创造，才能达到人生的最高境界。

我们的国家要做的事情还很多，沉睡千年的东方雄狮要觉醒，要怒吼，要奋起。在这与13亿中国人息息相关的伟大变革中，每个人要做的事情也很多。重任在身，反倒时时想起儿时说的一句话：时刻准备着！童言无忌，童言也无悔。祖国在召唤，相信你们终将当之无愧地站在时代的最前列。

当代中国休闲的特点及其休闲理论的本土化

(2008年10月在杭州举行的世界休闲发展大会上的讲话)

在20世纪最后的年头里闯进中国人精神家园的"休闲",是一件"舶来品"。它来势凶猛,恰恰契合了中国的社会转型和经济的高速增长,迎合了从劳动生产型经济向休闲生活型经济转化的势头,引起了人们对传统文化中休闲缺失的反思,也激发了人们对未来社会休闲生活的憧憬。

作为一种社会文化活动,休闲存在于中国人的生活之中由来已久。然而作为一种社会文化概念出现在中国人的面前,我们刚刚从生疏、怀疑走向理解、认同,并从容地接受;作为一种社会文化的理论体系确立于中国人的精神世界中,还有一个漫长的过程。这其中包括对外来休闲哲学理念的消化吸收,对中国传统文化中固有的"休闲"观念的修正,以及对新型休闲理论的学术建设和大众普及。这一漫长过程归结为一句话,就是休闲及其理论的本土化。

一、当代中国承继的休闲遗产评估

(一) 中国传统休闲观念的不成熟性

在中国长达两千年的封建社会,休闲始终没有形成独立的文化体系,占据一定的社会地位,更没有形成具有现代社会与后现代社会意义的"休闲"概念,甚至连具有社会学、文化学价值的"休闲"的概念都没有形成。

无论是儒家主张的"入世"、道家指点的"忘世",还是释家强调的"出世",都缺少对休闲的关注。这尤其与占主导地位的儒家文化的过度传播、儒家人生目标的宗教化提倡、儒家人生态度的过分包装有极大的关系。儒家文化讳言休闲、抵制休闲、贬斥休闲,成为社会文化的主流思想、统治思想,于是,休闲便失去了话语权,失去了它在社会结构中应有的地位。

（二）中国传统文化对休闲的抵制

由于长时间的愚昧落后的小农经济和封建专权统治，中国既没有"公共"的概念，也没有对"个人"的宽容，因此，在历史上，休闲在社会生活的各个领域遭到排斥和抵制：教育视休闲为异类，生活视休闲为奢侈，旅游成为僧人、诗人的专利，竞技成为宫廷、官宦的特权，休闲理论成异端邪说，休闲产业被推向边缘，各种雅文化走不出文人墨客的书斋，各种俗文化却在街头巷尾流弊甚广。把嫖娼当作娱乐，赌博形成行业。虽然民间游戏蕴涵丰富，民族娱乐特点鲜明，民俗休闲历久不衰，但始终未能珠串成独立的休闲文化体系，散落于世俗社会。

二、对当代中国几种休闲方式的点评

（一）旅游——中国休闲的排头兵

中国休闲时代的到来，旅游业的兴旺是一个重要的标志。旅游作为一种生活方式被家庭普遍接受，作为一种国民教育达到了非常好的效果，作为一种休闲方式做到了劳逸适度、身心并完，作为一种产业获得了丰厚的利润。20世纪80年代后中国旅游休闲业的空前繁荣，有其历史和现实的原因。

（1）在文化专制时代，人们长期被剥夺"迁徙权"，一旦人性得以解放，就迸发出了极大的外向型热情，在"开放"口号的鼓励下，人们便迈开双腿走遍全国，走向世界。

（2）近20年来，城乡居民平均收入急速增长，我国城乡居民的收入水平已经从温饱型向小康型发展，中国人的消费结构已经从生存型开始向发展型、享受型转变。一个中等偏下收入水平的家庭一年的积蓄安排一次并不奢侈的旅行是绰绰有余的。

（3）中国地大物博，地理气候条件多样，自然遗产、非物质文化遗产不可胜数，旅游资源极其丰富，具有极大的社会容量。在一些工业化落后的地方，幸存了大量人文景观，旅游者可以寻根问祖，回顾历史；在一些现代化进程较快的地方，出现了许多高科技的场景，旅游者可以享受现代文明，展望未来生活。

（4）不断开通的高速公路、不断提速的高铁列车、不断开辟的航线，为旅客出游提供了前提条件。

（5）旅游业是中国第三产业中最早形成产业链的产业，它超前的休闲理念、成熟的管理和日益规范的经营使其在休闲产业中赢得了一方天地。

(二) 麻将——中国的休闲游戏

麻将，生于宋，长于明，成于清，历经千年，被民间称为中国的第五大发明，是中国休闲游戏的一种。这种休闲游戏被数学家誉为"世界上最聪明的人的发明"；这种游戏的文化品质是"应变"，在沉闷少变的中国传统文化背景下，它满足了人们力求多变的心理需求，在一些国家，麻将是培养管理者应变能力的教具；这种游戏又以它精密的必然性和偶然性，深受大众喜爱，因而具有天然的普及性；这种游戏还以牌局突然结束的方式给人强烈的期待与落寞、喜悦与懊悔、冲动与刺激等心理变化；这种游戏更以其无可休止的循环往复，成为消磨时间的最佳方式；这种游戏的最大"贡献"就是占据了极大的余暇时间，成为古往今来中国国民所花社会总时间最多的一种活动。把它视为娱乐，它可能会减少犯罪；将它作为赌具，也可能会酿成犯罪。因此，麻将成为中国最有争议的休闲游戏。

中国人对麻将情有独钟，其延续历史之长、影响范围之广、参加人数之众，令人瞠目结舌。当今中国每天有数百万桌麻将开局，有识之士在20世纪90年代曾力主将其改造为"竞技麻将""健康麻将"，并形成竞赛制度，但最终未能实现。

中国休闲的发展，必须回答麻将提出的问题。这里有麻将在休闲中的定性和落位的问题，甚至还是一道关乎民生、民权的难题。在世界各国倡导休闲的过程中，体育运动是最主要的活动方式之一，这是因为体育休闲不仅强健人们的身体，也改善人的心理状态，其理论依据是：

——运动可诱发积极的思维和情感，这些积极的思维和情感对抑郁、焦虑和困惑等消极情绪具有抵抗作用，从而促进心理健康。此为认知行为说。

——在运动中与朋友、同事等进行的社会交往是令人愉快的，它具有促进社会心理健康的作用。此为社会交往说。

——运动为人们提供了一个机会，使他们能够分散或转移对自己的忧虑和挫折的注意力，从而使焦虑、抑郁等消极情绪出现短时间的下降。此为注意分散说。

——心境状态的改善同心血管健康状况的改善相关。运动增强心血管系统的功能，增强心血管的收缩性和渗透性。健康的血液循环可使体温恒定，有助于保持神经纤维的正常传导性，从而有利于心理健康。此为心血管健康说。

——运动中神经递质类化学物质分泌量的增加同心理健康状况的改善有关。此为单胺假说。

——运动促使大脑分泌一种具有类吗啡作用（消痛并出现欣快感）的化学物质。内啡肽引起的这种欣快感可降低抑郁、焦虑、困惑以及其他消极情绪的程度。此为内啡肽假说。

——运动时的"尖峰时刻"包括最佳表现、流畅体验、高峰体验等良好的情绪体验，它们是奖励性的、难忘的和强有力的个人体验，这种体验可以提高人们的生活质量，提高人的健康幸福感，这与休闲的目的是完全一致的。此为尖峰时刻说。

然而，中国体育界始终不想与休闲搭界。既不想将休闲的因素纳入体育，成为休闲体育，更不想把体育项目纳入休闲，成为体育休闲。这是因为中国的体育背负着来自国家和民族的沉重负担，难以卸载。于是，既可以用为国争光的金牌光芒来黯淡休闲，也可以用强身健体、增强体质来冲淡休闲。因此就出现了竞技不谈休闲、健身无须休闲、教育不准休闲等种种奇谈怪论。

（三）博彩——休闲中的原始资本积累梦想

当人们认识到博彩可以丰富社会娱乐生活，发展慈善事业，"让一部分人先富起来"的时候，博彩业开始逐渐浮出水面，走向合法化。于是，由政府监管的彩票被称为合法的博彩，而由个人或集团经营的博彩则叫地下的赌博。中国合法的博彩，是体育彩票和福利彩票，每年有近千亿的销售额；而非法的博彩，每年的销售量是前者的十数倍。博彩的本质是娱乐休闲。但是中国当今的博彩成了一些彩民试图进行原始资本积累的手段，他们误把自己当作投资者，梦想着一夜暴富，但期望往往会落空。中国博彩的理论不成熟，博彩的法规不完善，博彩的行为不规范，经营管理博彩的人素质低，严重制约了中国博彩业的健康发展。学习香港马会、澳门赌场的运营管理方式，倒不失为一条捷径。

（四）宠物——空巢家庭的休闲陪伴

随着中国社会结构与家庭结构的变化，越来越多的"空巢"家庭开始出现，于是，一种新的家庭休闲方式开始出现，那就是豢养宠物。在一些人口零增长或负增长的城区，宠物的数量急剧增长。现在，每座城市都有宠物交易市场，每个街区都有宠物医院、宠物商店。在一些社区，猫狗成患,每天早晨老人们出来遛狗成了固定的"风景"。早晨是市民和宠物的休闲时光,但清洁工人非常忙碌。将来人们一定会记住中国"空巢"家庭的这段历史,也一定会记住在这个时代宠物竟是另一类"小皇帝",它们在动物保护主义理想的呵护下,陪伴主人过着悠然自得、休闲惬意的生活。

三、中国休闲理论的本土化

文化本土化,是一个通过中外文化交流,创造新文化的过程。休闲理论的本土化也要完成这一过程。

(一) 为何要实现休闲理论的本土化?

西方对休闲的研究,已经有100多年的历史了,而我国的休闲研究,也就是近二三十年的事。因此我国的休闲研究相对滞后,主动去学习、吸收国外先进的休闲理论是非常有必要的。然而,由于经济和社会发展的驱动,休闲也将从内到外接受现代化的洗涤。面对当前以及未来人民群众的休闲娱乐需求,休闲理论研究者必须要做出回应:构建符合我国国情、能满足人民文化需求、能指导人民文化行为的休闲理论体系。

应该看到,休闲理论本身具有时代性和民族性双重属性,促进休闲文化发展的动力也总是来自两个维度:一个是在时间维度上历史与现在之争,一个是在空间维度上民族与国际之争。正是这种冲突的争斗使文化保持了相对的稳定性,也使文化不断推陈出新,得以发展。休闲理论的本土化,很大程度上要通过对中西休闲理论的比较研究才能完成,只有这样,才能知己知彼,取长补短。

根据文化传播的规律,高势位的文化常常更容易流向低势位的文化,处于弱势的东方休闲文化在强势的西方主体休闲文化面前,显得很苍白,它们之间形成了一种"弱肉强食"的文化关系。然而,抵制单一的文化扩张,加强各民族间的文化沟通,保持世界休闲文化的多元性,是大多数国家利益之所在,也是人类休闲文化长远发展的重要基础。以中国文化为代表的东方文化的复兴,对消除西方文化占主体地位,西方文化对世界各民族休闲文化的倾轧,以及欧美价值观念独占鳌头所造成的世界休闲文化格局的单一性、局限性而产生的种种负面影响,应该是一剂良药。

(二) 休闲理论可以本土化吗?

中国古代思想文化源远流长、博大精深,在我国传统思想的宝库中,形成了独具特色的"休闲"观。中国人的休闲哲学其实就是中国人的一种生存智慧，或者说是中国古代哲人教给人们在有限的条件下追求精神的自由、尽情享受生活的乐趣的一种快乐的哲学。这无疑是我国休闲理论本土化的一个文化源泉。东西方休闲方式和休闲理论存在着很大的差异，这为中西体育休闲文化的互补和融合提供了很好的条件，也为中国休闲理论的由内到外的本土化提供了"对话"的可能性和"创生"新理论的巨大空间。

经过了近百年的新文化运动，中国人对接受外来文化已经逐渐习以为常，对中西文化的融合也已经见多不怪。如今，一个新的文化双向交流的时代已经到来，其标志是由向中国人讲西方文化，转为向外国人讲中国文化。因此，休闲理论的本土化已经水到渠成。

（三）中国休闲理论本土化的目标是什么？

我国休闲理论的本土化，最终目标是要创生出自己的休闲理论体系，这可以分三步走。

第一步，要形成适用于认识和解释中国休闲文化的概念体系。

第二步，要对丰富当前人民群众的社会文化生活、建设社会主义精神文明做出积极应答，在实践中进行检验，并逐步修正自身。

第三步，实现其最高目标，为世界休闲理论做出自己的贡献。

休闲理论本土化的最高境界，就是要创生出在别的文化境域中不能生成的既有中国特色，又包容当代先进休闲理念的理论，要在世界休闲理论研究的论坛上，发出中国人的声音。本土化的中国休闲理论注定是多元的，是古今中外对话的结果，更是现代文明创新的集大成。它将成为保障中国公民休闲权利的武器，成为休闲立法的依据。这一理论建设应该是一个长期的过程，它必须宽容、审慎，允许迂回、曲折。和任何理论建设一样，建设这一理论需要胆略，尤其需要忍耐力，因为我们毕竟还是一个发展中的农业大国。

（四）如何实现休闲理论的本土化？

任何一种休闲理论都深受它赖以存在和发展的民族文化传统的制约，从价值到目的，从内容到方法，从主题到范畴，从风格到理论演化，都打上了深深的民族文化的烙印。因此，引进国外体育休闲理论时，必须对其理论背景进行全面、系统而深入的考察和探讨，只有这样才可能实现传统与现实相结合、本土与外域相结合、扬弃和创新相结合。

中国的传统文化，是休闲理论本土化的源泉，是可供提炼理论概念的巨大宝库，从中可以找出我国休闲娱乐文化发展的规律，也可以为休闲理论的本土化提供宝贵的研究思路。休闲理论研究不能脱离人们的休闲生活，而必须深深扎根于其中。如果没有休闲的"生活世界"作为背景，休闲理论就是无根的理论，就是没有鲜活生命力的理论。这一理论的建设必须进入学术研究的意义世界。因为没有理论框架的任何第一手观察材料都是无效的、没有任何意义的。休闲理论本土化是理论应用和理论构成对立统一的过程，它们不能被割裂开，是缺一不可的。

休闲理论的本土化，还包含着研究方法的本土化。目前休闲理论的研究，需要多学科方法的支持，这些方法可能是实证科学的方法、哲学思辨的方法、艺术审美的方法、宗教体悟的方法等，甚至还包括伦理学、价值学、心理学、社会学的方法，以及人学整合的方法等。

结束语

古代希腊神话中有一个潘多拉魔盒，一旦打翻，各种祸患就会飞向人间，留在盒子里的只剩下希望。仔细想来，休闲就是千百年来人类保存在这只魔盒里的希望，人类翘首以盼，等待着将它释放出来。休闲是中国现代化进程的一部分，它渗透进现代化的过程，也表达了现代化的目的。

追求文明、健康、科学的休闲方式，有助于实现社会公平，有助于医治愚昧和浮躁，有助于对人的存在和价值做出全新的解释。没有中国的现代化，就谈不上中国人的休闲，这个命题大多数人认为是成立的；而没有中国式的休闲，中国的现代化就会变得缺少血性和活力，这个命题还需要我们去证明，以赢得更多人的赞同。

任何一种新思想的问世总会遭遇各种阻力，当一种新的思想出现在中国这片古老的土地上的时候，其遭遇到的顽强抵抗可想而知，更何况这是一种游离于"正统"思想的"游戏"思想。然而，休闲毕竟是一种不可抗拒的社会力量，它不仅是中国朝气蓬勃的机体的组成部分，也是发自我们每个人内心深处的强烈欲求。为了实现中国历史上空前规模的人性解放，为了在人性解放的基础上实现中国文化的伟大复兴，让我们张开双臂拥抱休闲时代吧！

"人"文化、"福"文化、"和"文化在北京奥运会上的形象表达

——兼谈中国方块字的文化特殊性

（2008年12月在北京论坛上的讲话）

百年奥运历史中的一届巅峰赛事，在人们的留恋中徐徐落幕了。中国从来都没有"狂欢节"的概念，但在刚刚过去的个把月中，中国人民实实在在地被"狂欢节"的激情氛围裹挟着前行。

无论是在华丽多彩的北京，还是在千里之外的乡村，无论在奥运会的现场，还是在电视机前，人们都为各种奥运信息、场景、人物、事件而惊愕、惊诧、惊异。

在北京奥运会上，中国文化的主要元素都得到了全面的展示。这届奥运会不仅是中国对外来文化的大学习、大认同的过程，也是中国人对自己的传统文化大复习、大演练的过程，最终达到向外国人大推介、大传播的目的。事实证明，中国因奥林匹克而重获殊荣和辉煌，而奥林匹克终因中国文化的介入而更完满、更丰富。

本届奥运会，突出强调了中国传统文化中的"人"文化、"福"文化与"和"文化的基本理念，得到了全世界的普遍认可。而在表达手段上充分运用了中国方块字的文化特色，可以说，这是奥林匹克历史上从未有过的文化经历。中国的方块字历经数千年的发展演变，这是它的与生俱来的象形表意功能不断完善的过程。世界上许多文字都经历过图画文字的阶段，然而后来大多走上了用字母记音的发展道路，成为单纯的语言符号。而只有方块字把它的以形示意的文化形态演化、保存了下来。

因此，可以说，方块字是中国文化中最具特点的一部分，是中国文化的瑰宝。中国有成百上千种方言土语，但汉字始终保持统一。方块字是世

界上罕见的蕴含文化传统的书面语符号，文化学者认为中国传统文化之所以未曾断裂，民族与国家的统一之所以得以维护，方块字功不可没。而且，方块字与汉民族的思维方式和文化精神融为一体，它本身就可以用来直接、简洁、生动地表达思想。因此，它频繁而流畅地出现在北京奥运会上绝非偶然。

一、"人"文化：撇捺之间的生命理念

早在仰韶文化时代就出现了对"人"字的表达，即"人"，数千年来，这个字形基本未变，但围绕一个"人"字，出现了很多文化演绎，例如：二人，求仁；三人成众；彳（人的小步行走）与直再加心，构成了"德"字，即小心翼翼直行时的心态，即道德；而相互倒立的二人，组成"化"字，即通过教化来改变人。

在中国传统文化中，有两句话对"人"文化做了高度经典化的理论概括。一句是"天人合一"，摆对了人与自然的关系；另一句是"以人为本"，基本搞清了人与神祇的本末位置。然而，面对君王统治、政治权力、经济利益和社会目的，人一下子就变得渺小了、模糊了。

中国长达两千年的皇权专制主义社会，造成了人文缺失、人性泯灭、人的价值被虚化、人的生存状态被奴化的现象。在计划经济体制下，人成为会生产的"经济动物"、会说话的"驯服工具"，加上文化专制主义的挟制，人们谈"人"色变，历次政治运动的本质都是对人性的压制，以致对生命的残害和扼杀。

20世纪50年代对"人性论"的批判、60年代的"文化大革命"，甚至到80年代中期对"人的异化"理论的大张挞伐，斥之为"精神污染"，都让人们对"人的解放"噤若寒蝉。可见关于人的问题在传统的意识形态中有多么敏感和可怕。

进入市场经济时代以来，正当的个人利益逐步得到了尊重，"以人为本"的口号被重新认识，得到了广泛的认可和重视。恰在此时，"人文奥运"的理念被提了出来，这应该说是具有时代转折意义的，其社会的教育价值、伦理价值将会被载入史册。

在北京奥运会的三大理念中，"人文奥运"最为重要，最贴合中国社会的实际需要，是国际社会对中国的期望，也是对未来中国社会进步影响最深远的。如果说"绿色奥运""科技奥运"主要关注的是举办一届奥运会的过程（包括环境保护和高科技手段的运用），随着奥运会的结束，它们也将

失去实际意义。而"人文奥运"则关照的是它的目的。这一将人作为目的的理念是中国第一次向世界公开宣示的，将会久远地对中国的未来产生影响。

北京奥运会有两次用汉字人形表达了对人的关注，一是它的会徽设计。会徽受到中国书法、篆刻灵感的驱动，将北京的"京"字演化为夸张的、舞动的人体，用阴文反射出来，挥毫间体现"新北京"的理念。"舞动的北京"采用朱红的印泥颜色，这是中国人最崇尚的色彩，象征太阳、火焰和鲜血。在这个会徽中，红色演绎得分外鲜亮，激情张扬，格外奔放，表达了中华民族对吉祥如意的礼赞，对生生不息的生命的膜拜，也是对奥林匹克文化最得体的中国式的诠释。另一个是运动项目图案的设计。浏览历届奥运会的运动项目图案，会发现它们基本大同小异。而北京奥运会的图案设计以构思独特、形象生动、线条简洁，给人留下深刻印象，尤其是它用中国书法中的篆字进行演绎，显得格外别致。篆字，是秦始皇统一中国后，由著名书法家李斯主持整理出的。篆字中保留了最多的象形文字特点：笔道粗细均匀，变化复杂，讲求对称。用篆字的方法来演绎运动的人形是象形文字的一次"逆行"，两千多年前的古代东方文字和现代竞技竟有如此多的相通之处，真让人不可思议，这或许就是文化的魅力所在。

二、"福"文化：祈福天下的生活理想

中国文化中有"福、禄、寿"三星，它们代表了中国传统文化中的最高价值取向，即幸福、财富和寿命，其中以福字当先。一般的辞书，把福字注解为幸福，而对幸福的注释则为：心情舒畅、生活称心如意等。古旧的辞书，把福字注解为"吉事"，也有注为"富贵寿考统曰福"。更老一点的则称："福，盈也。"在中国的词汇中，用福字组成的词语有福分、福气、福人、福祉、福地、福田、福星、福利、福音、福将……若把福字后置，则有享福、纳福、受福、求福、修福、祝福、赐福、降福，乃至眼福、吃福、发福、艳福之说。包含福字的成语有福如东海、自求多福等。

自北京奥运会后，中国又多了一个"福娃"。中国传统文化并不善于进行多级层的抽象思维，却擅长于直观性很强的形象思维。在福娃的身上没有更多的抽象演绎，他们一目了然，只是一群装束不同、佩饰各异、性别难辨的幼儿园的稚童而已，他们或欢快，或含蓄，或顽皮，或腼腆。但他们所表达的主题高度集中，那就是祝福。这是对中国传统文化的代表作《论语》开篇第一段中的那句名言"有朋自远方来，不亦乐乎"的最好注

解。人性获得初次解放和物质生活得到初步满足后的中国人，把健康、快乐、幸福视为精神世界、情感生活中的第一追求，并愿意与全世界人民共同分享。中国人是好客的，更是"好面子"的，这是中国"礼文化"所使然。

2008年北京奥运会如同一场盛宴，将原汁原味的中国文化呈现在世界面前。中华民族自然质朴的民族品格、内圣外王的人格理想、重义轻利的价值取向，必将对世界产生潜移默化的影响。

三、"和"文化：和谐世界的永恒追求

如果只能选一个字来表达中国文化的最高境界的核心价值观，那就是"和"。当29个脚印沿北京城中轴线北行，越过古代的太和殿、中和殿、保和殿到达"鸟巢"，而中国的活字印刷字盘经过几种字体的演变，突出了一个当今的"和"字，这时，"和"的理念得到了时代的升华。

我们要告诉世界的是，中华民族将以自身的和谐，求取与自然世界的和平相处，与全球两千多个民族的平等相待，我们期待的是"我和你，手拉手"，同住在一个"地球村"那种安宁的生活。"和"文化产生于东方农业文明是顺理成章的。适宜的温度、平坦的地势和肥沃的土地，是中国发展农业文明的理想条件。农业社会的特点之一就是人对土地的绝对依附，而且在古代，生产力越不发达，这种依附就越显著。中国农业生产中的生产单位是"家"，发展到后期，便成了氏族单位的一种有内在血缘联系的广义大家庭。

在古代中国，由于人与人之间形成的君臣、父子的人伦关系，以及民众对土地的绝对依附，民族的意识形态不可避免地重视渗透、协调、和谐与中庸，反对斗争、冲突与对抗。中国体育重调节、轻冲突，重关系、轻实体的特征，有别于西方的"更快、更高、更强"的色彩。

中国在北京奥运会上提出的口号"同一个世界，同一个梦想"，既是一句"四海之内皆兄弟"的感言，也是一句中国融入世界、建设和谐世界的誓言，它在世界上不胫而走。有勇气提出这一理念的人，绝不是在国际社会大门外徘徊的人，因为只有甘于接受世界同一"规则"的约束，与世界同步，为人类的共同进步做出贡献的民族才有这样的胸怀。过去，我们习惯于寻求与他人的差别，然后将这些差别夸大，贴上各种各样的标签，鼓噪怀疑、批评和抵制，最终游离于世界，远离人类的共同命运。中国的社会转型必然伴随着对外开放，必然要清除长期封闭和僵化给民众带来的昏

聩麻木的情绪，鼓励奋发进取，使中国迅速适应经济全球化、政治多极化、文化多元化的国际社会。

通过体育竞赛所获得的胜利来振奋民族精神，实质上是树立一种和平竞争的国际化观念，有利于国民积极参与开放性的竞争，接受机遇和挑战。今天我们有了一种新的思维：努力寻找与世界各民族的共同点、精神的相仿处，以及社会制度中可以互补的东西。全身心地融入世界潮流是一次伟大的思想解放。可以预料的是，勤劳、聪明的中国人具有了开放的眼光，其散发出的创造力和影响力将是无可估量的。

中国的"和"文化包含了"和而不同"的思想精髓。"重和去同"的思想是了不起的，它以肯定事物的多样性为前提，而力求达到统一。中国传统文化，一方面提倡主导文化的规范，另一方面鼓励不同派别、不同类型、不同民族之间思想文化的交互渗透、兼容并蓄和多样统一。如果这一思想为世界越来越多的人所理解与认同，我们这个蕞尔小球上将会减少多少争吵与辩论、阴谋与战争、尔虞我诈与钩心斗角。

早在1922年，罗素先生在《中国问题》一书中就预言："如果中国的改革者在国力足以自卫时，放弃征服异族，用全部精力投入科学和艺术，开创一种比现在更好的经济制度，那么，中国对世界可谓是尽了最恰当的义务，并且在我们这样一个令人失望的时代里，给人类一个全新的希望。"这位英国哲学家在洞察了中国文化底蕴之后所发的议论，今天正在变为现实。北京奥运会后，在瞬间爆发的全球金融大海啸中，中国的态度与作为，再次印证了他这一预言。

结束语

在不到半年的时间里，罕见的冰雪危困和特大的地震灾害相继发生在中国。而接续的是境外火炬传递接力遭遇波折，这让全世界为中国捏了一把汗。然而，中华民族以其特有的智慧、韧性和果敢将天灾人祸一一化解。更不易的是，我们以博大的"中国精神"成功地完成了一次人类情感的大转折、大升腾，把中国所历经的苦难和世界文明进步的喜悦天衣无缝地衔接了起来，把抗震救灾中的奋争精神与奥林匹克的争先精神统一了起来，从大悲到大喜，最终赢得了大自在、大洒脱、大从容。

1984年，我们实现了奥运会金牌"零的突破"，同时，历史也记住了我们当时的血脉偾张和无可抑制的狂热；2008年，也就是仅用了24年的时间，历史再次记录下我们在奥运会上获得无以伦比的成功的光辉时刻，而这次载入史册的却是中国人面对这一切成就的平和、淡定和自信。2008 年,北京奥运会作为一个文化符号,将永远留在奥林匹克的历史里;作为一个伟大事件,将永远彪炳在历史画卷中;作为一件珍奇瑰宝,将永远珍藏在人类文化的宝库中。能成为这不平凡的一年的参与者和见证人,我们将终身难以忘怀。

休闲的失落：中国传统文化的遗憾

（2009 年在世界休闲大会上的讲话）

当代中国休闲社会的形成、对休闲时代的到来的确认，与西方工业发达国家有所不同：西方诸国的休闲文化是在工业社会中逐步形成、在信息社会中迅速发展起来的，是一个自然造就的过程；而中国的休闲文化是在文化缺失、休闲断裂的情况下突然地、被动地萌生出来的。因此，有必要回过头来审视一下传统文化给我们留下了一笔怎样的"休闲"遗产。

一、休闲理念的缺失

但凡一个社会所生产的物质财富，足以养活一个有闲阶层，这个社会就有可能出现休闲，或类似休闲的活动。在中国长达两千年的封建社会，随着各代王朝的兴衰起落，这类活动时隐时现，忽强忽弱，或多或少地出现过，但始终没有形成独立的文化体系，占据一定的社会地位，更没有形成具有现代社会与后现代社会意义的"休闲"，甚至连具有社会学、文化学价值的"休闲"的概念都没有形成。在很长的历史时期里，"休闲"一词，只被农艺学使用，作为修养地力的轮歇。[①]

在 leisure 一词进入中国后，我们本能地将其译作"消遣"，而消遣的中文含义则是"消磨"和"排遣"的组合，其消极意义大于积极意义。在中国古代著名小说《水浒传》第三回"鲁提辖拳打镇关西"中，鲁智深在出手打死郑屠户前，怒目圆睁，高喊的一句就是："洒家特地要消遣你！"可见"消遣"与"休闲"的含义大相径庭。

古代中国为什么排斥休闲，拒绝休闲？这与儒家文化的过度传播、儒家人生目标的宗教化提倡、儒家人生态度的过分包装有极大的关系。儒家

[①] 参见《辞海》"休闲"词条。

文化讳言休闲、抵制休闲、贬斥休闲，成为社会文化的主流思想、统治思想，休闲便失去了它在社会结构中应有的地位。

二、文明的休闲方法没有形成体系

（一）中国始终没有形成旅游文化

中国曾有张骞、法显、玄奘、鉴真、郑和与徐霞客等著名的旅行家，但他们的旅行是具有强烈的功利色彩的，不具有休闲意义，他们或为宗教，或为外交，或为考察地理，或为文化交流。因此，古代中国始终没有形成体现休闲意义的旅游。中国的小农经济把人们困守在一片狭小的土地上，人们没有走出去的愿望，因为外面的世界同样不精彩；人们没有走出去的勇气，惧怕山高水险，惧怕车匪路霸，惧怕豺狼当道，何况"父母在，不远游"；人们没有走出去的本领，"路漫漫其修远兮"，又"出无车"。到明清以后，缠足的恶习逐渐普及于一般阶层的妇女，这朵"三寸金莲"就永远只能开放在家里。

（二）文弱之风重创了竞技体育的前程

中国竞技文化的日渐衰落，使休闲失去了一个重要旁支。中国是世界上最早产生竞技体育的国家之一。在古代奥林匹克运动会兴起时，我国的西周就出现了被称为"礼射"的竞技活动。在汉唐盛世，中国的"竞技体育"达到世界的巅峰，一度成为人类的骄傲。

大约1300年前的盛唐时代，出现了民族大融合所带来的开明政治和思想解放，同时来到中原大地的还有北方民族和西域民族的武勇蛮健之风。当时还有一个外来的因素，就是佛教文化大面积传入中国，流行于华夏大地。由于佛教文化中含有古希腊健美气息的犍陀罗艺术成分，唐代终于成为整个封建社会中少有的思想活跃、充满活力、生机蓬勃的时代。当时的帝王贵族酷爱马球、蹴鞠、捶丸等雄健豪放、竞争激烈的运动，大大促进了竞技体育的繁荣。

然而，在中国的文化史上，竞技体育好景不长，且几乎停留在宫廷之中。两千多年里仅有几度昙花一现，就从人们的文化生活中隐去。从总体来说，在中国的体育文化发展过程中，民间竞技体育实在算不得上品。这是因为中国竞技体育的发展过程受到宗法文化和儒家文化的影响和制约，最终自己走上湮没的道路。中国传统文化从礼出发，以上下尊卑的等级观念反对竞技体育的公正平等；从仁出发，以中庸和平之道反对竞技体育的竞争拼搏意识；从孝出发，以"身体发肤，受之父母，不敢毁伤，孝之始也"为理由反对竞技体育的对抗。在近代资本主义体育蓬勃发展起来时，中国古代竞技体育处于奄奄一息的状态，最终只能对西方近代竞技体育实行"全盘西化"，尽管这是一件让国人很不情愿的事情。

（三）休闲教育不能进入正规教育

任何一项活动不能进入教育，就意味着不能得到社会的公认，就意味着其文化形态不能稳定下来。只有进入了教育，才能说明它的成熟。孔子提倡的"六艺"（礼、乐、射、御、书、数）中含有休闲的成分，但不久就被四书五经取代。在中国传统教育中，既不让身处学校中的师生享受休闲，又不准在校园里进行休闲教育，这就导致中国的教育与儿童的双向异化。这种教育通过不准休闲和不予教育两种方式排斥了休闲。唐朝大学者韩愈说过这样一句话——"业精于勤而荒于嬉"，成为历代中国教育的口头禅，但其逻辑的荒谬之处在于业精于勤勉，本应荒于疏懒，但他偷换了概念，将儿童的游戏、娱乐、休闲等同于怠惰。每一个中国人从小就未能得到正当的休闲教育，不懂休闲为何物，甚至视休闲为洪水猛兽。而家长又在不断喝止孩子的嬉戏和休闲，成为这种无视休闲的劣质教育的"帮凶"。所以，直到今天，多数中国成年人仍不知休闲，不会休闲，耻于休闲。宁可呆坐酣眠，宁可吞云吐雾，宁可一醉方休，也不敢尝试踏入休闲的禁区。

三、公共休闲的空间和环境的窄化

古代中国不存在广场文化和公园文化，广场文化和公园文化只能生成于民主社会，与专制主义文化格格不入。惧怕广场，扼杀公园，是中国传统文化的一个弱点。在中国，只有君王的皇家园林和富人的私人园林，而公众休闲缺少足够的公共空间。中国在历史上除了宫廷之外，更缺少公共运动场所、音乐厅、大剧院等建筑。我们既没有古代希腊的竞技场、海滨浴场，也没有古代罗马的大剧院、斗兽场，只有一些村庄中的临时戏台、舞龙舞狮的场院。在中国，各种聚会、社团不被提倡，这使民众失去了最普通的休闲场合，也失去了休闲的社会组织形态，这与中国历代统治者长期对民间结社的不智态度有关。

四、中国休闲产业的边缘化

休闲是一种不直接创造物质财富的活动，没有相关的产业支持，缺少社会捐赠，休闲活动是难以为继的。长期贫穷落后的小农经济不喜欢休闲，不支持休闲，古代中国的民间休闲始终与经济存在隔膜。近现代西方休闲的发展与休闲产业的支持密不可分，但是中国的市场经济实在来得太晚了一些，而被边缘化的娱乐市场、体育市场的繁荣更须假以时日。

可以说，在中国传统社会中，其价值观念、思想理论不能为休闲赓续提供依据，其文化背景、社会结构未能给休闲提供生存空间，其教育传承、方法手段不能支撑休闲的正常发育，最终使得休闲未能在中国这片大地上开花结果，而这片大地曾经创造了灿烂的文明，这不能不说是中国文化的一个重大的遗憾。而这一遗憾直到今天，还在或明或暗地影响着我们。当休闲时代到来的时候，我们对它是如此的陌生，又如此的欣喜，而我们又常常会得到各种各样的明令或暗示来排斥它，甚至我们这些倡导休闲的人自己也会在潜意识里对它绕道而行。

五、中国古代人的休闲方式

那么，在中国古代，难道就没有出现过类似休闲的文化吗？几千年来，数以万计的中国人是怎样度过漫长的农业社会的余暇时间的呢？我们中国人曾在一条狭窄的文化夹缝里摸索着、变通着，艰难地争取着休闲的正当性，把握着休闲的合理性。不同的社会阶层以自己的文化才能创造了中国式的休闲。

（一）追逐风雅的文人休闲

在上层社会，士大夫阶层以琴棋书画类的、文化的、桌上的休闲为主，辅以茶文化、酒文化、诗词文化、楹联文化、把玩文化、堂会文化等。他们的休闲非常讲究分寸，比如，在中国传统文化中，似乎棋比牌要高出一等，有琴棋书画一说，牌则从不入流。这是因为下棋在开局时是人人平等的，象棋开局时双方严阵以待，必须按规则将每个棋子放在规定的位置上，以保证实力的平等。而打牌则以一种未知的初始状态为发端，每一局必须经过"洗""搓"，将牌打乱，因此，打牌的胜负具有一定程度的偶然性，即运气。而下棋，则完全靠技术，即棋艺。也正因此，打牌比下棋更容易作弊。因此，打牌上不了文人雅士的台面。

（二）生活方式中的养生活动

中国古代的导引养生术中似乎也隐含了一些休闲的成分，由于受到中国农业社会文化的影响，形成了以下三个特点。

第一，多模仿动物动作和行为。最早的导引术是东汉名医华佗编创的五禽戏，它与庄子哲学自有联系。这个特点在西方是不多见的。这一点差别也许和中国传统文化来自土地，且思维和表达方式都比较直接有关。

第二，多圆形、环形、球形等向心式的运动，如太极拳、八卦掌，不是所有的活动关节呈做弯曲状、抱球状，就是运行路线始终在一个圆环上，不得越雷池一步。在中国体育文化中，有大量的关节内收、内旋的动作，这是西方体育文化中少见的。这里可以看到中国传统文化封闭式思维的影响。

第三，动作徐缓，运动负荷强度不大。中国的养生导引术受到各家思想的影响，有一派主动，认为"动则阳生"，阳气丰盛，则身体健康。主动派有道家、兵家和拳家。而另一派主静，认为静则阴长，阴液增长则疲劳消除。主静派是禅家、儒家和医家。到了明清之后，两派趋于融合，中庸成了似动非动、似静非静的太极运动，包括太极拳、太极刀、太极剑和太极推手等运动。封建农业社会那种节奏缓慢、具有广延性的时间观念，加上儒道的"体验""反省"、佛禅的"面壁""顿悟""贵在虚静""有动则心垢，有静则心净"的静态时间观念，催生了中国导引术这种亚节奏型的活动方式。这种活动方式渗透进人们的生活，改变了固有的生活空间和生活节奏，影响了人们的精神情绪，舒展了压抑的心态，给人们带来了短时间的欢愉，可以称之为一种瞬时的麻醉、一种"偷"回来的休闲。

（三）世俗社会的"原生态休闲"

在世俗社会，除了一年之中少有的几次"狂欢节"式的休闲，如春节社火、元宵观灯、端午龙舟、重阳登高、中秋赏月，还有日常的民间游戏、娱乐、宴饷、踏青、社戏等。

（四）腐败社会的"病态休闲"

在中国古代还滋生了两种病态的休闲方式，这两种方式非但历久不衰，而且形成了当时中国仅有的三大休闲产业：其一是妓院，其二是赌场，其三是烟馆。

性娱乐、性休闲是对中国传统文化的逆反和讽刺，中国传统文化极端的性保守与娼妓文化的火爆形成鲜明对比。中国历朝历代都有查禁娼妓的法令，但是娼妓存在的非法和现实中非法存在的娼妓，使娼妓成为眼里有、口里无的人群。这一现象与中国特定的社会结构、家庭结构有关，也与休闲社会始终未能走向成熟有关。

与娼妓文化孪生的是赌博文化，它的泛滥也是对儒家文化反其道而行之的表现，这可能是对单调的生产方式和生活方式的逆反。赌博的种类很多，有简有繁，与竞技、彩票、高科技、旅游都可以结合起来，而中国人对麻将情有独钟，其延续历史之长、影响范围之广、参加人数之众，令人瞠目结舌，成为一道"推不倒的长城"。

　　麻将被喻为中国的"第五大发明"，这种游戏的文化品质是"应变"，在沉闷少变的中国传统文化背景下，它满足了人们力求多变的心理需求；这种游戏又以它精密的必然性和偶然性排布，使之适合任何人群，甚至包括文盲；这种游戏还以牌局突发性的结束方式，给人以强烈的期待与落寞、喜悦与懊悔、冲动与刺激；这种游戏更以其无可休止的循环往复，成为消磨时间的最佳方式；这种游戏的最大"贡献"就是占据了很多的余暇时间，成为古往今来中国国民所花时间最多的一种活动。它可能会减少犯罪，也可能酿成犯罪，因此，麻将成为中国最有争议的一种游戏。到了近代，中国古代除了妓院、赌场，还有大量烟馆，那更是社会颓败、民风堕落的一个标志。而且早在鸦片战争前就有了毒品猖獗的公文记录，英国的鸦片输入起了推波助澜的作用。休闲的不健康发展，也是一个重要的原因。

　　在中国传统文化中，当然也不乏一些有益的休闲因素，如老庄的逍遥思想，民间自得其乐、苦中作乐的乐天心态。坊间许多关于消遣娱乐的记载、民俗中各种富有情趣的活动、民间流传的大量儿童游戏、各少数民族独具特色的体育娱乐活动，都可以成为发展当代休闲的文化基础。

结束语

　　从上述讨论中我们得到的教训是，中国传统文化中可以称为"休闲"的一些东西，不能与当代世界潮流的休闲同日而语，如同中国古代的"和谐"不能与今天提倡的"和谐"相提并论一样。中国古代的休闲与今日的休闲虽有重叠的部分，但毕竟是在螺旋结构的不同层面上。我们要重建中国的休闲理论与方法，还和谐社会一个真正意义上的休闲。一位英国教育家说，不能教会孩子支配余暇时间的教育是不完整的教育；我则认为，一个不能引导人们善度余暇、正确休闲的社会是一个有缺陷的社会。今天，我们不仅要让整个社会树立起崇高的、清新的休闲观、娱乐观、生活观、健康观，还要不断创新休闲的方法，鼓励那些有趣的、有益的休闲方法流行和传播开来，营造一个庞大的休闲产业和公共休闲空间。当然，我们更要警惕那些历史上的文化渣滓以"休闲"的名义"借尸还魂"，抹黑中国的休闲形象，给中国本来就举步维艰的休闲增添更加沉重的负担和更多的麻烦。

"世界休闲组织中国分会"的成立标志着中国休闲时代的到来，尽管休闲对于中国人来说是那么来之不易，但它毕竟到来了。我们要珍视"世界休闲组织中国分会"重要的文化价值，它必将成为新时代中国人争取休闲权利的代言人，成为提升中国人幸福感的倡导者。让我们欢迎它，祝贺它！

竞技：人类进步的表征与希望

（2009年6月华南师范大学研究生院讲座上的讲话）

引　言

在人类色彩斑斓的文化园地里，竞技是最为瑰丽耀眼的花朵之一。在竞技运动中充满了各种神奇的矛盾：竞争与协作、严肃与幽默、高雅与粗俗、运动与静止、抗衡与友谊、爱与恨、善与恶，乃至生与死……它给人间社会带来欢乐、健康与笑声，也带来激情、热望与振奋。

当然，有时也给人们带来痛苦、烦恼和灾祸。竞技如同一股洪流，把社会的每一个成员都裹挟进去，让他们尽情地宣泄、享受、排遣，并从中得到教育和发展。同时它又把社会调遣和鼓动起来，给社会涂上一层光彩夺目的色彩，使我们所生活的这个星球充满更多生机和活力，也更富有人情味和使命感。

被视为现代竞技最高规格比赛场所的奥林匹克运动会，因见证了从古至今亘古绵长的人类竞技活动的历史，并汇聚了世界不同民族、不同人种的顶尖运动员，而进入人类学研究的视野。运动精英们一次次冲击人类的生理极限和心理极限的记录，则成为人类学家手中重要的研究素材。

一、竞技起源与本质的人类学解读

竞技，是人类学研究的一个重要的领域，著名的人类学家默多克（G. P. Moudock）和他的助手在全世界数以百计的社会文化资料中抽取人类共有的60余种文化要素时，发现排在前20位的就有"竞技"和"游戏"。

竞技，是人类特有的文化活动，但是早在人类进化完成之前，动物身上就存在了产生竞技的生物学因素，这些因素是因动物之间的生存竞争而产生的动物本能的学习行为和"游戏"。

动物的这类活动是非意识的、缺乏目的性的，也是无组织的，不可能直接演化为与人类相同的竞技活动，然而，这些活动对远古时代人类"竞技"的产生是有重要影响的。竞技的本质动因是竞争，处于动植物状态中的竞争出于对物种生存与继续生存（繁衍）的"目的"，表现为与异类或同类对阳光、空气、水源、土壤、食物、配偶的争夺，这些争夺是不具有社会意义的。对灵长类动物的研究证明，人类的先祖是一种活泼的动物，并且具有暴力倾向。"猿类的暴力意味着人类具有残忍无情的一面"，然而"尽管猿人是暴力的，但是它们的群体却有着强有力的控制和平衡能力"。这种控制力之一就是可以对暴力进行宣泄并将其转化为"游戏""竞技"等活动。

动物本能的学习行为，是物种特性得以延续的基础，这种学习行为包括学习飞翔、奔跑、跳跃、投掷、攀登、支撑、悬垂，以及各种群体活动的配合等，以满足生存的需要。而动物幼雏、幼崽之间的"游戏"、追逐、打斗，则是在训练它们的体力和生存技能，以应对未来凶险的生活。动物的这些活动，最终成为人类竞技活动的物质前提。

在人类的愚昧、野蛮时代，在文字产生之前，文学艺术活动还未萌发的时候，原始人之间的"竞技"活动就开始出现，并成为他们生产劳动之余一种主要的文化活动形式。但是，这时期的竞技十分原始和蒙昧，反映出原始社会中人们的那种蛮拙的身体需要和非常贫乏的物质条件。这一点从民族学、人类文化学家对至今尚处在氏族社会的非洲、大洋洲部落的记载中可以得到证明。

进入人类社会，无论是在欧亚大陆，还是弹丸岛国，无论是在热带雨林，还是雪域高原，无论是在太平洋的毛利人部落，还是北极的因纽特人群中，都不约而同地产生和发展了本质相近、结构相似的竞技活动。而竞技的本质特征体现在以下5个方面。

第一，它是非生产性的身体活动，是介于劳动工作（work）与游戏玩耍（play）之间的一种文化形态，其基本形式脱离日常生活现实，可以是类似喜剧的表演，也可以是形同战争的搏斗。

第二，它具有竞赛规则、裁判与仲裁手段等制度约束，竞赛规则的核心是对等。它不承认除身体、心理以及技术以外的任何不平等。种族、财产、地位、阶级、运动经历等，在竞技的比赛中都是没有意义的。自由主义者哈耶克在《法律、立法与自由》中指出，"人不仅是一种追求目的（purpose-seeking）的动物，而且在很大程度也是一种遵循规则（rule-following)的动物"。他还认为，不仅人们的行动是遵循规则的，而且人们的感知也是遵循规则的。

第三，它必须同时产生具有社会价值的竞赛活动。而竞技比赛必须维护其结果事先不可确定的尊严。比赛结果的不确定性增加了竞赛的公平性和竞争性，这是体育竞技的文化魅力所在。

第四，它有特定的竞技环境，从古希腊奥林匹克竞技场、古罗马斗兽场到中国北京的鸟巢、水立方，虽形制大相径庭，但文化本质是相同的。

第五，它是一种对英雄的崇拜，因此它随之产生了历史传说、传奇故事等文化元素，这就使竞技活动形成文化传统，并世代相传。

二、竞技的体质人类学求解

人类起源于非洲，由非洲的南方古猿演变而成。人类掌控地球命运的历史也是一部人类的迁徙史。进行长途陆路跋涉到达亚洲的是黄种人，以后相继告别非洲的是跨海而行到达欧洲的白种人和散落在太平洋岛国的红种人。由于离开非洲的时序不同、智人祖先种族的不同，造成的结果是东方的黄种人与非洲黑人的遗传距离最远，而欧洲的白人保持得最近。也就是说，黑人与白人都更接近原始人类的生物特征，而黄种人则要相对远些。

观察哺乳动物时，可以发现凡凶猛的肉食动物沿人体矢状轴（向前）运动的本能性运动能力极强，而沿冠状轴向两侧（向左右）运动的本领极差，这与动物的四肢及盆骨关节的形态有关。白人与黑人也具有这样的生物特点。

而体形相对瘦小的黄种人这种运动能力退化，不仅身材相对矮小，而且运动能力也较差，跑跳投能力均难以与黑人、白人抗衡。然而，黄种人有很强的两侧移动能力，往往表现为灵巧性较强。中国传统的武术运动中就有很多肢体内收、内展、内旋的动作，西方各项运动中有弓箭步的动作，但几乎没有中国武术的马步动作，这是因为他们很少需要做侧向运动的准备。

在人类萌发竞技活动的初始阶段，这种主要为身体能力的较量局限在狭小的地域范围里，仅为同一人种、同一民族，甚至同一族群中的个体差异的较量，长达千年的古代奥运会之所以只有个人运动项目，这是一个重要的原因。

人类的竞技活动突破了国界、洲界，走向了国际化和全球化，依照人类学的观点，现代国际范围内的竞技运动，特别是奥林匹克运动会，已经成为不同民族和不同种族之间的身体竞争。

然而,近现代竞技是以欧美人的价值观为中心的。奥林匹克的核心比赛项目都是为白人设置的,当时他们并没有想到后来黑人会崛起,能与他们分庭抗礼。在1992年的巴塞罗那奥运会上,奥林匹克运动会有史以来第一次由黑人选手囊括男子赛跑所有项目的冠军。

如今在世界田坛上,黑人运动员显然已经占有了绝对的优势,几乎所有的短跑项目都是由西非的后裔独占鳌头,而几乎所有长距离跑的金牌都由在东非、北非的次高原国家肯尼亚、埃塞俄比亚的选手获得。生活在肯尼亚海拔2000多米的高原的卡伦金部落,人口不多,但世界上最优秀的20位中长跑选手中有12位是卡伦金人。肯尼亚人还有同一天在世界三个不同城市获得马拉松跑世界冠军的光辉纪录。原因并不复杂,肯尼亚人具有鸟一样的细腿,小腿的重量平均比丹麦人轻400克,他们每跑1公里能节约8%的能量。不仅如此,他们毛细血管的分布密度、肌肉纤维的构成,使他们每一步都跑得更快。在吸入同样氧气量的情况下,肯尼亚人可以比欧洲人多跑10%的距离。

亚洲的中国人、日本人、印度人和韩国人在奥运会传统的、核心的项目上也有辉煌的纪录,但毕竟凤毛麟角,如刘翔、朱建华、杨传广、纪政、姚明等。我们称他们是"运动天才",他们身上有一些与一般黄种人不同的遗传基因,我们认为,刘翔的肌肉、骨骼和神经活动方式有与欧美运动员相近的地方。于是,我们就明白了竞技体育为什么会青睐遗传基因工程,尽管它已经引起人们的高度警惕,被视为下一代的"兴奋剂"。

让我们回到体质人类学的概念上来,试图了解当今和过去人类的体质结构,该体质结构在人类行为中发挥了怎样的功能,以及这些功能与行为是如何与人类生存环境整合等问题。这门学科通过分子生物学证据、行为研究解释了人类的起源与进化、族群的多样性以及人类在进化过程中身体结构和运动方式的变化等问题。那么,对竞技的上述研究不正是与体质人类学殊途同归吗?

然而,竞技是一种复杂的文化现象,止步于体质人类学的阐释是远远不够的。因为竞技不仅仅是一种人类生物属性的较量,还有更深层的社会属性的抗衡,如果停留于前者,奥运会早就可以终止,只要几个生物科学家就完全可以在实验室里把奥运会的奖牌分配得既科学又合理,而无须兴师动众,因此,我们还要借助文化人类学的理论与方法来进行解读。否则我们非但不能窥及竞技的全貌,甚至还会陷入民族自我中心主义、种族优越论、文化沙文主义或文化虚无主义的泥淖。

三、竞技的文化人类学求解

（一）竞技发展的文化逻辑

当人类开始有了自我和他人的区分，有了群体意识和自我意识，把我群（in-group）和他群（out-group）区分开来时，就出现了多种形式的社会竞争——经济的竞争、阶级的竞争、政治的竞争，以至科技、教育和人才的竞争，有些竞争演化成冲突，最终升级为战争。人类成为这个星球上唯一的一种有目的、有谋划，利用最新科技手段进行同类之间残忍杀戮的动物，铁器时代、青铜器时代如此，蒸汽机、电气时代如此，电子时代仍然如此。

然而，另一类竞争在文化领域中展开，最为典型的就是竞技。在生产力极其低下的远古时代里，人们主要靠自己的身体体力和身体技能与恶劣的自然环境抗衡，这时最受重视的是身体表达的技能。古希腊奥林匹克所进行的竞技反映的正是这种技能的对抗。尽管由于世界各地社会地理、气候、政治、经济、文化等因素有所差异，竞技比赛的形式和方法有所不同，但都表现为对力的崇拜，有些地区甚至将对图腾、神祇的崇拜相统一，如古希腊人崇拜的大力神（当代足球世界杯就以此命名）。而那时在竞技中失败的代价是相当惨重的，据记载，在古代玛雅人那里，谁在一种类似曲棍球的球类活动（ball game）中输掉的话，有时会被判处死刑，真可谓"玩命"，可见当时竞技的认真和残酷。

真正具有人类文明意义的竞技，应该追溯到古希腊的奥林匹克运动会和东方文化中的某些竞技活动。古希腊成为奥林匹克竞技体育的发祥地绝非偶然。其主要原因是：①开放的海洋地理环境使希腊人产生了外向、好动的性格。他们有独立不羁的人格、开拓精神和变易观念。这种充满自由、竞争精神的文化个性，鼓励人们参与各种竞争活动，激发了人们的竞争能力。②商品经济较为繁荣，生产力得到迅速发展，社会文化生活内容相对丰富多彩。③奴隶制中的民主制度为竞技体育的存在与发展创造了良好的思想环境，因为竞技毕竟需要一种平等与公正的原则作为思想基础，虽然古希腊的民主制度是局限于奴隶主阶级的，但在当时的世界各种文明中却是独有的。④古希腊的城邦统治注重军事，更注重军事力量的主体——人的体力的发展。同时，频繁的城邦战争使人们渴望和平，渴望用一种和平竞争的方式取代残酷的战争。在这些机制的综合运行下，古代奥林匹克运动产生了，并持续了一千余年，成为人类竞技文明史上的一朵奇葩。

中国西周时代的礼射活动是堪与同时代的奥林匹克运动媲美的一种祭典竞技活动。它的组织周密、秩序严格、开展广泛等特点都不亚于古代奥运会，与希腊人通过竞技表达平等的观念不同，中国人通过礼射维护等级制度。在中国的盛唐时期，由于与外来文化的高度融合，竞技体育也曾有过辉煌的发展，但是由于受到儒家思想的严重束缚，竞技体育逐渐丧失了竞争性，到明清以后，竞技在中国几近湮没。封建文化从本质上讲是和竞技体育所提倡的价值观念背道而驰的，是压抑竞技体育发展的，这是由封建社会的专制统治和人才观念所决定的。无论是中国长达两千年的封建社会，还是欧洲绵延一千年的中世纪黑暗统治，都证明了这一点。在封建社会，竞技不能发育成熟，只能沦为民间游戏。

近现代竞技体育，发源于英国的户外竞技活动，它是欧洲市场经济的产物。雇佣劳动、商品流通和市场竞争，催生了与之相应的竞争观念和行为。人们的这样一种活动特征和价值观念迁移到文化中，便再次激活了近现代竞技。

英国户外竞技运动的兴起为竞技奠定了物质基础，德国考古学家对古希腊奥林匹克遗址的发掘给现代奥林匹克披上了"文艺复兴"的外衣，法国教育学家顾拜旦对奥林匹克运动的倡导，终于使奥林匹克运动走上世界的舞台。大英帝国衰落后，竞技体育的优势地位转移到美国也绝非偶然。

现代竞技是随着大工业的产生发展而逐渐发育起来的，并在市场经济环境中成熟完善。只有当人口由分散的乡村集中到城市，社会为人们提供越来越多的物质、能量、信息、闲暇时间的时候，社会的物质文明与精神文明才能达到一定程度，竞技才会以较快的步伐进入社会生活。

（二）竞技的文化相对、普同与整合

1. 竞技的文化相对

竞技是为了寻求差异、制造差异、表达差异。没有差异的竞技不是竞技，皆大欢喜的竞技没有文化内涵。而差异才是竞技真正的价值所在。当今世界性的竞技，身体的比拼仅仅是一个外壳，其内核是智慧的较量，而智慧的背后则是政治制度优劣、经济实力大小、民族聚合力强弱、科研水平高低的比较，说到底是文化先后差异的排序。

然而，当这种排序有意无意地以"欧洲文化中心论"作为理论基础，就存在着很大的问题。因为各种文化都是相对独立发生和存在的。所有文化都有它存在和延续的理由，而无从分辨孰优孰劣。一方面，每种文化都要对异质文化给予充分尊重；另一方面，不能以一种文化作为标准来判断与评价其他类别的文化，因其泯灭了各种文化存在的独立性。

对不同气候地理环境的适应，以及不同生产方式、生活方式的变迁，进一步加深了不同人种的身体特点，而近现代竞技则用极端的方式将这些不同特点放大并展现出来。比如，黄种人以植物糖与淀粉为主，白种人以动物蛋白、脂肪为主的膳食结构造成了不同的肌肉类型和神经特点；而东方人自幼使用筷子、毛笔等，这些极其细化的身体活动使小肌肉活动能力大大优于西方，而充分的小肌肉活动可以大大提高大脑的精细分辨能力，使得完成动作变得更加准确和协调。于是，黄种人以灵敏、协调的素质，以及智力和表演能力的对抗见长，而白人与黑人则在以大肌肉的力量与爆发力、内脏的承受能力、强有力的能量与物质代谢的支持系统为极限的运动项目上具有天然的优势。

在渔猎采集和农业劳动时代，人们每一块肌肉都需要介入体力劳动，自己供应着劳动所需的全部能量，人们参加竞技是一种很自然的、无须专门训练的活动，竞技更呈现出一种休闲的状态。而进入大工业生产时代，精细的职业分工、外部能源机械的使用，造成了人们身体的畸形。竞技对人们的身体具有"矫形"的作用。

知识经济带来的信息化、知识化、自动化、机械化使体力的价值几近于无，在肌肉劳动强度大幅度降低的同时，神经能量消耗不断增长，社会的物质财富增加了，闲暇时间延长了，竞技进入了"必须"的发展，重新回归到它的休闲本质。

世界上不同的国家与民族进入农业经济、工业经济和知识经济的先后时间差别很大，有的相差几十年，有的相差几百年，有的甚至更长，因为一些部落至今还处在茹毛饮血、刀耕火种的原始状态，这就使得竞技的文化相对成为必然。中国之所以要在世界竞技舞台上下很大功夫，就是想通过竞技证明我们已经自立于世界民族之林。

2. 竞技的文化普同

以一个大的历史进程、文化发展的角度来观察人类，不同人种、民族的身体与心理的基本状况是没有本质区别的，人们衣食住行的基本结构是趋于一致的，人们的善恶、是非、美丑、爱恨等基本价值取向和情感取向是不尽相同的，人类追求进步的本质是相近的，社会与文化演进的路线和阶段是大体相同的，社会文化与自然世界的发展规律之间是相互吻合的。因此，不同类型文化之间的相互交流、传播、学习，具有本质上的可能性。

竞技更具有文化普同的特殊文化优势，因为它的表达和沟通是使用肢体语言，而不是口头表达与文字，无须媒介，是同音乐一样的人类的共同语言。在竞技中宣扬全世界普遍认同的价值，如和平、进步、民主、平等、团结、人权、环保是理所当然的。这也就是竞技走向高度国际化的重要原因。

3. 竞技的文化整合

文化是需要整合的，整合是将各种文化要素或特质演变为或融合为一个整体的过程。只有这样，文化才能形成力量，使各种文化要素相互适应与协调，人类才能在各个层面和谐运作。在这个过程中，不同类型的文化、同一文化中的各种要素可以相互借用、接纳，甚至达到融合。因此，文化体系一定不能是僵死的，而应该是时常变化的，即实现文化的变迁，这是先进文化具备的品质。而文化的落后，就是该种文化不能适应新的变化而造成失调，这个过程有时是短暂的，有时却会很漫长。

在人类历史上，人口的迁徙是造成竞技的文化整合的一个重要的因素。人类从诞生的那一天起就开始了流动，野蛮时代的流动造成了人种的分化、竞技的差异，文明时代的流动也在缩小、弥合着这种差异，尽管这种人口的迁徙带有强制性和悲剧色彩，如中国历史上的湖广填四川、下南洋、走西口、闯关东、知青上山下乡、内地人口外迁等。人口的迁徙造成的人口杂居、异族通婚等现象，已经使纯种的 DNA 组群谱系非常难得。这就使得中国北方汉族与少数民族、南方汉族与少数民族群均有显著性差异，而南方与北方有显著性差异的格局，也造成了中国竞技北方以辽宁、山东半岛为主，南方以广东、上海为主的两派共存的局面。

在人类文明整合的历史中，贩卖黑奴是人类史上最丑恶的事件之一。一亿多黑人因瘟疫、屠杀、饥馑和沉船死去，经过这场残暴的非"自然选择"的"优胜劣汰"后，美国黑人身体上的强势就可以想象。他们与白人通婚，产生混血后代之后，就更具基因优势。这就是美国黑人运动员在竞技场上占据霸主地位的原因之一。几个世纪前侵略者留下的孽债，几百年后却造成了这样一个奇特的局面，这是当初谁也没有想到的，令人心酸，也具有讽刺意义。

当今经济的全球化推动了竞技的全球化。多如牛毛的国际体育组织，近乎泛滥的国际竞技赛会，对奥林匹克运动会的追捧，回报丰厚的商业比赛，运动员、教练员的跨国转会，"海外兵团"的出现，电视、网络对竞技的垂青，都大大推动了竞技全球化的进程，从而大大加速了竞技文化世界范围的整合。世界竞技已经整合成为一种巨大的、不可替代的文化力量，推动着人类的进步。而文化人类学正是从"以近现代社会中人们的物质创造、社会制度、行为方式、认知状况及团体生活等为研究对象。社会文化人类学家关心人类社会与文化的传承"的角度来阐释这一人类文化史上的伟大壮举：无论对已经沦为化石态的古代竞技的研究，还是对当今每时每刻在世界各地发生着的竞技比赛的关注，都从一个侧面为我们对人类社会演进、文化传承的认识提交了新的素材和观点。

四、竞技的人类学价值与未来走向

我们往往只看到现代文明给我们带来的各种恩惠，而对它造成的危害视而不见。文明的发展与人类自身发展的严重失衡，是我们追求文明时万万没有想到的。它不仅造成生存环境的异化，也导致人类自身体质的弱化。人这个自称为地球上进化最完善的物种，在智慧提升的同时，运动器官的能力却受到了限制和损伤，甚至发生了退化，这种退化表现在人的运动器官的构造比例已不像动物那样巨大。同时，人的运动能力也明显低于许多物种。由于科学技术的发展，从事非物质生产的人员持续增加，在各行各业中，脑力劳动人数在全部就业人口中达到半数以上。

以上所有悲观的论调都忽视了人类社会进步的一个基本事实——当代体育运动在世界范围的繁荣和发展，社会的进步为人们参与竞技提供了更多的机会和可能，同时，这种参与也是现代人内心深处的一种需要，一种基于人类进化进程的需要。我们正在采取一切措施和行动，使当代人恢复他们已经失去的身体能力。今天，到户外去，去过粗放的生活，回归自然，找回人类的本原，已经成为时代的口号。

在未来，竞技不单从生理和技术上影响人类，还浸润着强烈的人文色彩；它不光表现为肌肉的增加，还以深厚的文化底蕴展现着人类的自我呵护。

在未来，竞技将更加体现人类对自身前途和命运的基本关怀，它将成为人们追寻健康的积极方式，体育将和人的健康幸福的生活更加紧密地联系起来。它不仅是一种强身健体的教育方式，也是一种给人以极大快乐和精神享受的准艺术形式。

在未来，竞技将提供日益绚丽多彩的休闲方式，培养人类健康的身体，努力保持人类作为一种生物物种的生存活力。作为源源不断地生产健康的领域，它必定是最积极、最有益和最愉快的方式。

在未来，竞技在人类活动中拥有越来越高的地位和影响力，作为宏观剖析人类社会本质的人类学也将目光投向了这个实现人类身心成长和完善的崇高领域。

在人类起源至今 800 万年后的今天，我们人类通过自己的不懈努力和追求，已从蹒跚学步的"直立人"，发展成为这个蕞尔小球上的"万能人"。竞技在这一人类进化过程中功不可没，它不仅帮助人类克服了由于直立行走带来的种种困惑，而且将人类的运动能力展示到接近极限的程度。竞技是保持人类自身生物优势、抵抗自身退化的重要手段，竞技运动连接着人类的过去、现在与未来。从这个意义上讲，体质人类学与文化人类学在体育人类学中达到了完美的结合。

体育的人文观和社会观

(2009年给华南师范大学体育人文社会学博士的教学讲座)

第一部分　体育的人文观

一、体育人文观的确立

何谓"人文"？在中国古代，"人文"一词最早见于《周易·贲卦·彖辞》："刚柔交错，天文也；文明以止，人文也。观乎天文，以察时变；观乎人文，以化成天下。"

这里的"人文"指礼教文化，看起来与西文的 humanities 很接近，似乎东方古已有之，其实中国古代的"人文"是相对自然而言的，与西方相对神学而言的"人文"大不一样。西方的人文学，是西方传统文化的产物，在东方缺少完全对应的历史参照物。包括马克思主义在内的西方近代哲学重视对人的问题的研究，并形成了关于人性、人的本质、人的自由和平等、人的价值和尊严等全面而又系统的人文观。这种观念深深影响着从西方文化土壤中生长出的体育。

西方人文伦理把个人和自我放在第一位，但强调尊重别人，倡导人道主义原则。每个人都有作为人的权利、地位、价值、尊严，应满足每个人自由、全面发展的欲望和需要。在发达国家，体育成为个人享有的一项权利，成为个体的需要，是人生的组成部分，是顺理成章的事。

我们不知道几千年前和几千年后人类的体质状况，我们不能对少数遍身伤病、最需要休息的选手仍在赛场上疲于奔命而多数最需要锻炼的观众在看台上看得津津有味的现象做出调整。更重要的是，我们难以判断体育在人的发展与文明进步中的确切位置。

人类进化至今，体育在增进健康和增强体质方面发挥着越来越重要的作用。体育人文观的确立，从更长的时间段考察人类体质的进化和遗传变异，增加体育文化的连续性和纵深感，有助于对体育基本理论进行深层次研究，可以从人类文明发展的角度得到不同寻常的启迪。

21世纪的体育，正在从政治旋涡回归到文化领域，实现以人为本，走向以群体利益为重。长远关注个体和人类发展的立体层次，显示被遏制已久的人文精神，突出它的文化内涵，充分满足人各方面的、深层次的需要。

二、体育人文观的内涵

所谓体育人文观，其核心就是要主动表现体育对人类生存意义及价值的终极关切，回到以人为本的体育世界。体育人文观强调在对体育的认识中倾注以人为本的人文精神。而传统的生物体育观，则把注意力集中在体育对人的生物性效果上。

在体育发展的历史中，这两种观念所引导的实践有时并存——如古希腊的雅典与斯巴达，有时交替凸现——如自然主义体育与军国主义体育。中国历来缺乏人文体育观，因此，我们长期习惯于从体育仅为社会服务的观点或从人的生物属性的角度去理解体育。

新世纪已经来临，人类面临着产业升级的挑战。体育从作为培训劳动力的手段，转化为关怀自身健康的服务。这势必带来生物体育观的淡出与人文体育观的复兴。

中华人民共和国成立后，由于某些特定的原因包括体育在内的几十年社会实践曾经出现过忽视人民群众的物质文化需求和自由民主权利，压抑社会成员的积极性、能动性、主体性和创新精神的严重弊端。

而发达国家实现现代化的基本价值观念，起步于文艺复兴时代，与至今西方人的文化心理结构基本一致、一脉相传，其现代化不与传统价值观念和行为方式抵触，因此不存在人的观念冲突。

中国现代化在西方冲击下起步，人民的价值观念、心理素质、公众意识等都存在着难以适应的问题。如果仅仅是从器物层面来接受西方体育，至多再加上一点制度层面的东西而拒绝人文观念的进入，那仍然未能摆脱晚清"洋务派"的俗套，体育要是如此，中国体育的改革、现代化、与国际接轨等都难以彻底完成。体育观念不调整，就会拖体育改革的后腿。

东西方文明对"人文"的理解有差异，这在体育里表现得尤为明显。体育必须强调个体生命的具体性，必须是具体的感知，而非抽象思考。体育承认个体的独立尊严，培养有责任心的社会成员。体育由自我关怀到联系他人，把同情感从家庭、学校、社团扩大到社会、国家、世界，如此才能理解天地万物协调一致的人文精神。

这与中国传统的"君臣父子"的人伦观念相比，出发点迥异。西方人文趋向是为个人的发展，东方则是为集团利益。

现代体育是西方文化的产物，是西方人文精神的产物。尽管中国经济还比较落后，政治体制还很不完善，但从本质上看，社会主义经济制度和政治制度是优越的，社会主义文化应该比资本主义文化先进，并善于吸收人类历史一切优秀的文化成果。这就决定了现在中西文化关系的主导方向是互相交流，而不是互相对抗。

现在，随着东方体育和竞技的崛起，我们更加需要人文精神。在新世纪体育的所有发展规划中，人应该是最高价值，人的发展应该是终极目标。每一个人的全面发展，是所有人全面发展的条件。理想社会的目标是为人的潜能、人的理性、人的感情、人的创造力的全面发展提供各种条件。体育必须有利于克服人的异化和人性的畸形发展，必须使人能够得到真正的自由和独立。

体育是人类针对自身所创造出的一种身体运动文化，归根到底，其结果要落实到身体上。任何对体育的研究，如果不考虑对人类体质和健康的终极效果，都难免陷于误区。但是，用一般的表浅眼光来看，就很容易误认为体育只与生物学科有关。

这样的理解，是对体育中的人文精神的忽视。譬如，体育就是增强体质的观点，现在得到相当多的赞同，也能言之成理，然而，当我们用人文的眼光来纵观体育的过去和未来时，我们会发现，如果用静态局部的眼光来看动态扩展的体育，就难免陷入生物学的低层次。把体育看成教学规则的汇集，或看成一堆按疾索药的运动处方，都是体育的人文观难以接受的。

现代社会的大生产、大科学、大工程的特点，有巨大的进步意义，当然也对包括我们身体在内的许多方面有不可逆转的负面影响。跨世纪的体育呼唤人文精神，要求人类必须学会关心，以人为本，实施关怀。

今天，我们要特别倡导人文精神，抗击高度发达的工业社会给人类带来的身心异化，抗击复杂的经济关系和信息网络给人类的精神和体质造成的负面影响，避免出现体育无"人"的现象，使体育成为保持人类健康的最有益的方式。

体育，是人类进行自身积极维护和美化身体的教育过程。体育要标示人类对自己身体发展的审美理想。现代体育，就是人类追寻健康的最有效、最有益、最有趣的方式。

三、体育人文观的基本内容

改革开放对中国体育的进步有深刻的基础性影响，然而，体育并非仅仅被动地接受改革开放的影响，而是通过倡导人文精神、弘扬现代文明，积极为改革开放特别是精神文明建设做贡献。二者是互动的关系。

在 20 世纪 80 年代，体育为中国人树立了积极参与国际竞争的进取意识，由竞技掀动的金牌意识以及由此焕发出的民族自信心和爱国主义热情，有力地促进了我国对外开放的进程；在对内搞活方面，体育通过参与者重视契约和诚信的规则意识，通过高效率规范运作取得优异成就，有利于社会主义市场经济观念的树立；在一个世界上人口最多的发展中国家，民族的命运如同团队的进退腾挪，由此确立的协同意识，至今仍在促进着我们的综合国力保持高速增长。

（一）体育的历史观

体育史是体育的记忆性科学，记录了体育从起源发展至今的全部过程，记录、研究和阐述体育运动发展演变过程及其规律。其主要特点在于，"它是运用历史学及其他相关学科的研究方法，来研究和阐述体育运动的发展规律与特点"。

1. 体育起源于人类生存与发展的需要

传统的体育理论认为，"体育是随着人类社会发展而产生和发展的，生产劳动是体育产生的基本源泉"，在发展过程中，它经历了三次质的变化。

第一次是从大量生产劳动和生活的自然动作中，分化、提炼出了一些有助于发展身体技能的动作或练习。

第二次是为准备成年礼而进行的系统的身体训练的出现。

第三次是祭礼竞技的产生，表明组织化的运动形式已经出现。

除了这种马克思主义经典的"劳动起源说"，关于体育的起源还有医疗说、心理起源说、生理起源说、战争说、游戏说和巫术说等。这些理论的一个共同的特点，是关注人类的群体而忽视个体的需要，而实际上，体育的起源正是由每个个体对肢体运动的需要而促成的，是人需要的产物，与人文精神有密切的联系。

2. 体育史学应参与当代社会实践的经验总结

随着中国政治经济文化实力的发展，体育史学的历史任务不再是通过"发现"来激起人民的自信心和自豪感，不必承担过多的政治责任。

当今体育史学要面对的将不再是单纯传统的健身和竞技体育，而是围绕人的全面发展的，集休闲娱乐、教育文化、健身交际、产业媒介于一身的新的文化和社会活动，面临着新的研究对象。

体育领域在不断进行改革创新的过程中，会出现新的情况和问题，诸如腐败、球场暴力、兴奋剂等问题，都需要运用历史的眼光来看待。

（二）体育的文化观

从社会学的角度看，文化包括思想、知识（正确的、错误的或未经证实的）和处世规则，人工制造的工具，社会行动所产生的产品并且该产品能为进一步的社会生活发展所利用这三个方面的内容。体育文化在这三个方面均有涉及。因此可以说，体育自身就是一种文化，必须将体育作为一种文化来建设。

1. 要以文化三个层面的结构发掘体育的价值

文化具有三个层面的组织结构，体育同样具有三个层面，它"既具有物质技术的层次，也有社会组织制度的层次，还有内在的价值观念、思维方式、审美情趣、道德情操等"。我们曾简单地将体育仅仅局限在教育范围内，或将体育看作简单的身体操练，将其局限在低级的"物"的层次，忽视了体育的文化属性。

2. 东西方体育文化应平行发展

在历史上，西方体育文化曾搭乘在殖民化的轧道机上，把东方各国的自身的体育文化推挤到边缘，使其几近湮没。在当今经济全球化的过程中，西方体育文化又如同割草机一样把世界各民族文化的多样性修剪得整整齐齐。各种民族体育文化作为弱势文化，在"弱肉强食"的规律面前，变得如此苍白。各种民族文化与奥林匹克之间形成了一种绝对不对称的文化关系。

由于体育文化所特有的传播范围的广泛性、扩散倾向的世俗性、变异改造的保守性，以及流行普及的易接受性，这一主体体育文化一旦占据了文化的统治地位，就具备了专制主义文化的特征，而这种文化是以欧美价值观念为基调的，以发达国家利益为价值取向的，从而使体育文化的多元性受到极大的伤害。

纵览世界体育发展的历史，审视各国体育文化的现实，只有中国体育文化可以站出来为保留世界体育文化的多样化做出尝试和努力。这是因为：

第一，中国几千年没有缺环的悠久历史，造就了源远流长且不断演化的体育文化。在中国体育文化的历史长卷里，每一个时代都有自己鲜明的特色，积淀了体育文化的厚度。

第二，中国辽阔的版图和多民族的文化结构，生成了中国丰富多彩的体育文化世界。中国的体育文化不仅有汉民族的，还有少数民族的；不仅有宫廷的，还有民间的；不仅有军事的，还有娱乐的；不仅有养生健身的，还有竞技休闲的。这一体育文化的大千世界是任何一个国家都无法比拟的。

第三，中国众多的人口负载了巨大的体育文化力度，因为体育传统文化积淀的力度是与该文化活的载体的人口数量成正比的，人口越多，体育文化的创造性和传承性就越好。

第四，中国是一个对实现中外文化交流具有自觉性和较少功利性的国家。我国从汉唐以还，一直在吸收外来的体育文化，也将中国的体育文化通过各种途径传播到世界各地去。中国既有吸收外来文化的经验，也有输出中国文化的勇气。中国文化对异质文化的吸纳、涵养、改造具有顽强的毅力、海纳百川的宽容和天衣无缝的技巧。

第五，更为重要的是，中国文化不仅在人与人的关系上，而且在国与国的关系上，都表现出那种雍容、和平、温良、宽柔的品格，这种亲和力是其他类型文化所欢迎的。这对中国体育文化走向世界无疑是十分有利的条件。

（三）体育的健康观

体育和健康有密切的关系，体育的重要目标和作用就是促进人的健康，而健康的获得在相当程度上需要体育作用的发挥。而在实际生活中，体育有的时候不仅没有促进健康，反而在危害着人们的健康，因此有必要树立正确的体育健康观。

20世纪30年代，美国健康教育学专家鲍尔和霍尔提出：健康是人们在身体、心情和精神方面都自觉良好、精力充沛的一种状态。1978年，《阿拉木图宣言》对健康做了如下定义："健康不仅是疾病与体虚的匿迹，而是身心健康社会幸福的总体状态，是基本人权，达到尽可能高的健康水平是世界范围的一项最重要的社会性目标。"到了20世纪90年代，对健康的认识又加入了环境因素,认为健康是生理、心理、社会和环境的和谐统一。

体育在健康养护中的作用表现在以下方面:首先,它能有效地降低疾病危险,如心血管疾病、癌症、肥胖等;其次,它能降低生活中可能遇到的危险,如面对危险情况时,经常从事体育锻炼的人反应更迅速和果断;最后,体育有助于心理的健康,可以提高人的自信心和缓解压力。但是对体育在促进人的健康方面的作用不能过分夸大,毕竟在维护健康方面,卫生、医疗、环境、教育、关怀等都发挥着重要作用。体育要积极发挥自己应有的作用,同其他因素一起来维护人类的健康。

(四) 体育休闲娱乐观

体育(sport)的最初含义是离开工作,即休闲之意。也就是说,体育最初的目的就是要离开工作(work)而获得休息和娱乐,本身是一种游戏(game)。娱乐和休闲本身也符合人性发展的需要,席勒曾说过:"只有当人是完全意义上的人,他才游戏;只有当人游戏时,他才是完全的人。"而现在体育的这种游戏性渐弱,工作性日强,丧失了体育应有的内涵。

源于古希腊的奥林匹克运动本身就是一场娱乐的盛会。虽然在后来的发展过程中,比赛出现了各种违反规律和本质的现象,走向了异化,功利性越来越明显,但仍表现出休闲化的趋势。

一项对英国公众所做的调查显示:现在一般人的一生有效工作时间已大大缩短,一生用来工作的时间所占百分比已由50%减少到20%。美国《未来学家》杂志撰文说:随着知识经济时代的来临,未来的社会将以史无前例的速度发生变化。也许10~15年后,发达国家将进入"休闲时代",发展中国家将紧随其后。

(五) 体育的权利观和人的主体精神

在古希腊著名的德尔菲神庙的门口,竖着一块石碑,上面镌刻着这样一句名言:"认识你自己。"就在这样一个国度里,就在这样一个人类主体意识开始巨大觉醒的时代,古代奥林匹克运动会产生了。不言而喻,现代体育仍然高举着主体精神的旗帜,它高度重视参加者自身的内在需要,高扬人的积极性、主动性、创造性。可以说,体育的参与过程是人的自我完善的过程。在体育比赛的场合里,人的自由和个性得到充分体现,人的价值和尊严得到充分尊重,人的地位和作用,不因种族、肤色、性别、财产、门第、政治见解的不同而受到歧视。

人类具有奋发向上、顽强拼搏、努力进取、争夺胜利的优秀品质,因此超越了其他物种；人类的一些群体正是由于在适宜的社会历史条件下充分发挥了这种优秀品质，所以跑到了其他群体的前头。体育精神，显现了人类的这种本质力量。

主体精神，绝不应被理解为个人与社会的对立、个人向社会的索取。恰恰相反，人的主体精神经过现代体育的强化，会演变成强烈的社会责任感和民族使命感，它对青少年一代自觉自愿地履行其社会责任、人生义务，创造确立丰满的人格，无疑是不可缺少的一堂"人学课"。

从"二战"后，国际社会就开始将从事包括体育在内的文化活动作为人的一项基本权利提出，1978年年底诞生的国际体育法文件《体育运动国际宪章》明确指出："参加体育运动是所有人的一项基本权利"，并强调"要使参加体育运动的权利对所有人来说成为现实"。《奥林匹克宪章》也明确指出"体育运动是人权的一方面"。1996年《奥林匹克宪章》的基本原则增加了一条规定，即"从事体育运动是一项人权，每个人都有能力根据自己的需要进行体育运动"。这表明"体育是人权"已经成为国际社会的共识。

由于体育包含范围广，在社会体育、学校体育和竞技体育中，体育权利可能会有不同的体现。例如：在社会体育中，体育权利主要是指体育活动的参与权、公共体育设施的使用权、国家体育资金使用情况的知情权等；在学校体育中，主要指学生参与规定的体育课程和课外体育活动的权利、接受体育技能和理论知识教育的权利、设施场地使用的权利及健康安全保障的权利等；而对于高水平竞技体育而言，主要指运动员的公平竞争权、健康安全权利、文化教育权利和获得劳动报酬的权利等。

第二部分 体育的社会观

一、体育社会观的确立

在现代社会，体育不仅是个人的活动，也是一种具有丰富社会意义的群体活动。体育不仅是一种肢体的大肌肉活动，也是一种具有精神价值的社会现象。因此，必须站在社会的立场上全面地看待体育和参与体育活动的人，用社会科学的观念来看待、分析各种体育现象，如此才能准确地把握体育的精髓。体育的社会观，就是关于体育的基本社会观念，包括体育与社会的关系、体育内部的社会制度、体育的社会功效等问题的阐述。体育的社会观是用一系列命题表述出来的，而这些命题是在不断丰富、修正的。

二、体育社会观的内涵

体育的社会观是指"关于体育的基本社会观念，包括体育与社会的关系、体育内部制度、体育的社会功效等问题的阐述"。体育是人们社会生活中的一个重要组成部分，与其他社会领域发生千丝万缕的联系，必须与整个社会的发展相统一和协调。它又是社会的缩影，一切社会现象都在体育领域中有所折射。

三、体育社会观的基本内容

（一）体育的社会观

1. 体育是社会大系统中的一个子系统

（1）体育是社会文化的重要组成部分。体育运动虽然已经有久远的历史，但在人类文明社会的发展过程中，体育一直依附其他社会活动而存在，如军事、医疗、宗教、教育、娱乐、舞蹈等活动。体育作为一种社会文化体系独立出来是欧洲近代的事情。体育运动伴随着近代大工业的崛起和大众传播媒介的迅速发达，以及自身的繁荣，越来越受到人们的关注。

体育作为一种文化系统进入社会大系统的视野是进入 20 世纪以后人类对文明的重大贡献。几乎与世纪同龄的奥林匹克运动，几乎与奥林匹克并驾齐驱的大众健身运动，如此深刻地影响着过去的岁月，如此具有震撼力地改造着这个蕞尔小球上的人们的生活。值得人们欣慰的是，体育运动始终站在文明的一方，代表了人类社会进步、文化繁荣的趋向。

（2）体育正在朝全球化的方向发展。20 世纪是人类文明发展史上最值得赞誉的时期，这一时期社会产品的极大丰富，不仅构造了现代文明得以迅猛发展的物质基础，更促进了人类精神领域的富有和人们创造力的积极发挥。现代体育就是在这样的社会历史背景下蓬勃发展起来的。

体育运动在世界的每一个角落都不同程度地取得了相应的长足的进步。学校体育引起了各国政府教育界的广泛重视，"全面发展""协调发展""完善发展""发展个性""素质教育"等教育思想已为越来越多的人所接受，学校体育得到了长期平稳的发展，在一些国家还出现了竞技化的趋势。而大众体育的发展速度和规模出乎人们的意料，形成了一个"第二奥林匹克运动"，吸引着成千上万的人，终身体育的概念为越来越多的人所接受。

特别令人注目的是，竞技体育以惊人的冲击力向国际化、科学化和高水平化推进，以奥林匹克为核心的世界竞技体育主宰了体育运动发展的命运，成为当代体育运动的主体。它深刻地作用于人类，强烈地干预社会，给人类和社会带来和平、进步和温馨，但也给人们的社会生活引来了不少麻烦和困扰。

随着经济全球化的发展，以及经济"游戏规则"的统一化和标准化，体育的全球化的步伐也在进一步加快。人们逐渐意识到体育全球化可能产生的种种弊端，提出了文化多样化的口号，以对应全球化的趋势。在体育全球化日益加快的进程中，有识之士注意到保护和发展民族体育文化的重要性，因此，弱势文化并没有完全为强势文化所蚕食，反而促进了各弱势文化的崛起。

2. 体育必须与社会协调发展

在社会大系统中，体育必须与社会协调发展，即体育与社会环境之间，在物质、能量、信息交换中的平衡互动达到最佳状态。在社会大系统中，大系统与子系统的协调、两个以上子系统之间的协调，都可产生协调作用。一个人在跑步时需要身体的协调；一支运动队要想取得好成绩，离不开队友、教练、领队及周边复杂环境诸多因素的和谐；一个国家体育水平的高低，反映出方方面面的协同能力。体育活动似乎先天就符合哈肯的协同论。

协调发展的根本目的在于高效率运作，以实现目标。使用较少的人力、物力、财力和社会时间，高质量地完成各项体育工作，是协调发展的必然结果。当今在中国采用市场与行政相结合、社会与政府相结合、分散与集中相结合的方式应该是最为高效的运作方式。

一个系统的协调发展是通过在动态中不断与不协调、不平衡的干扰因素做斗争而实现的。这就需要体育系统有一个良好的调节、控制和修补机制。体育运动的社会广泛性和运行的多样性，以及某些结果的不可预测性，决定了它更需要建立一种良好的调节、修补机制。

建立一个灵活的反馈系统，实行法律、道德和社会组织的调节控制，通过和解、妥协、顺应、容忍等方式解决各体育单元之间的矛盾冲突，是必不可少的。

应该确定体育在社会中的正确位置，体育的社会地位确实十分重要，但和与国计民生有关的行业相比，和与国家安全有关的事业相比，和占据国家战略地位的教育科技相比,体育毕竟还是处在从属的地位。体育不可能超越社会所提供的现实条件"超前发展",也不应该迟滞于社会的发展,当社会提升到一个新的水平时,体育的发展形态、发展速度和规模必须与之相协调。

3. 体育是社会的缩影

(1) 体育符合社会发展史的轨迹。体育是一个历史性的概念。在人类社会文化生活的长河中,它在不断地变化、充实,体育文化和人类的其他文化一样是逐渐积淀而成的。在人们的社会实践中,它不断进行新陈代谢,不断丰富自身,人们也在改变着对它的价值功能的认识,不断吸收新的手段方法。

从社会制度的更迭,我们更可以看出体育发展的一条逻辑线索。从人类野蛮洪荒时代到原始社会后期的体育萌芽阶段,经历奴隶社会的体育的感知阶段,进入封建社会的体育感性阶段,踏入资本主义社会的体育理性阶段,直至当今世界的体育科学化时代,人类的体育文化走过了一个漫长的由低级向高级发展的路程。

正是由于各种社会文化因素的作用,我们面前的体育文化不再单纯地归于哪一个时代,或单纯地属于哪一个民族。它是人类文化的结晶,而且是一个在不断增殖裂变的灿烂夺目的结晶体。

(2) 体育折射社会生活的方方面面。如果说体育与社会发展的历史存在的关系是一种纵向的依存关系的话,那么体育与现实社会生活的关系就是一种横向的依赖关系。

体育是社会生活的缩影、社会的焦点、社会的折射,体育和家庭、宗教、政治、经济这些传统的研究领域一样,也是社会中一种普遍性的存在方式,是一类基本的社会制度,是现代社会中最重要的文化领域之一。

体育对社会生活的折射、聚焦,当然也包括社会中的某些消极因素的渗入。社会的各种问题和弊端也会像瘟疫一样在体育中蔓延。过分的竞争带来了不择手段的作弊和弄虚作假。可怕的拜物主义带来了不思改革和因循守旧。过分的功利追求带来了种种歪风邪气,如兴奋剂的泛滥成灾、体育比赛的幕后交易等。而社会的不安定,常常以球场暴力行为发泄出来,球迷的骚乱则是各种社会疾病的急性发作。

总之,体育可以像一面巨大的折射镜,把社会上的一切应有尽有地折射出来,成为人们了解社会、认识社会、度量社会的一种有力工具。

（二）体育的教育观

体育在现代教育中占有越来越重要的地位，它是培养全面、协调、完善发展的现代人的重要手段。在未来社会，由于机械化、电气化、自动化程度的提高，人们的体力消耗越来越少，肌肉能量的付出越来越少，于是对体育的需求越来越高，甚至成为生活中不可缺少的一种需要。

因此，在教育中必须完成对少年儿童的生命教育、运动教育、健康教育、娱乐教育、余暇教育、社团教育，使每个社会成员都成为身心健全发展的人。因此，体育必须承担起对青少年乃至成年人的教育职责。终身体育概念的提出和被社会确认，充分体现出体育功效的深化。

（三）体育的经济观

1. 体育经济属性的显现和国家整体经济水平有密切的联系

体育一方面受经济发展水平、经济制度等的影响，另一方面通过提供体育产品来对经济产生反作用。体育产品有物质产品和无形产品两种，它们的生产和消费，可以扩大内需，促进市场的繁荣和发展，促进就业并拉动经济增长。

2. 体育可以形成产业，影响国民经济发展

体育产业的发展促进了国民生产总值的增长。在经济与体育较为发达的国家，体育产业已成为国民经济的支柱产业。

体育产业将为社会提供众多的就业机会。20世纪90年代以来，在许多国家面临经济发展缓慢、劳动就业成为社会主要问题时，体育产业在增加社会就业机会方面的作用日益明显。

体育产业的发展还有利于国家产业结构的调整。体育产业的发展将有效地促进我国第三产业的发展，同时，我国产业结构的调整将会为体育产业提供较大的发展空间。

体育产业是刺激和拉动内需的产业。在过剩经济时代，国家经济发展必须实行刺激消费，鼓励消费，开拓新的消费热点来扩大内需，以消费拉动国民经济增长，这是可持续发展的、正确的经济发展战略决策。

3. 体育的发展必须讲究代价和成本

我国的竞技体育已经暴露出越来越多的无法克服的弊端，因为这些弊端的根源来自这一体制；也无法使竞技体育得到进一步的发展，因为这种体制的垄断性压抑了它的创新性，这就是这一体制必须支付的制度成本和

代价。

（四）体育的科学观

1. 体育发展需要借助科学的力量

体育的发展是以经济的发展为基础的，而经济的发展又促进了科技的高度发展。人类历史上的第一、第二次科技革命使得欧洲的经济高度发展，间接促进了近代竞技体育的形成和发展。而实际上，不仅竞技体育，社会体育和学校体育的内容形式和方法的发展也都得益于科学技术的发展。

竞技体育的竞争性，促使现代高科技在体育领域中的广泛运用，竞技体育的竞赛活动已经成为高科技的竞争，因此推动了社会科学技术的发展。

当前，电子计算机、材料力学、生物工程、体育建筑、邮电通信等科学技术学科正在迅速进入体育领域。此外，决策学、运筹学、管理学、预测学、统计学等软科学和数学也被体育界大量运用。特别在举办国际大型运动会时，这些科学技术常常率先得到应用，因此推动了全社会科学技术的发展。

在大众体育领域，体育正在与医学、康复、营养、环境保护等发生着越来越密切的关系，共同维护着人类的健康。体育科学汲取着医学科学、生物工程的研究成果，利用着医学科学的研究手段，丰富着体育科学的研究内容。

2. 警惕科学技术带来的负面影响

科技水平发展带来的体育的技术化也造成体育竞赛的起点不公平。在目前的竞技赛场上，不仅仅是运动员自身素质和后天努力在成绩表现方面起作用，国家和地区的经济状况、科技的应用也对运动员的成绩产生重要影响。随着高科技在运动员的训练和竞赛装备上的应用，这种"因对高科技占有的不公平而导致运动员在训练和比赛中产生的不公平结果"，已违背了体育的公平竞争精神。

3. 杜绝反科学和伪科学在体育领域的消极影响

正是对科学技术和科学方法的忽视，导致了体育发展过程中许多问题的产生。日常锻炼中，锻炼者运动猝死和因保护不力或方法不科学而导致受伤的情况时有发生。社会体育中科学知识普及程度的低下，一度使一些非科学甚至反科学的东西甚嚣尘上，最终导致了"法轮功"、张悟本事件的出现，对社会和群众的生命财产造成了不可估量的损失。

更可怕的是，随着竞技体育竞争的激烈程度的提高和利益的驱动，披着"现代科技"外衣的兴奋剂开始粉墨登场，这个恶魔给体育发展带来的不是幸运而是灾难，它不仅带来不平等、不道德的竞争，而且对运动员的身心造成极大的伤害，更让人对体育运动成绩的真实性产生了怀疑，玷污了体育的纯洁和神圣。因此，在科学技术的使用上，体育界一方面要重视其重要作用，另一方面要清醒地看到其消极影响，本着"体育为人"的目的，杜绝体育领域中的反科学和伪科学现象。

结束语

体育的观念不是一成不变的。随着社会的进步、人们价值观念的变革，一些与时代精神不符的、固有的观念逐渐退出历史舞台，一些符合时代特征的、新的功效被开发出来，一些陈旧的概念消失了，一些崭新的概念进入了人们的生活。因此，我们必须随时注意人们的需求、社会的发展、体育的动向，不失时机地对体育的观念做出与时俱进的阐释。

公民体育权利的伸张、保障与发展

(2010年7月在中欧论坛上的讲话)

前 言

在人类文明史上，人们的各种权利，包括劳动权、休息权、教育权、健康权等都是在博弈或斗争中获得，并载入法律的。这种博弈，可能是民主与专制之间的抗争，也可能是科学与愚昧之间的摩擦，还可能是人们认识上的先后差异，以及经济、社会发展环境等特定的条件所造成的。

公民的体育权利是最后引起社会重视的一种文化权利。这与人类文化发展过程中，体育的价值与地位较后才被人们认识有关。直到20世纪后半叶，以《人权宣言》为基础起草的，体现体育权利的联合国教科文组织的《体育运动国际宪章》、欧盟的《欧洲体育宪章》等才被发布出来。

然而，体育权利一旦被法律激活，就受到发达国家普遍的关注，并成为一种世界性的趋势。近现代中国体育是一件远渡重洋而来的舶来品。在以儒家文化为主的传统文化中，体育历来没有很高的社会地位。在封建专制主义社会，根本谈不上人们的各种权利和权利保障，尤其是人权，因此体育权利的问题更不可能提到议事日程上来。进入现代，由于受到经济水平和计划经济体制的制约，体育的管理基本上停滞于人治的水平上，公民的体育权利仍然长期不能得到彰显。

一、公民体育权利在体育法规中的地位博弈

在《中华人民共和国宪法》和历次《中华人民共和国宪法修正案》中，对公民的体育权利都未作出表达。在2004年《中华人民共和国宪法修正案》的"总纲"第二十一条第二款中保留了这样的规定："国家发展体育事业，开展群众性的体育活动，增强人民体质。"

在"第二章　公民的基本权利和义务"中未出现"体育"二字，只有第四十六条有"中华人民共和国公民有受教育的权利和义务。国家培养青年、少年、儿童在品德、智力、体质等方面全面发展"，隐约涉及"体育权利"的问题。

1995年颁布的《中华人民共和国体育法》（以下简称《体育法》）的立法企图倾向于体育管理，没有表达公民对体育权利的诉求，因此，任何一个部门、组织和个人都不必为之承担责任和义务，所以这部有关体育的基本法当年在全国人民代表大会常务委员会第十五次会议上毫无异议地获得全票通过，创下了中国立法史上一项纪录。

在制定《全民健身计划纲要》（以下简称《纲要》）的过程中，相关人员对公民的体育权利问题产生过议论。在修订第七稿时，基本是由非官方知识分子执笔的，写了约13000字。

《纲要》反映了市民社会的一些权利要求，也融进了时代变革的一些先进体育思想。文件中曾经提出全民健身计划体现了"人民群众的基本利益"，并加入了"维护和保障公民参与体育的权利"等条款。

经过几轮博弈，到第十一稿，也就是体育行政部门给国务院的"送审稿"，它希望能得到国家最高权力机构对群众体育的支持，并希望国家最高权力机构代行管理全民健身的重要职能，使体育行政部门能够腾出手来，全力抓好高水平竞技体育，因此，比较全面地体现了当时体育部门的行政意志。

这一稿保留了第七稿的成文结构，在缩减文字量（剩约7500字）的同时，删除了第七稿中体育权利色彩较强的内容。因为回避了体育权利问题，因此也回避了"公民"一词，采用的是"人民""全民"和"国民"。

定稿的运作时间比较长，在删除了"送审稿"中所有定量的计划指标的同时，也删除了"维护和保障公民参与体育的权利"等条款，以及可能给国家加重经济负担的条款，全文再次进行了压缩，仅剩3100字，只能称之为《全民健身计划纲要》。

二、公民体育权利提出的历史必然性

"体育权利"是当今中国经济与社会发展的必然产物。改革开放是当代中国社会转型和实现现代化的英明选择。这是一次令人振奋的蜕变和新生，但也是十分痛苦的。

人们一方面看到市场经济给自己带来的巨大实惠，如国家实力的迅速壮大、社会财富的急速增加、余暇时间的延长、小康与和谐社会的构建，增强了人们的自信；另一方面也看到贫富差距的加大、社会不公平的普遍存在，以及腐败程度的加深，促发了社会的不安定。

整个社会心理表现出复杂的、多元的、不平衡的性质，在诸多心理变化中，人们对家庭和自身健康的渴望和忧虑逐步上升，因此，在人们价值观中的体育价值取向随之提升。

在计划经济时代，中国群众体育活动主要强调服务于社会的目的，其代表性的口号是"锻炼身体，建设祖国""锻炼身体，保卫祖国""为祖国健康工作50年"等，或多或少地忽视了体育对"人"的价值的认识。在那个时代，中国体育是"集体主义""国家主义"思想的产物，"人"仅是一种为社会服务的工具，体育更是一种为社会服务的工具。因此，当社会成员得到体育的"恩赐"时，要求他们对社会做出回报，就是要为社会的物质和精神生产做出更大的贡献，因此经常用"缺勤率""发病率"的下降、"生产效率"的提高、"医疗费用"的减少来评价体育的价值。

这种体育价值观有其历史根源。在中国传统的伦理文化中，除了承认国家、民族、集体、社会的"公益"，是不允许有"我""人"这些"私益"概念存在的，"个人主义"作为万恶之源遭到批判和抵制。人们称这种哲学理论为"忘我论"，"忘我论"是计划经济的道德基础，是与市场经济难以相容的。

进入市场经济社会后，"人"的地位发生了重要的变化。因为市场经济激活了个人的积极性和创造性，市场经济的正当性就在于作为个体的人类生命的重要性，而不仅仅是作为一个社会成员的重要性。

市场秩序使得社会、经济、政治制度都充分尊重个体的重要性，市场经济的最大动力及其可行性就在于社会成员把自己的物质文化需求摆在其一切活动的中心位置，于是就有了"以人为本"的基本原则的提出。

一种"存我论"的哲学理论就在这个时代艰难地、缓慢地，但不可抗拒地发育着、成长着。与此同时，人们在体育中的主体精神逐步发育起来，代表性的口号演变为"每天锻炼一小时，健康工作50年，幸福生活一辈子""我参与，我奉献，我快乐"。人们强烈要求体育权利挤进体育的法律体系中的社会冲动，也就很容易理解。

中国体育权利的发展还得益于国际体育环境的影响。20世纪80年代后，中国回归国际体育大家庭，特别是北京奥运会的成功举办，对中国体育运动的伦理道德和法律法规产生了巨大的影响。

奥林匹克运动提出的理想、精神、原则具有普世价值观的特征。这些特征明显具有尊重人的色彩，北京奥运会提出的三大理念中最有价值的"人文奥运"，恰恰与这种色彩相协调。这就为体育法规中彰显公民体育权利奠定了法理基础。北京奥运会后次年颁布的《全民健身条例》（以下简称《条例》）具有划时代意义。因为它首次将公民的部分体育权利写进了中国的法律文本。这部《条例》突出了体育权利的观念，在第四条中有"公民有依法参加全民健身活动的权利"的表述。体育的权利性质取决于体育的人民性。尤其难能可贵的是，这部《条例》强调了政府在群众体育中的服务意识。只有权利，没有相应的权利保障，没有实现权利的服务，这种权利只是一句空话。因此，与群众体育权利观念对称发展起来的应是政府、社团和中介的体育服务意识。从这个意义上讲，《纲要》发展的15年，就是体育最终走向人民的15年，公民体育权利最终落实在《条例》的文字中，是最令人感到欣慰的。

体育权利的逻辑延伸，就是强调了体育的社会公平性。《条例》中的第八条"制定全民健身计划和全民健身实施计划，应当充分考虑学生、老年人、残疾人和农村居民的特殊需求"，就初步体现了这一思想。

三、公民体育权尚存的法律空白

关于公民体育权利的博弈，还会持续下去。《条例》为此打开了第一道门缝，还有许多后续的工作要做，许多法律空白需要填充。

（一）保证公民体育权利的全面性

《条例》规定"公民有依法参加全民健身活动的权利"，这是一个很大的进步，但这种权利仅局限于"全民健身活动"显然是不够的。不妨与联合国教科文组织的《体育运动国际宪章》相比，就不难看出其中的差别。《体育运动国际宪章》规定"每个人具有从事体育运动的基本权利，这是为充分发展其个性所必需的。通过体育运动发展身体、心智与道德力量的自由必须从教育体制和从社会生活的其他方面加以保证"。

在我国现行体育体制下，竞技体育的功能极其单一，"金牌至上"的精英体育占绝对主导地位，绝大多数人被排除在竞技体育的大门之外。人们既不能运用竞技体育发展自己，也不能利用竞技体育进行休闲娱乐，更没有机会"获得与其天赋相适应的运动成就"，使自己生活得更有尊严。因此，必须依靠法律来矫正我国竞技体育这一畸形的状态。这就使我们对修订中的《体育法》寄予了新的希望。

(二) 学生的体育权利不容忽视

中国青少年儿童的体育权利某种程度上被应试教育制度剥夺，这是造成我国大中小学学生体质持续多年下降的主要原因。必须让学生树立起"体育权利"的观念，让他们懂得如何捍卫自己合法的体育权利。未来的《学校体育工作条例》和《中华人民共和国未成年人保护法》修正案中应增加这方面的内容，并让学生们知晓自己拥有体育权利。

(三) 农民工等弱势群体的体育权利应得到重视

在中国的现代化建设中，农民工是一支重要的社会力量，他们拿着低廉的收入，从事着最脏、最累、最苦的工作。他们最沉默、最隐忍，是中国城市化、工业化、信息化的功臣，也是牺牲者。

然而，中国的职工体育、社区体育、农民体育都没有把他们涵盖进来，他们既不在公民体质监测的视野之内，也不在全国全民健身活动调查的范围之中。这一亿四千万人口的体育权利不能不说是严重地缺失的。

必须看到的是，正在或即将进入这一行列的"80后""90后"人群是跟他们的父辈不同的。他们对生命的感知更为细腻、更为丰富，他们对尊严和权利更自觉、更敏感，他们对文化、体育的追逐更热情、更自由。可以预言，在未来，他们将成为这个群体争取体育权利的主体。我国有近八千万残疾人，他们之中的绝大多数人与体育完全隔离。他们的体育权利不能被残疾人运动会的金牌所掩盖，至少，特殊体育必须给残疾儿童应有的关照。

(四) 公民应有结成体育社团的权利

体育社团是实现公民体育权利的组织依托。在我国，体育社团始终"犹抱琵琶半遮面"，体育社团的注册、登记、运作都缺乏法律系统的支持。

(五) 公民应有享用公共体育场地设施的权利

居民体育场地设施的不足造成的问题是非常令人不安的。2007年第三次全国群众体育现状调查表明，我国17～70岁经常参加体育活动的人数只占全国总人口的8.2%。

《条例》对社区体育场地设施提出了较为明确的法律依据，对居民住宅区健身活动场地的规划、设计、建设、管理、经营等都有了相关的规定。这预示着我国社区体育空间建设进入了一个法治化管理的新阶段。但社区体育毕竟还是社会的一种弱势文化，为其伸张的呼声极为微弱。只有中国真正进入了公民社会，只有体育场地建设进入了公民权利视野的民主程序，体育场地建设才会得以繁荣发展。

结束语

当然，从一个传统的臣民社会，经过市民社会，进入公民社会的过程中，公民权的伸张只不过是市民社会普遍的、最初的要求，而一个真正的公民社会一定是一种权利、义务对等的责任社会。公民社会是一种以民主政治高度发达，公民具有参与意识、责任意识和独立人格为基础的社会。在公民社会里，每一个公民都享有充分的权利，同时也承担各种法定的义务。在市场经济社会中，若过分强调公民的个人权益，而忽视公共权益或者国家权益，整个社会必然会永远停滞于市民社会的水平，而不得进步。今天，作为公民的社会成员在享受到体育权利的时候，应该同时想到相应的体育义务，比如遵守体育公德、珍惜国家声誉、开展绿色体育活动、担任体育志愿者、参与体育社团服务、帮助残疾人参与体育活动、进行体育赞助捐赠、维护公共体育设施、加强社会健康安全等。只有当公民的体育权利与义务处于相对均衡的状态时，体育才能真正进入理想的发展状态，公民才能真正享受体育赋予的一切。

竞技运动与社会心理的相互影响

(2011年9月在北京体育大学的演讲)

一、相关概念

(一) 社会心理学概说

关于社会心理学,一种解释是"研究个体的社会行为和社会意识的学科"。而个体社会心理现象指受他人和群体制约的个人的思想、感情和行为,如人际知觉、人际吸引、社会促进和社会抑制、顺从等。另一种解释是研究"群体本身特有的心理特征"(如群体凝聚力、社会心理气氛、群体决策等)的学科。"社会心理学是研究个体和群体的社会心理、社会行为及其发展规律的学科。"[①] "社会心理学是一门研究我们周围情境的力量的科学,尤其关注我们是如何看待他人,如何影响他人的。更确切地说,社会心理学是一门就人们如何看待他人,如何影响他人,又如何互相关联的种种问题进行科学研究的学科。"[②]

上述定义中,无论是强调个体心理的社会性的,还是侧重社会关系中的心理问题研究的,都说明人们的心理与社会之间存在着一种必然的联系,我们可以用各种概念将"社会"与"心理"连接起来,如交换、影响、从众、顺从、服从、凝聚、亲密、独立、依赖、偏见、嫉妒、仇恨、侵犯等。

在社会心理领域,社会是第一性的,心理是第二性的,这是上述定义所忽视的。我以为,社会心理学是研究一个群体的成员面对一种特定的社会现象所产生的相同的、相近的、类似的认知、情感、态度和行为的原因、

[①] 阿伦森:《社会心理学(中文第2版)》,侯玉波等译,中国轻工业出版社2017年版。
[②] 戴维·迈尔斯:《社会心理学(第8版)》,侯玉波、乐国安、张智勇等译,人民邮电出版社2006年版。

过程和结果的一门心理学分支学科。

社会现象，是区别于自然现象、发生于人类社会的一切现象，这些现象或多或少表达出人们的各种利益关系。社会现象普遍发生于政治、经济、文化、教育、社会生活的各个领域。社会现象由社会存在和社会意识两个基本方面组成。社会存在是指社会生活的物质方面，主要指物质资料生产方式和人们的生活方式。社会意识是指社会生活的精神方面，包括哲学、政治、思想、法律、艺术、道德、宗教、科学，以及风俗习惯、行为方式等。可以称得上"社会现象"的现象，必须具有如下性质：非个体性，普遍性，具有影响力或强制力。

社会现象有良性社会现象与恶性社会现象的区别。良性的社会现象对社会的发展与进步有利，如雷锋现象、慈善活动现象、文化教育普及现象；恶性的社会现象则阻碍社会的正常发展，如腐败现象、不诚信现象、社会分配不公现象等。一种社会心理的产生过程极其复杂，即使面对的是同一社会现象，由于个体的认知水平、价值观念，以及利益关系的不同，产生的心理活动是各不相同的。然而，经过碰撞、摩擦、选择、变异等过程，很有可能会产生一种多数人较为认同的社会心理。

（二）竞技运动概说

竞技运动，是人类学、社会学、文化学、心理学等许多学科研究的一个重要的领域，著名的人类学家默多克（George P. Murdock）和他的助手在全世界数以百计的社会文化资料中抽取人类共有的 60 余种文化要素时，发现排在前 20 位的就有"竞技"和"游戏"。

在现代社会，竞技运动作为一种社会现象，以它的普遍性、对抗性、公开性，以及竞赛结果的不确定性，与社会心理发生着种种关系。它不仅吸引着社会的注意力，而且对社会心理气氛、社会感情、社会凝聚力、社会判断力等许多方面产生着影响；而各种各样的社会心理也会反作用于竞技运动，影响着它的发展进程。

二、健康的竞技运动对社会心理的良性影响

（一）竞技运动对低沉、昏迷的社会心态具有唤醒作用

例1：日本明治维新得益于竞技运动对社会心理的培育。

例2：澳大利亚板球运动对国民性形成的作用。

例3："振兴中华"口号在竞技运动中的提出。

（二）竞技运动可以促进"自信心""成功"等社会概念的形成

信心是维系社会稳定与发展的一个重要概念，它将决定资本的流向、金融的稳定、股市的起伏、人心的安稳，竞技运动可以从多个方面起到增强人们信心的作用：一是本国运动员在体育比赛中取胜对人心的鼓舞，如年初网球运动员李娜在法网的比赛，央视的收看人数达到一亿人，国内外舆论对李娜的形象给予了极大的关注；二是来自国际对中国成功筹办和举办国际竞赛活动的积极评价。这一评价是对中国实现"和平崛起"的认可，是对 20 年来中国经济发展奇迹的首肯，这对民族自信心和自强意识的增强无疑具有重要意义。

（三）竞技运动可以使竞争的社会心理形象化、合法化

竞争，是一种较为普遍存在的社会现象。优胜劣汰是自然界和人类赖以进步的客观规律。自然界和人类社会中的每一个个体都处在优胜劣汰的过程中，人们无法逃避这个客观规律。当生命需要的广泛性与维护这种需要的利益的有限性之间发生强烈冲突时，竞争就不可避免。于是，人类社会的竞争一直存在着、延续着，并因人类意识的存在而将竞争推向极致——战争，人们手拿武器，恫吓威胁，甚至灭绝对方以求一逞。广义的竞争，是自然界中的生物体或社会中的人或各种类型的群体，为了追求同一目标而进行的角逐与较量，从而决出胜负或优劣，并进行利益的再分配的过程。但社会中人的竞争与自然界中生物体的竞争有本质的不同，自然界的竞争是无意识的、本能的、无序的行为，而社会中人的竞争则是有意识的、有计划的，甚至是遵守特定规则而进行的行为，具有更强的目的性。

1. 构成社会竞争的基本要素

（1）必须有一个共同争夺的目标。
（2）必须是竞争各方争夺的同一对象。
（3）必须有基本相称的竞争对手。
（4）必须有一个共同认可的竞争场合。

2. 参与社会竞争的必备条件

（1）竞争参与者的自主性。
（2）竞争参与的驱动力。
（3）竞争的平等性。

（4）竞争对象的多样性。
（5）竞争的开放性。

3. 竞技运动的竞争是社会竞争的重要组成部分

竞技运动的竞争发生在人们的非生产性的游戏活动中，但与社会其他种类的竞争十分类似，它也具有上述竞争必备的要素和条件。回顾历史，在前资本主义时期，人们的合理文明竞争观念比较淡漠。人类学家的记录证明，社会形态越低级，人们的竞争观念越差。表现在体育运动上也是如此。许多原始部落的竞赛活动，并不奖励优胜者，而是排斥经常取得胜利的人。

竞争的观念在现代社会中是一个重要的价值观念。近现代竞技运动是欧洲资本主义市场经济的产物。资本主义在雇佣劳动、进行商品流通的同时，市场经济随之繁荣，也产生了与之相应的竞争观念和行为。人们的这样一种活动特征和价值观念迁移到文化活动中，便刺激了近现代竞技运动的勃发。一些国外社会学家将达尔文所发现的生物界的生存竞争理论移植到人间社会，认为自然选择、适者生存、汰劣留良的原则同样适用于社会，提出了社会达尔文主义。十分有趣的巧合是，美国的棒球、橄榄球、篮球三大运动正是在这一理论喧嚣的同时繁荣起来的。

中国长达两千年的封建社会与相应的思想体系是不鼓励竞争的，甚至是扼杀竞争的，常以"出头椽子先烂"警告后人。因此，在古代中国虽有高度文明，但竞技运动一直不能发育成熟。在计划经济时代，人们竞争的积极性受到压抑，因此竞技运动也不能得到很好的发展。而在20世纪80年代后的市场经济环境中，个体参与竞争的积极性、主动性得到社会的鼓励，与此同时，竞技运动也得到了空前的发展。

4. 竞技运动的竞争是高尚的文明竞争

竞技运动中的竞争，毕竟是文化领域中的竞争。它不是凶残卑鄙的野蛮竞争，也不是使用坑蒙拐骗手段的阴谋竞争，它不同于以灭绝对方为目的的战争方式的"竞争"，也不同于以获得更大经济利益为目的的经济方式的竞争。它是一种社会代价最小而文化价值很高的竞争。奥林匹克精神所表达的"重要的不是取胜，而是参加"是对竞技运动竞争现象的一种理论上的平衡，是对竞争与协作这对矛盾的理想的描述。竞技运动的竞争是一种无私的竞争，它以协作为前提，提倡一种公平竞争的精神，即 fair play。因此，竞技运动的竞争受到社会普遍的推崇，并能流行开来。

竞技运动为人类社会构筑了一个公平和规范竞争的模式。这是一个平等得使每一个人都乐于接受、通俗得使每一个人都能够接受的模式，形象得每个人都看得见、摸得着。它保障了竞争参与者同等的资格、共同的权利和均等的机会，这就是法律面前人人平等。竞技的最终成败不在于人间的一切先赋的不平等，而在于自身素质的高低和付出努力的多寡。这就要求参加竞争的各方通过训练，不断提高自己的身体技能、心理水平、战术意识、团队精神等。

5. 竞技运动是培养社会竞争意识的重要途径

竞技运动关于竞争的社会教育作用是其他任何文化活动难以比拟的。英国政府惊呼："许多孩子体弱多病，体重过重，而且懒到极点，那些在年幼时缺乏竞争动力的孩子经常是半途而废。"因此，政府呼吁"参加富有竞争性的体育活动是最好的解决方法"。

美国福特汽车公司老板每年花费巨资举办一种叫"追、过、踢"的棒球比赛，在11万名少年儿童中选出6名优胜者，予以重奖。飞利浦汽车公司不甘示弱，也从棒球运动中选出"投、掷、击"3个动作进行比赛吸引青少年，其目的就是要培养具有竞争能力的企业接班人。日本松下电器公司的总裁在谈论成功之道时，言及所赏识的人才就是那种有进取精神的"运动员型"人才。

（1）竞技运动可以增强青少年的竞争意识。体育运动与保守性格势不两立，强烈的竞争性督促着每一个参与者不断去创新和变革。在体育运动中，不讲门第，不排世系，不序尊卑。在竞赛活动中，不承认除个人身体、心理以外的任何不平等。体育运动讲法制，不徇私情，最讲现实，不论资历，最讲务实，不图虚妄。这就要求每个人尽自己最大的努力去竞争，从而增强了参加者的竞争意识。竞技运动中优秀运动员的成长经历，特别是他们顽强拼搏的献身精神、锐意进取的人生态度、努力争先的竞争意识，可以成为青少年的榜样，激励他们在学业和事业中不断奋斗。

（2）竞技运动可以提高青少年的竞争技巧和能力。竞技运动不仅可以培养青少年的竞争意识，还让他们初步掌握了竞争技巧。各运动项目的技术、战术训练，以及在比赛中的各种遭遇，使得青少年在竞争准备阶段时能注意捕捉信息、抓住要害、捷足先登、伺机而动，在竞争过程中能把握机遇、出奇制胜、舍小取大、扬长避短，还会开展心理攻势，做到攻心为上、不战而胜。中国的传统文化中儒家思想所提倡的恭谦退让的民族精神，以及淡化竞争、耻谈竞争的社会心理，是极不利于市场经济社会和现代化社会的青少年培养的。从这个意义上讲，今天提倡竞技运动不仅有改善社会心理、振奋民族精神的现实意义，还有着造就新一代民族个性的深远价值。

6. 竞技运动可以使人们更能接受社会差异

竞技运动结果让人们习惯接受社会差异，有限地冲洗了嫉妒、仇恨心理。竞技运动中的"失败"锻炼了人们承担风险的社会心理。例如：屡败屡战的中国足球锻炼了国民接受"失败"的心理能力。

人们形成竞争意识的一个重要前提是需要具备承担各种风险的心理准备。在竞技运动的比赛中，多数人是以"失败"告终的，获得冠军、名次的人只是极少数，因此，多数人在屡战屡败与屡败屡战的挫折中，做好了承担风险的心理准备。一些国外的知名企业很愿意招收、吸纳运动员、体育院校大学生，认为他们最具竞争力，原因就在于此。还有一些企业，利用竞技运动做魔鬼训练，以培训新上任的职工也是这个道理。

8. 不同运动项目对社会心理的不同影响

任何一项体育活动能够持久地在人类社会存在总有它一定的文化符号价值，即表达某种社会心理追求。赛艇运动，表达的是竞争、协作和领导三个基本概念。因此，这个运动项目就被培养社会精英、高级管理者的教育单位认可。于是就有了剑桥与牛津、哈佛与耶鲁、清华与北大之间的比赛。高尔夫球运动要表达的三个基本概念是目标、效率、儒雅。于是高尔夫球场就成了社会与企业高级领导人展示其才能的特殊社交场合。桥牌和围棋的文化符号意义是谋略，前者有搭桥合作谋略的意味，后者则是孤独者的谋略。社会的上层人士热衷于这类活动，因为他们时时刻刻都在做决策行为的心理调度，需要这方面的训练。麻将的文化品质是"应变"，在沉闷少变的中国传统文化背景下，它满足了人们力求多变的社会心理需求，在一些国家甚至成为培养管理者应变能力的教具；这种游戏又以它精密的必然性和偶然性排布和比例，使之适合大多数人群，因而具有天然的普及性，成为消磨时间的最佳方式。

三、优良的社会心理品质可以促进竞技运动的发展

（1）积极向上的社会心理给竞技运动以较大的宽容度。
（2）良性的社会心理可以形成竞技运动较为广泛的社会参与。
（3）良性的社会心理可以在媒体上给竞技运动让出较大的空间。

四、不良的竞技运动可能恶化社会心理

（1）竞技运动的胜负偶然性可能助长赌博心理。
（2）竞技运动的异化可能助长社会心理的偏失。
（3）竞技运动成绩的虚假化可能降低整个社会的可信度。
（4）竞技运动的明星效应可能扭曲青少年儿童的偶像崇拜心理。

五、不当的社会心理可能毒化竞技运动

（1）过度追求功利的社会心理可能使竞技运动沾染上"铜臭味"。

当今中国社会弥漫着这样一些与公民社会格格不入的心态：充满感情泡沫的浮躁；缺乏思想内涵的喧嚣；对人的忽悠和对己的炒作；夸耀财富的炫富和炫耀武力的暴戾；麻木不仁的冷漠和为富不仁的装穷。

（2）过度追求政治目的可能会导致竞技运动不择手段。
（3）对运动员的"捧杀"与"棒杀"，"成王败寇"的结果造成这一群体的人格分裂。

结束语

社会心理是由无数种个体心理组成的，但绝不是个体心理简单的叠加、数量的累积。某一社会心理一旦形成，就发生了质变，就会产生正面或负面的社会能量，以影响社会的发展进程。一个时代占主导地位的社会心理，还会积淀下来，并融入民族精神，即民族性，以影响后人。社会心理占据着个体心理与民族精神，即今天与明天、个人与民族的连接部位。而当代中国的竞技运动，是中华文明五千年历史上的"前无古人，后无来者"的一段绝唱，因此，关注竞技运动与社会心理之间的种种因果关系，其现实意义和深远意义都是不容置疑的。将心理学知识引入体育运动领域，以提高体育，特别是竞技运动的效益，是体育科学的一大进步，但这远远不够；将体育运动的功效引入对个体心理、行为的解释，以获取个体的身心健康，是体育科学的又一次飞跃，但还不够；如果我们能进一步开拓视野，将体育运动与社会心理联系在一起，说明它们之间的互动关系，推动体育运动与社会双向的良性健康发展，或许会有更高的学科价值和实践价值被开发出来。这就是我今天做这个发言的良苦用心，也是我对在座诸位心理学志士们的一点希望。

谢谢大家！

进入世界优秀文化之林的中国-东盟国家的大众体育

(2011年11月在南宁举行的东盟国家会议上的讲话)

前 言

在当今变得越来越小的地球上，人们的空间距离拉近了，社会距离缩短了，而完成这一浓缩过程的一双巨手则是文化。世界两千多个大大小小的民族努力将自己的文化融合在一起，形成了现代世界文化。几千年来，优秀的文化被不断积淀下来，筑成世界文化宝库，成为一种跨国的、跨时代的记忆，成为激励人类走向文明、进步的原动力。体育文化是世界文化的组成部分，优秀的体育文化，不仅关照了人类身体的物质建设，也充实了人类的精神世界。

今天，我们面对奥林匹克的巨大文化影响力，感叹于它不凡的文化价值。而我们面对与奥林匹克并驾齐驱的大众体育（sport for all）经久不息的国际热潮时，同样也会发出感慨。我将以这个文化视角来审视中国-东盟国家的大众体育，并预言它有可能成为世界性的文化，进入世界优秀文化的行列。

一、中国-东盟国家的大众体育具有悠久的历史

中国与东盟诸国具有悠久的发展历史。早在远古时代，这里的人类为了生存，成群结队地生活在一起，用原始的石器顽强地同大自然抗争。为了猎取食物，为了自卫，他们投掷、攀登、奔跑、跳跃、游泳、涉水、划船……这些原始的自我活动，便是大众体育的雏形。中国古代就存在的武艺、马王堆导引术、华佗的五禽戏，以及宫廷和市巷间出现的蹴鞠等，在东南亚各国也曾出现过类似的活动。体育锻炼活动，已经成为人们自觉的、有目的的活动，人类已经懂得以运动为基本手段，利用阳光、空气、水等

自然因素，结合卫生措施，锻炼自己的身体，从而增进健康，增强体质。在整个有记载的历史时期里，大众体育在人类文明发展的过程中发挥了极其重要的作用。

二、中国-东盟国家的大众体育具有丰富的文化内涵

与以古代希腊为文化核心的欧美国家的竞技体育不同的是，中国-东盟国家的大众体育不追求身体运动的极限，更体现人性，更富有亲和力，更少追逐功利，更强调多民族文化的融合和相互理解，更适合和谐社会的构建。可以说，这种哲学思想理念不仅有利于未来大众体育的发展，也有利于人类自身的协调与完善，因此，它不仅属于昨天，更属于今天和明天。中国体育文化强调天人合一，目标是修身、养性，主张的是内外俱练、神形兼顾、动静结合、刚柔相济等平衡统一的原则。这种体育文化更具有业余的性质，对不同性别、年龄、职业的人具有更强的适应性。当世界走向老年化的时代，它理应受到老年体育的青睐，在讲究健康和休闲的今天，它的体育价值更是不言而喻的。更为重要的是，中华文明不仅在人与人的关系上，而且在国与国的关系上，都表现出那种仁爱、雍容、和平、温良、宽柔的品格，这种亲和力是其他类型文化所欢迎的。这对中国-东盟国家的体育文化走向世界无疑是十分有利的条件。

三、中国-东盟国家的大众体育自身的文化多元性

中国和东盟诸国地理气候的复杂性和多样性，决定了其具有多样化的生产活动和生活方式，无论是大河流域的农耕文明，还是丘陵山区的游牧生活，无论是热带丛林里的种植经济作物，还是海洋岛屿上的渔业商业活动，无论是宫廷贵胄的休闲娱乐，还是市井村陌中的民间游戏。中国和东盟诸国产生了符合自身养生健身要求的大众体育方式，如中国的健身养生术、中国武术、泰拳、缅甸拳、马来西亚的陀螺、印尼的独木舟、越南象棋，以及风靡东南亚各国的藤球。

四、大众体育：中国-东盟国家对世界体育文化的贡献

中国与东盟国家对世界体育文化的最大贡献莫过于打破了当今世界以欧美体育文化一统天下的单一文化格局。

在历史上，这种体育文化曾搭乘在殖民化的轧道机上，把东方各国的原体育文化推挤到边缘，使其几近湮没。在当今经济全球化的过程中，西

方体育文化又如同割草机一样把世界各民族文化的多样性修剪得整整齐齐。各种民族体育文化作为弱势文化，在"弱肉强食"的规律面前，变得如此苍白。各种民族文化与奥林匹克之间形成了一种绝对不对称的文化关系。又由于体育文化所特有的传播范围的广泛性、扩散倾向的世俗性、变异改造的保守性，以及流行普及的易接受性，这一主体体育文化一旦占据了文化的统治地位，就具备了专制主义文化的特征，而这种文化是以欧美价值观念为基调的，以发达国家利益为价值取向的，从而使体育文化的多元性受到极大的伤害。

那么，怎样来拯救世界体育文化的多样性呢？用什么力量来平衡奥林匹克造成的世界体育文化的偏失呢？21世纪世界体育文化发展的动力和活力来自何方呢？环顾当今国际社会，日本和试图脱亚入欧的俄罗斯无心于此事；阿拉伯各国忙于战乱，无暇他顾；印度体育文化的单一性决定了它难以承担重任。能担此责任的非中国-东盟国家莫属。因为中国-东盟国家几千年没有缺环的悠久历史，造就了源远流长且不断演化的体育文化，在体育文化的历史长卷里，每一个时代都有自己鲜明的特色，积淀了体育文化的厚度。

中国与东盟诸国还拥有世界1/4以上的人口，众多的人口负载了巨大的体育文化力度，因为体育传统文化积淀的力度是与该文化活动载体的人口数量成正比的。人口越多，体育文化的创造性和传承性就越好，它的普及性和影响力就越强。

中国是一个对实现中外文化交流具有自觉性和较少功利性的国家，从汉唐以来，一直在吸收外来的体育文化，也将中国的体育文化通过各种途径传播到世界各地去。中国既有吸收外来文化的经验，也有输出中国文化的勇气，中国对异质文化的吸纳、涵养、改造具有顽强的毅力、海纳百川的宽容和天衣无缝的技巧。此外，近30年来，中国实现了和平发展，东盟国家日趋走向繁荣稳定。

结束语

一种体育文化优秀与否、先进与否，取决于它是否真正造福于人民，是否真正能够得到世界优秀文化的认可。作为一种区域性的、有个性的体育文化，中国-东盟国家的大众体育，不仅要汲取世界体育文化之所长，以丰富自己、涵养自己，还要有创造性地提升自己、发展自己，在世界优秀文化之林中确立自己的地位。

我的体育生涯与体育主张

(2012年10月在广东嘉应学院的讲学)

一、经历是人们的一种特殊财富

"家学文史哲，喜爱数理化，落脚跑跳投。"我常常这样介绍自己的人生轨迹。

成为体育人，我并无悔意。一生中有多次可以踏上官场或商场的机会，但我都却步而回。总以为体育是我的本行、我的大爱、我的立身之本。静下来一想，自己竟在体育这个专业领域中度过了50年的时间，早已过了花甲之年，还在那名利场的边缘苦苦经营着少功利，甚至无功利的些许事情，凭着自己的兴趣、热情和执着。

二、作为一个努力成为体育公共知识分子的学人，把争取公民体育权利视为自己毕生的责任

(一) 不断呼吁公民体育权利的法制化

在人类文明史上，人们的各种权利，包括劳动权、休息权、教育权、健康权等都是在博弈，甚或在斗争中获得，并载入法律的。这种博弈，可能是民主与专制之间的抗争，也可能是科学与愚昧之间的摩擦，还可能是人们认识上的先后差异，以及经济、社会发展环境给定的条件所造成的。

公民的体育权利是最后引起社会重视的一种文化权利。这与人类文化发展过程中，体育的价值与地位较后才被人们认识有关。直到20世纪后半叶，以《人权宣言》为基础起草的，体现体育权利的联合国教科文组织的《体育运动国际宪章》、欧盟的《欧洲体育宪章》等才被发布出来。然而，体育权利一旦被法律激活，就会受到发达国家普遍的关注，并成为一种世

界性的趋势。

近现代的中国体育是一件远渡重洋的舶来品。在以儒家文化为主的传统文化中，体育历来没有很高的社会地位。在封建专制主义社会根本谈不上人们的各种权利和权利保障，尤其是人权，因此体育权利的问题更不可能提到议事日程上来。进入现代，由于受到经济水平和计划经济体制的制约，体育的管理基本上停滞于人治的水平上，公民的体育权利仍然长期不能得到彰显。

在《中华人民共和国宪法》和历次《中华人民共和国宪法修正案》中，对公民的体育权利都未作出表达。在2004年《中华人民共和国宪法修正案》的"总纲"第二十一条第二款中保留了这样的规定："国家发展体育事业，开展群众性的体育活动，增强人民体质。"在"第二章　公民的基本权利和义务"中未出现"体育"二字，只有第四十六条有"中华人民共和国公民有受教育的权利和义务。国家培养青年、少年、儿童在品德、智力、体质等方面全面发展"，隐约涉及"体育权利"的问题。

1995年颁布的《中华人民共和国体育法》的立法企图倾向于体育管理，没有表达公民对体育权利的诉求，因此，任何一个部门、组织和个人都不必为之承担责任和义务，所以这部有关体育的基本法当年在全国人民代表大会常务委员会第十五次会议上毫无异议地获得全票通过，创下了中国立法史上一项空前绝后的纪录。

在制定《全民健身计划纲要》的过程中，修订第七稿时，我写进"维护和保障公民参与体育的权利"等条款，但最终被删除，法律再次回避了体育权利问题。

2007年在讨论《全民健身条例（草案）》的时候，我再次提出了这个问题，对回避这个关键问题的现象提出质疑，我认为："体育权利"是当今中国经济与社会发展的必然产物。在过去的30余年里，市场经济和计划经济、习惯势力和新兴体制、旧有的意识形态和新型的生产方式之间，以及各种利益集团之间的博弈此起彼伏。

在计划经济时代，中国群众体育活动主要强调服务于社会的目的，其代表性的口号是"锻炼身体，建设祖国""锻炼身体，保卫祖国""为祖国健康工作50年"等，或多或少地忽视了体育对"人"的价值。

进入市场经济社会后，"人"的地位发生了重要的变化。因为市场经济激活了个人的积极性和创造性，市场经济的正当性就在于作为个体的人类生命的重要性，而不仅仅是作为一个社会成员的重要性。一种"存我论"

的哲学理论就在这个时代艰难地、缓慢地、但不可抗拒地发育着、成长着。与此同时,人们在体育中的主体精神逐步发育起来,代表性的口号演变为"每天锻炼一小时,健康工作50年,幸福生活一辈子""我参与,我奉献,我快乐"。体育权利强烈要求挤进体育的法律体系中来的社会冲动,也就很容易理解。北京奥运会后次年颁布的《全民健身条例》(以下简称《条例》)具有划时代意义。因为它首次将公民的部分体育权利写进了中国的法律文本。这部《条例》在第四条中终于写下了"公民有依法参加全民健身活动的权利"。现在,我继续呼吁要从保障青少年儿童体育权利的角度解决学生体质下降的问题,并呼吁中国公民不仅应该有参加全民健身活动的权利,还应有参加竞技活动和获得体育休闲的权利。

(二) 强调了现代体育对建立公民社会的重要性

在历史上,儒家文化及其操作制度——科举,以培养封建奴才为教育目的,把儒生塑造成为低眉顺眼、百依百顺的顺民。而在中国文化专制主义时代,不断的封建轮回怪圈,一次次的"造反""起义",使流氓、无赖群体如鱼得水,造就了一批批目无法纪、刁顽蛮横、鱼肉百姓的刁民。

李慎之先生曾痛苦地指出"为什么中国的现代化一百年来成就不大,以致被称为'九死一生的中国现代化'?第一个原因就在于中国始终未能培养出够格的现代化的公民,未能培养出不但能自尊而且能自律、不但能自强而且能自胜的独立自由的个人,未能培养出既能伸张自己的权利,也能担当自己的责任的独立自由的个人"。

而公民的法律概念指的是,具有一个国家的国籍,根据该国的法律规范享有权利和承担义务的自然人。而现代公民,既有理性思维、独立判断能力,又有学识素养;既能有尊严地生活,又能有责任感地服务于社会;既有开放的视野,又有文化历史的眼光;既有不卑不亢的节操,又有平和的心态。他们既不同于古代罗马的"市民",也不同于世俗社会的"平民",现代公民一定是国家教育的目标,也是公民教育的结果。

近百年的战乱、几十年的政治动荡,把中国人的信仰击碎了,道德败坏了,社会关系恶化了,文明礼仪都顾不得了,市场活动把人性中的卑劣部分无节制地激发出来。在重铸市场经济公民社会的过程中,北京奥运会虽不能迅速扭转大局,但还是起了一定的作用。

公民社会是一个公共管理、公共服务非常鲜明的社会,保护公共时间、公共空间、公共财产、公共信息是公民社会的特点。北京奥运会期间推动了《中华人民共和国物权法》的颁布，农村和部分城市的义务教育免除学杂费，全国博物馆、部分公园的免费开放，低价的公共交通，公共场所的戒烟等事项，应该说是功德无量的。

从20世纪80年代起，我就开始针对体育运动与公民社会建立之间的关系写了许多文章，提出了自己的观点。

1. 体育运动有利于公民意识的养成

（1）体育运动强化了公民的参与意识和权利意识。公民的参与意识，主要是指公民作为政治共同体的成员，具有积极参与（包括直接参与和间接参与）公权力运行的主人意识，实质上也是一种践行权利的意识。在参与的过程中，公民才能切身体会自己的权利和义务，并逐渐形成理性的参与意识。奥林匹克强调的"重要的是参加，而不是取胜"的观念已经成为亿万公民的行动口号，公民不仅参与到体育竞争当中来，也参与到各种志愿者的活动当中。

体育运动也是培养青少年团队意识的最佳方式。体育社团的存在和发展不仅有其发展体育事业的价值，而且对整个社会的发展起着重要的促进作用。体育社团相对于政治性、经济性、宗教性社团，社会背景较少，较少动用社会资源，成员的覆盖面较宽，因此有较大的社会容量，是社会成员实现社会参与的较好形式。许多发达国家有意识地利用体育社团进行团队意识、协作精神等某些社会伦理道德的培养。在西方以个人主义为主导意识的社会里，体育社团成为规范青少年儿童行为、发展群体观念、抑制过分的个人欲望的重要手段。

（2）体育运动增强了公民的责任感。责任，是在特定的情境和条件下，个人或人群对他人或事务形成的一种必然性的社会关系，这种必然性以法律、道德、良知、承诺来维系。公民责任是指公民在履行与自己的身份相适应的责任时，必须正确处理国家政治和社会利益、集团利益和个人利益的关系，公民必须自觉维护公共利益。责任感，是自觉把分内的事做好的一种心态。一个有责任感的人，要知道自己是什么人，要知道什么是应该或不应该做的事，还要知道所做的事情将会对他人和自己产生什么样的后果。奥林匹克运动本来是一种游戏，是一种有责任感的游戏，甚至是一种有世界责任感的游戏。参与者不仅要对竞赛的过程负责，还要对竞赛的结果负责；不仅要对自己负责，还要对球迷、观众负责，更要对自己所代表的群体、社团、社会、国家和民族负责。因此，奥林匹克的责任是具体的，又是博大的。

（3）体育运动与公民的法律、规则意识一脉相通。由于在公民社会每个人都拥有独立的意志和行为能力，所以在民主管理的过程中，公民还必须有规则意识，即依据明确的规则来协调各种相互冲突的意志和行为，而不是由个人或某个利益集团决定。这些规则都是公民共同合议的结果，或是通过国家予以确认的，或者是通过习俗加以强化的。20世纪最伟大的自由主义者哈耶克认为，遵循规则是人类的一个重要特征。他曾在《法律、立法与自由》一书中指出"人不仅是一种追求目的的动物，而且在很大程度也是一种遵循规则的动物"。他认为，不仅人们的行动是遵循规则的，而且人们的感知也是遵循规则的。

奥林匹克是一种全世界共同遵守相同规则的活动。要求公平、公正、公开地遵守"游戏规则"的特点、平等参与但结果不同的法则，与市场经济颇有相通之处。通过认同人类共同遵守的规则来进行游戏、接受公平竞争的观念并担当起增强民族自信心的责任，非体育莫属。体育竞赛的规则具有模拟社会法规的性质，在这个领域，社会公民和未来社会的公民自觉地、心甘情愿地接受遵守社会规范的教育。

同时，体育运动宣扬的体育道德也是社会规范的重要组成部分。它所传播宣扬的奥林匹克精神、奥林匹克原则、体育道德，都具有很高的社会理想价值。竞技体育中树立的公正、民主、竞争、协作、团结、友谊、谦虚、诚实等道德观念，是社会不可缺少的规范文化，对全体社会公民都具有不可替代的教育意义。

（4）体育运动增强了公民的自信心和自强意识。在市场经济时代，信心是一个重要的概念，它将决定资本的流向、金融的稳定、股市的起伏、人心的安稳。北京奥运会、广州亚运会可以从三个方面起到增强人们信心的作用：一是群众性的体育活动构建的和谐安详的场面和气氛；二是中国运动员取胜对人心的鼓舞；三是来自国际对北京奥运会、广州亚运会成功举办的积极评价。这一评价是对中国实现"和平崛起"的认可，是对20年来中国经济发展奇迹的首肯，这对民族自信心和自强意识的增强无疑具有重要意义。

（5）现代体育加强了公民的凝聚力和向心力。北京奥运会、广州亚运会由于具有规模大、社会动员充分、对各方协作要求高等特点，成为培养人们团队意识、增强民众凝聚力的最佳方式；得到国际奥委会充分认可和赞许的"奥运舵手"活动、志愿者选拔活动，极大地激发了人们的参与热情。在北京，天天可以听到"我参与，我贡献，我快乐"的口号，看到在社区、街道等公共场所举办的各种公益活动。

2. 体育运动可以激发公民的爱国热情

体育运动对弘扬民族精神的直观作用，就在于它树立了民族形象。鸦片战争以后，屈辱的民族心理、低回的民族精神、孱弱的民族体质，以至被扭曲的民族形象，在长达一个世纪的时间里，如同一片浓重的阴云，笼罩在中华民族的心头。在现代体育中所表现出来的拼搏精神，极大地震撼了民族的心灵。现代体育牢固地维系着民族感情，它使每一个成员都能享受到归属于它的荣誉感，认同它的义务感。中国现代体育是在那种充满民族屈辱和痛苦的形势下与奥林匹克汇流的，这就给中国现代体育的发展进程留下了深刻的印记。中国的现代体育始终与民族的命运和民族的振兴解放事业有着天然的、血肉般的联系，中国体育的发展动力来自民族的忧患意识，而反作用于民族的自强意识。中国对奥运的百年期盼深藏着这样一个民族文化背景。

3. 体育运动开拓了公民的世界眼光

北京奥运会的口号是"同一个世界，同一个梦想"，广州亚运会的口号是"和谐亚洲"。这是中国决心加入世界大家庭的强烈表白。过去我们的思维习惯于寻求与他人的差别，然后将这些差别加以夸张，贴上各种各样的标签，鼓噪怀疑、批评和抵制，最终远离世界、远离人类的共同命运。今天我们有了一种新的思维，努力寻找与世界各民族的共同点、精神的相仿处，以及社会制度中可以互补的东西。把中国全身心地融入世界潮流是一次伟大的思想解放。可以预料的是，勤劳、聪明的中国人具有了开放的眼光，散发出的创造力和影响力将是无以伦比的。

现代体育是一个开放的系统，若失去对外联系就会丧失生命力。它不可能在封闭的系统中自生，但必定在封闭的环境中自灭。在当今变得越来越小的地球上，奥林匹克的组织者和参加者强烈地意识到"全球村"这个国际主义的概念。每当我们融进世界体育的潮流时，我们就充满了时代感，国家才能繁荣发展。每当我们游离于这个潮流之外，我们就会有封闭感，就深感落伍的痛苦。

三、作为体育社会学工作者，我与我的团队发展了中国体育社会学的理论，并付诸实践

为在中国真正建立起一门体育社会学学科，我和我的团队做出了艰巨

的努力，仅《体育社会学》教材就先后编写了6版，出版了10多本体育社会学的专著，召开了体育社会学的研讨会、论坛10余次，在中国社会学领域确立了自己的地位。20世纪80年代初，我们首次提出了体育文化的概念，80年代中期首次开创了对体育社团的研究，并把研究触角伸向体育休闲的领域。90年代中期以后，我们参加了多次全国群众体育现状的调查研究，并创立了符合中国特点的"体育人口"的概念。在新世纪提出勃兴东方体育文化，以实现世界体育文化的多样性和多元化，对应和改变奥林匹克文化独占世界，造成世界体育文化单一化的局面。

社会学是一门极具批判精神的学科，它培养了我的好斗品格。在过去的几十年中，我曾引发了几场学术争论，如与韩磊先生之间关于竞技运动文化价值的争论，与毛振明先生之间关于学生是否需要学习运动技术的辩论，与李力研先生之间关于当代知识分子健康状况评价的争论，以及与陆作生之间有关体育的概念的辩论。在许永刚博士论文抄袭事件曝光之前，我批判了其文章的逻辑混乱。在"养生术"刚刚开始泛滥，被高度神化的时候，我首先在报刊和学报上发表文章，揭露了它的陷阱和误区。

四、作为一个有良知的教育工作者，一直关注着中国教育改革与发展

（一）解读大学精神

在华南师范大学2006年全校开学典礼大会上，我做了一个"大学：人类的精神乐园"的6分钟的讲话，回答了"什么是大学"的问题。

大学积累和凝聚了人类浩瀚的知识财富，它们在图书馆、在实验室、在教室、在沙龙、在教授的头脑中、在一切真实的或虚拟的空间中，等待大学生以正确的方法去获取。在大学，伟大的人文精神得到了充分的体现和舒展，所有创新的理念、创造性的思维方式、富有魅力的学术活动，以及具有独创精神的人格个性，都可以得到鼓励和赞许。在大学，"尊严"二字具有沉甸甸的分量。每一个人都必须保持尊严，而每一个人的尊严都不容他人亵渎。大学里不答应斯文扫地，不容忍虚伪诡诈，更不允许伤风败俗。大学是平民的天下，却具有贵族的气质；大学是年轻人的世界，却尊重千百年造就的传统；大学生自由、洒脱、奔放，却是最讲道德、最守纪律、素质最高、最有活力的军团，一旦战争爆发，可以立即集结待命，开赴前线。这就是大学！

(二) 对当今中国教育的关注

1. 对大中小学学生体质持续 20 年下降的忧虑

我国大中小学学生体质健康状况连续 20 多年呈下降趋势，这已经成为一个教育界，乃至整个社会不得不关注的问题。20 多年前，学生体质下降初显症候的时候，有人认为这仅是一种偶然现象，甚至当年的全国学生体质调查结果也被曲解，掩盖了事态发展的严重性。

这一问题威胁到了国家的安全、社会的稳定和家庭的幸福。据权威报道，全国小学生、中学生、大学生的体质健康水平，除个别年龄段，绝大多数学生反映心血管系统机能的耐力素质，以及柔韧、速度和力量素质急速下降。

在学校里，我们经常看到的场面是，周一早晨的升旗仪式会有学生晕倒在地。更不可思议的是，大部分学校为了迁就学生，不得不取消了 1000 米（男）、800 米（女）跑的测试。很多学校的田径纪录还保持在 20 世纪七八十年代的水平，有些学校甚至连召开田径运动会的勇气和能力都丧失了。我曾痛心疾首地说：我们已经从面黄肌瘦的"东亚病夫"，变成了白白胖胖的"东亚病夫"。

青少年儿童体质下降的后果将是十分严重的，在今后 10 年、20 年的时间里将以现代文明病的高发，特别是恶性肿瘤、心脑血管疾病的低龄化、普遍化，以及医疗费用的急剧增长作为代价。同时也使我们在兵源、劳动力来源等方面陷入困境。

身体健康恶化的并发症是心理健康失调，这种情况近年来在学校里频频出现。由于缺乏体育锻炼，少年儿童怕吃苦，怕受挫折，娇生惯养，常常陷于郁闷、紧张、焦虑、疲惫、恐惧之中不能自拔，由心理问题酿成的恶性案件，自杀、杀害同学、老师、父母的消息屡见于报端，在多次中、日、韩共同参与的夏令营、体能训练营活动中，中国学生无论是身体，还是心理都处于劣势。

历史上，国家与民族的兴衰往往与青少年的健康体质有密切的关系。除却政治腐败、经济衰落、宗教战争等社会原因，国家的衰亡还与国民的健康体质状况不可分割，欧洲的古罗马征服古希腊，日耳曼战胜古罗马，中国的宋元交替，明清替换，清朝末年多次签下城下之盟，都是"野蛮"征服"文明"。当"文明"在那里骄奢淫逸，置民族健康于不顾，"野蛮"就骑着高头大马长驱直入。

我们经常用增强忧患意识提醒国民，因为我们随时有可能遭遇各种自然灾害，也可能要去应付各种战乱环境。依青少年学生现在的体质状况，何以想象他们能够在灾难来临的时候实现自救，更不要说去救护他人；何以想象他们可以在现代战争爆发时应征入伍，背负数十公斤的武器和辎重，身着厚重的军服在酷暑严寒中生存，更不要说去打仗争取胜利。这种状况如果延续下去，我们将何以把国家的前途、民族的命运托付给他们？

中国青少年儿童的体育权利被应试教育制度剥夺，其"帮凶"是学校和家庭。这是造成我国大中小学学生体质持续多年下降的主要原因。学生在考试的"绞肉机"里挣扎，在戴着镣铐跳舞，在"高考集中营"里折磨身心。

现在拯救他们的办法是饮鸩止渴，即把体育成绩也挤进考试的机器，以毒攻毒，这虽然可以解决学生一时的健康问题，但由此也产生了负面作用，学生对体育的抵抗情绪加重，兴趣爱好荡然无存。

2. 对中小学体育新课程标准的草率提出质疑

历经多年的中小学新课程标准改革大方向是对的。有的课程较为成功，有的存有缺陷，有的发生了很大问题，引起极大的争论。体育课怎么样，恐怕有些问题还要讨论。

首先，这场体育课程标准的改革存在着一个虚假的立论。如果说在中小学的文史哲、数理化等课程中或多或少地存在以学科为体系的问题的话，体育课则不存在这个问题。因为中小学的体育课始终不是学科，它只是一门"术科"。因为它不满足构成学科的几个基本要素，如特定的研究对象、研究范围、概念体系和本学科的研究方法等。为了能挤进这场改革的浪潮，理论家们就把竞技体育的"体系"指定为学科体系，对其大加挞伐。后来，他们又不得不做了许多修正，证明了这是一个虚假的立论。

竞技体育是人类的一种高级的文化活动，不是学科。如果说竞技体育是一种学科的话，那么竞技体育的最高组合形式——奥林匹克运动会岂不就是按学科体系组合起来的一门学科？然而，至今还没有一个国家、一个组织将奥林匹克运动会作为一门学科。

其次，这场体育课程标准改革的理论准备是不足的。一些基本理论问题没有得到很好的解决就仓促上马了，比如体育与健康的关系问题，它们之间究竟是从属关系，还是并列关系，是手段与目的的关系，还是目的与原则的关系，还有强调学生的兴趣与教育的教化功能的关系等，一直没有在理论上分辨清楚。因此，至今连这门课程的名称都难以统一。现在以健康为课程目标或"领域"设计课程，反倒是搞出来了一个"健康学"的学科体系，这恐怕是违背这场改革的初衷的。

实践是检验真理的唯一标准。近10年过去了，新理念层出不穷，但有说服力的教育实验报告至今未能看到，三级教材建设未能及时跟上，很多体育老师无所适从，不少地方的体育课不能正常开展，学生的体质状况未能得到改善。有体育教师谑称这场体育课程标准改革是"目标虚化，内容空化，组织散漫化，考核客气化"，这足以引起我们的高度关注。

五、作为中国竞技体育体制改革的推动者，大胆陈言，指出体育改革迟滞性及其严重性

中华人民共和国成立初期形成的竞技体育文化是红色根据地的军事文化、苏联的共产主义文化和中国传统的专制主义文化的结合体。20世纪60年代初，受经济因素制约，它被紧缩在政府手里；"文化大革命"时期，受政治、教育等因素制约，它又被强化为政府的一个独立的业务部门。80年代后，竞技体育背负着建设"体育强国"的责任，而被高度固化，其管理体制被称为"举国体制"。这是一种具有高度行政垄断性质的、与计划经济社会完全契合的体育体制，是专制主义文化的最后一块"自留地"。短期目标战略化、揠苗助长经常化、竭泽而渔普遍化，是中国竞技体育的弊端。于是，其兴也勃焉，其亡也忽焉。北京奥运会后，一些运动项目出现明显颓势，这是因为我们将体育资源高密度地集中在高水平竞技体育的高端（业内人称这种体制是"顶层修补"），在沙滩上建筑高阁，焉有不塌之虞。今天，我国竞技体育已经暴露出越来越多的无法克服的弊端，因为这些弊端的根源来自这一体制；也无法使竞技体育得到进一步的发展，因为这种体制的垄断性压抑了它的创新性，这一体制正在承受着巨大的制度性成本和代价，包括人文成本、经济成本和政治成本。

我国竞技体育的体制可以概括为四句话，简言之，第一句是"政府办"，第二句是"奥运战略"，第三句是"专业队"，第四句是"全运会"。第一句说的是这一体制的行政垄断性质，第二句说的是它的目标追求，第三、第四句是前两句话的操作概念，分别落实在运动训练和运动竞赛领域。

中国竞技体育体制改革，简言之，就是社会化和产业化，即由政府全盘操控，转为主要由社会管理；然后将一部分有市场价值的运动项目向企业型管理过渡，以为社会提供一种赏心悦目的、激情四射的观赏文化，如

足球的世界杯、美国的 NBA。然而，第一步的改革就遭遇了顽强的抵制，至今进展不大。第二步的改革的难度就可想而知了。最近，我又应《学习时报》之邀，写了一篇题为《中国体育不能泡在运动会里》的文章，指出了中国运动竞赛体制的种种弊端：

> 中国是世界上全国大型综合性运动会开得最多的国家，除去已经中断的全军运动会、全国工人运动会、全国青少年运动会，还保留有全国运动会、全国体育大会、全国少数民族运动会、全国农民运动会、全国城市运动会、全国大学生运动会、全国中学生运动会、全国残疾人运动会，近年有发展出全国老年人运动会、全国智力运动会、全国冰雪运动会、全国水上运动会、全国大漠运动会，按每种运动会 4 年一个周期算，每年至少要举行 3 个全国性大型运动会，加上组团参加奥运会、亚运会、青奥会、世界大学生运动会，以及应付世界性的杯赛、锦标赛，体育部门几乎就是泡在运动会里，一个运动会刚结束，下一个运动会的动员、誓师大会又紧锣密鼓地运作起来。

这样的一种发展体育的模式，其后果如何呢？

首先，造成体育资源的严重浪费。每一个运动会都伴随着一批高标准的体育设施的建造。中国现在具备可以开展国际水平竞赛活动的场馆有 6000 余个，堪称世界第一。随着各地争办运动会的热情不断升温，这个数字还会继续增加。当这些设施的建设与地方官员的"形象工程"联系在一起的时候，相互攀比成风，运动会后成为地方政府难以卸载的包袱，不少场馆的体育部门难以经营自养，只好交还给国资部门管理，造成国有资产的严重浪费。

我国的大型运动会大多举办得十分华贵。兴师动众的开闭幕式文艺表演，张灯结彩的街景布置，规模盛大的烟火晚会，动辄万人的志愿者队伍，运动员、教练员、裁判员和官员多要住高档宾馆，开出的都是一张张令人咋舌的账单。运动会期间还要举行各种文化活动、科学报告会，更增加了主办方的负担。至于因运动会而停工停产所造成的间接经济损失，以及学生停课练操、中断交通等都干扰了城市的正常生活。

其次，造成体育价值观的扭曲。"淡化金牌意识"的话题，已经讨论了多年，但"金牌大战"愈演愈烈。其根本原因是，我国的大型运动会都是以省、市、自治区政府的名义组团参赛，为了一枚全运会的金牌，少则投资几百万，多则耗费几千万，因此，"金牌意识"的形成实际上是政府对获取金牌所做的高投入，追求成本回收的心理使然。也因此，在运动会上，参赛者为获得金牌不择手段就完全可以理解了。由于金牌和金牌背后高额奖励的催动，这些运动会的社会效益和经济效益都不高，对体育发展和社会促进的作用也有限。各种事件经常发生，常常被社会舆论诟病。更令人匪夷所思的是，现在这种运动会体制已经造就了一大批非职业的"职业"运动员，在各种运动会上经常出现他们的身影，他们不断改变身份混迹其中。于是就出现了农运会上不是农民，牧民运动会没有牧民，少数民族运动会变成了少数民族运动项目的汉族运动会等种种奇怪现象，而大学生运动会则成了一批非大学生的专业运动员鹤立鸡群的舞台。

最后，造成体育改革的严重滞后。周而复始、花样繁多的运动会，使体育部门无暇思考体育的改革、体育的发展战略、体育的法制化建设，于是，短期行为长期化、急功近利常态化成为体育工作的特点。保金牌，甚至成为拒绝改革的借口。当运动会上的金牌数量上升为体育系统的 GDP 时，全民健身只能沦为运动会的陪衬品和"同行者"，发展体育产业只能成为开运动会的集资方式，国民体质下降问题，特别是青少年儿童的体质健康问题难以得到有效的解决。

六、作为一个文学爱好者，努力为体育的理论表述创建一种活泼、清新的语言系统

我总认为，体育应介于科学与文学之间、技术与艺术之间、科学精神与人文精神之间，应从各个方面得到滋养。当体育只有科学技术的时候，它是功利的、赤裸的，是游离于大众文化的。因为体育是发生在人身上的事情，而文学是人学，当它们之间不能沟通的时候，是文学的缺憾，更是体育的悲哀。我写了百余篇散文与诗歌，抒发体育人的情怀。体育人不应该过着枯燥的生活，应该有着丰富的情感世界，不应被人讥为"四肢发达，头脑简单"。在一个综合性大学里，体育完全可以和那些"尊贵的"学科平起平坐。

20世纪90年代后，我开始尝试突破体育科学论文的"八股文"教条式的"不说人话"地写作法；尝试在演讲稿中渗透进文学因素；尝试在写学术文章时注重可读性、文学性，力争做到不从事体育工作的人也愿意看，看得懂，因为体育毕竟属于大众，一个与大众失去共同语言的体育，一定是没有生命力的。

结束语

2009 年，我退休回到北京了，作为一名执教 45 年的老师，我走下了一生钟爱的、眷恋的讲台。夜深人静的时候，总想回顾一下自己走过的体育道路，但不知从何下手，十分感谢你们给了我这样一个话题，让我粗粗地梳理了一下自己的经历，让我有机会自吹自擂一番。

使我感到庆幸的是，在我火热而曲折的人生旅途中，在我憧憬未来、找寻归宿的每时每刻，我始终将自己的前途与共和国的命运紧紧融合在一起。我和大家一样手挽手、肩并肩萌发着由认同感结成的归属感，享受着由归属感造就的荣誉感，激发着由荣誉感凝聚而成的责任感，脚踏实地地迎接着中国体育的明天。

使我感到兴奋的是，一代年青人正在成长起来，无论是"70 后""80 后"，还是"90 后"，都如你们今天一样朝气勃勃。你们一定会超越我们，为中国体育的辉煌，乃至世界体育的繁荣，做出让我们宽慰、让我们放心、让我们由衷地赞叹的文化成就。

期待你们！谢谢你们！

绿色：体育运动增长方式转型的基本原则

（2012年12月在安徽铜陵全国绿色运动会探讨会上的讲话）

前 言

绿色，人类最珍爱的色彩。它是自然、纯净、圣洁、宁静、生命、生机、希望、和平的象征。人类从绿色的森林、绿色的山谷、绿色的草原走出来，然而当人们离开绿色的田野，走进了城市，生活在用钢筋和水泥构建的丛林里，龟缩在五颜六色的钢铁壳子里的时候，就渐渐地淡忘了绿色。于是，也就出现了各种各样的环境问题、社会问题，以及对人类命运前途的讨论。进入21世纪，人类迫于重重压力，越来越感知到回归绿色的重要性。绿色和平运动与世界性的反种族歧视运动、妇女解放运动、青年文化运动、奥林匹克运动、人权运动等组成了当代世界的民主潮流。经历了北京奥运会，中国的体育运动正在寻找新的转变方式。我以为这一新的增长方式需要遵循以下三个基本原则。

其一，是以人为本的原则。这是关系到体育的目的和性质的问题，体育的以人为本就是要以14亿人的健康和体质增强为出发点，体育运动的增长就是要让越来越多的人参与进来，成为体育运动权利的享受者。

其二，是效率原则。这是区别于计划经济时代办体育的重要原则，在那个时代，办体育不计成本，不讲代价，不问投入与产出的比例。新的体育增长方式必须讲求效率，以最小的投入换取最大的体育成果。

其三，是绿色原则。这是科学发展观指导下，做任何事情都必须遵守的原则。不仅绿色运动大会要突出绿色，奥运会要讲绿色，所有运动会、体育比赛要讲绿色，而且任何体育活动都要讲绿色。

一、绿色体育运动是奥林匹克理想的主题之一

20世纪过去了，人类还没有摆脱战争的旋涡，就又遭遇了新的麻烦，在强大的工业生产和巨大的商业利益的驱动下，美丽的地球被放肆地涂鸦，人们赖以生存的环境、居住地遭到破坏，生物多样性和自然资源不能得到有效的保护，生态失衡、生态危机、气候变暖，使地球变得十分脆弱，人类陷入万分无奈的境地。

于是，在20世纪末的一次"地球峰会"上，多数国家通过签署条约和其他文件的形式，承诺在追求经济发展的过程中保护地球环境和不可再生资源。从此可持续发展成为一个全球性的中心主题。

可持续发展和绿色运动是人类共同理想的追求，是历史责任的崇高体现，是奥林匹克运动与时俱进的一次思想变革，也契合了中国经济与社会发展的基调，体育运动也必须跟上这一世界潮流的步伐。

从国际奥委会两份具有里程碑价值的文件中不难看出奥林匹克运动肩负的责任以及国际奥委会的敏锐目光。这两份文件分别是《奥林匹克宪章》（以下简称《宪章》）和《奥林匹克运动21世纪议程》（以下简称《议程》）。它们是姐妹篇，但相差100余岁。如果说"姐姐"关注的是人与人的关系，而"妹妹"则倾心于人类与自然的相处。如果说《宪章》是一篇关于和平的宣言，那么《议程》则是一篇关于发展的倡议。而和平与发展珠联璧合，构成人类未来的两大主题。

1999年，国际奥委会修订通过了新版的《宪章》，在阐述奥林匹克运动的目的时添上了这样的字句：要"致力于建设一个和平美好的世界"。落实到《议程》中就赫然写上了"可持续发展"5个大字。如果说奥林匹克在20世纪以追求和平为主要宗旨，那么，21世纪就要以"美好"为中心主题来做文章，因为和平的世界未必美好，美好的世界要以和平为前提，还要以可持续发展为基准。

国际奥委会虽是一个体育组织，但它把可持续发展的担子主动挑了起来，在《议程》中有这样的陈述："实施可持续发展，是每一个团体和个人的责任。不论来自哪个领域，只要能为环境的发展和保护尽一份力。鉴于以上原因，并考虑到奥林匹克精神、《宪章》等的规定和奥林匹克运动的广泛影响，奥林匹克运动界认为他们特别有责任来共同实施可持续发展。"

我们是国际奥委会的成员国，有义务将绿色体育作为发展中国体育的事业，不仅在北京奥运会上提出"绿色奥运"，而且要在一切与体育有关的

活动中积极倡导绿色环保，使之成为中国体育的保护色。

二、绿色与体育运动一脉相承

当我们跨进知识经济时代的大门，意识到创造社会财富主要不再依赖自身的体力，而是要依靠聪颖和智慧的时候；当我们向传统社会告别，以成为现代人为乐为荣的时候，一个怪影游荡而来，它无情地嘲弄着人们。这个怪影是一直隐藏在潘多拉魔盒中的祸患，当它从魔盒中被释放出来，就以各种丑恶行径对人类施以报复和惩罚：人类的生物结构和机能正在退化，某些"文明疾病""都市疾病"广泛暴发和蔓延，大面积的环境污染、生态失衡威胁着人们的生存条件，各种心理疾患成为人群的高发病，而这些千奇百怪的疾病几乎是闻所未闻的。

今天，提高人们的生活质量，乃至生命质量的现实任务和历史责任已经严峻地摆在健康工作者面前，摆在众多与健康直接或间接有关的学科的研究者面前。体育运动与体育科学在这场健康革命中所体现的价值已为越来越多的人所接受，体育运动在关照、监控和提高人的生命质量方面所起的特殊护佑作用，是许多其他活动不可替代的，它与绿色运动的本质是相通的，愿望是一致的。

如果说体育运动对人类的关照主要采用的手段是依靠运动的方法，用肌肉运动调动机体内的各种代谢活动，提高免疫能力，防止基因的异变，以增强体质、增进健康，那么绿色运动采用的主要手段是防止环境污染，低碳生活，保护生物多样性，营造一个空气优质、水质纯洁、土壤干净、无噪音、无光污染、无核辐射的友好的生存环境。在这样的绿色环境里生活，人们可以放心大胆地使用食品和药品，不必担心环境破坏诱发的基因突变，居民整体的健康水平大大提升，人口的平均预期寿命大大延长。目标的一致性决定了体育运动与"绿色"必定是相互依存的，发展体育运动必须在"绿色"的佑护和关照下进行，而对"绿色"的追求必须包含体育运动的内容。它们统一在"以人为本"的大思维里。

三、要改造与摒弃非绿色的体育

人们都已经认识到了体育运动与保护环境的重要性，并逐步在实践中将这两件事情结合起来操作。然而，千百年来的习惯势力、人们急需提高的公民素质水平，以及形形色色的功利追求，使我们在高速发展体育运动的时候，往往忽视了"绿色"的问题，其结果是得不偿失，其代价是沉重的，甚至是很令人痛心的。

(一) 要杜绝一切因体育运动导致的环境破坏

在许多体育运动的场合，如登山大本营、自驾汽车露营地、漂流的江河水面、沙滩、草原、森林……凡是人们从事过体育活动的地方常常可以看到他们留下的各种各样的包装纸、矿泉水瓶、塑料布等废弃物。志愿者刚刚为他们打扫干净，下一批人又来重复着这种恶习。因此，我呼吁对体育运动的环境保护立法，进行强制管理。一些运动项目，如高尔夫球场草地的杀虫剂、人工滑雪场雪融化后含有化学成分的水都可能造成环境污染。要严格控制这类场馆的发展，已建成的必须进行环境监控。

体育运动的方法要尽量采用人体肌肉运动作为能源，如自行车、划船等，避免或减少使用燃料能源，无论在陆地还是在空中、水上都尽量减少使用摩托设备，如赛车、摩托车、摩托艇等可能增加二氧化碳排放量的工具。体育运动中要尽量保护动植物，减少对动物的危害。严禁给赛马、赛狗食用违禁药物，严禁利用动物进行赌博，如斗鸡、斗狗、斗羊，国外场面十分血腥的斗牛运动，国内传媒不应转播。

特别要指出的是，在球场的看台上和比赛表演的广场上，活动结束后，遍地垃圾，惨不忍睹，这已经不仅是环境问题，甚至造成恶劣的国际影响，因此，我建议开展一个"绿色看台运动"，做到人走地净、看台净。还要特别强调的是，我国的大部分棋牌室、麻将屋，大多为高密度吸烟室，有害健康，肺癌发生率极高。建议开展无烟棋牌、无烟麻将，将棋牌室纳入禁烟的范围。

(二) 要杜绝一切因体育运动造成的资源浪费

1. 对运动会要发出绿色的呼声

中国发展体育运动迷信"竞赛是杠杆"的说法，因此是全世界全国性竞赛活动最多的国家，不算运动项目单项的比赛，形成传统的全国性运动会就有十几个，每年还要举行不少国际竞赛活动。然而，平心而论，这些运动会的社会效益和经济效益都不高，对体育发展和社会促进的作用也有限。

为了在金牌大锅里分一杯羹，一些连饮用水都缺乏的省份竟然开展划船运动；一些根本不下雪、不结冰的南方省市，居然在发展冰雪运动项目；个别很穷的省、市、自治区在养殖价值几千万元的纯种比赛用马。这些怪现象的出现，都成为不该忽视的成本和代价，也给环境造成一定的负担。

我国的运动会举办成本很高，开闭幕式上盛大的团体操、大型文艺表演、燃放烟火劳民伤财，运动员、教练员、裁判员要住星级宾馆耗资巨大，奢靡之风盛行，大量的体育经费花在与体育关系不大的差旅费上，北京奥运会与伦敦奥运会的经费对比就很能说明问题。

2. 对体育场馆建设要考虑绿色效果

每一次全国性的运动会必将兴建一批大型体育设施，有的体育场馆建了炸，炸了建，不断翻新。我国现有可供举行国际比赛的永久性体育场馆有6000多个，其数量居世界首位。一些大型体育设施在运动会结束后成为城市的鸡肋，食之无味，弃之可惜。

然而，我国的人均体育场馆数量严重不足，远远落后于发达国家，不能满足居民的实际需要。这主要表现在用于全民健身的群众性体育场馆的严重缺失。我国体育场馆建设的重点应该转移，转移到社区和城市街道。因此，从保护环境的角度出发，对举行运动会要及早立法。对国家申办大型国际比赛、对地方申办国家赛事、对运动会的规模、对大型体育设施建造、对运动会的开闭幕式动用的资金数量都要有严格的规定，并进行审计，防止相互攀比，防止奢靡之风盛行，防止对环境的深度破坏。

结束语

总之，有关绿色体育运动的问题还有许多事情要做，希望得到全社会的关注。应该看到的是，体育运动是一项人人参与的公众活动，在体育运动中倡导绿色，能够起到很好的社会教育作用，对加强全社会的环保意识将起到无可替代的作用。

绿色还有一个重要的含义：就是准许行动，在交通信号中绿色代表可以放行，在现实生活中代表可以畅通无阻，在体育运动中正在成为一种获得许可、受到欢迎的信号。

绿色体育运动，从我做起，从此刻做起！

武术的生命力及其在现代社会的延续

(2013年3月在厦门飞龙俱乐部举行的武术研讨会上的发言)

一、相关概念

生命,生物科学的概念是泛指能与外界进行物质、能量和信息交换的半开放的物质系统。它的基本特征是能够进行自我复制,能回应外界刺激。生命个体通常都要经历出生、成长和死亡的全过程。生命种群则在一代代个体的更替中经过自然选择发生进化以适应环境。生命力,是维持和延续生命活动的能力,以及生存发展的能力。柏格森(Henri Bergson,1859—1941)认为生命力是一种向上喷发的冲动,物质则是生命冲动的逆转,是它向下坠落的结果。叔本华、尼采的意志主义哲学主张,生命是一种绵延,生命绵延的特征是不能靠感官的观察和理智的分析所认识的,而只能在对自己的生命的直觉反省中体认到,因此可以把生命力的概念再延伸到意志力等主观因素中。

二、文化的生命力何在

在讨论文化的概念时,不难发现文化具有一个与"生命"特征类似的显著特征——传承性。文化是可以传承的,也是必须传承的,甚至可以因传承而形成传统。凡不能传承的东西,尽管当时曾十分辉煌显赫,但都不能进入人类的文化宝库。文化是"无用之用",只有那些看似无用,却包含深刻精神价值的东西,才能成为文化,才能被传承下去。余秋雨先生认为"文化,是一种包含精神价值和生活方式的生态共同体。它通过积累和引导,创建集体人格"(《何谓文化》,2013)。其中"积累"一词,就包含了积淀、累加、传递等含义。文化的传承性取决于人类人口的传承性,人口的锐减、绝灭可导致文化的湮灭,这在历史上屡见不鲜,而当人口迅速增长的时候，文化也呈现繁荣的发展态势，因为文化是以人为重要载体的。

文化因有传承性而具备了"向上喷发的冲动"，也就有了生命力。凡有生命力的文化一定会在时间与空间两个方面为火山般向上喷发的生命力寻求出路，于是文化就在继承与发展（历时性）、借鉴与创新（共时性）八个字上大做文章，向四个方向扩展。于是也就出现了传承性与时代性之间、民族性与世界性之间的种种矛盾运动。

三、为何说中国武术还具有旺盛的生命力

（一）中国武术具有悠久的历史，具有良好的传承性

中国几千年没有缺环的悠久历史，造就了源远流长且不断演化的武术文化，在中国武术文化的历史长卷里，每一个时代都有自己鲜明的特色，积淀了武术文化的厚度。这样的绵长历史也赋予了武术良好的传承性，提供了它在不同时代传承下去的内容、途径和方法。

（二）中国武术具有庞大的文化载体

中国众多的人口负载了巨大的武术文化力度，因为体育传统文化积淀的力度是与该文化活动的载体数量成正比的，人口越多，体育文化的创造性和传承性就越好。中国自发从事武术活动的人数众多，并分布在社会的各个阶层和广泛的地域。

（三）中国武术具有鲜明的文化个性

中国武术不仅在世界的搏击文化中独具一格，具有鲜明的民族文化个性，在中国的其他各种文化形态中也是无可替代的。在中国长达两千年的皇权专制主义社会里，文弱之风盛行，独有武术支撑了中华民族的阳刚之气。亚洲几乎所有国家的搏击活动都不同程度受到中国武术的影响，即便是日本、韩国进入奥运会的一些项目，也都可以追溯到中国武术的本源。

（四）中国武术具有多样化的文化形态

中国辽阔的版图和多民族的文化结构，生成了中国丰富多彩的武术文化世界。中国的武术文化不仅有汉民族的，还有少数民族的，不仅有宫廷的，还有民间的，不仅有军事的，还有娱乐的，不仅有养生健身的，还有竞技休闲的，这一武术文化的大千世界是任何一个国家都无法比拟的。中国武术不仅拳种、器械多样，而且门派、流派复杂，文化的多元化在武术中表现得异常鲜明。中国武术还吸收了儒、释、道各家的思想，仰仗各种

宗教、哲学理论的推动，呈现出一种文化丛体的多元文化背景的特征。

（五）武术的对抗性、技击性的矛盾斗争是其发展的内驱力

攻防技术的相互推进、长短兵器的彼此制约、不同拳种的此消彼长、生与死之间的反复较量，是武术的生命力长盛不衰的内在张力。中国武术与围棋一样是最具有辩证思想的，也一定会得其内力，迸发出前进的动力。如果让用鲜血和生命作为代价创造出来的武术走向衰亡，一定是愚不可及的，一定是无可救药的民族所为。

（六）国际社会对武术的需求是其张扬生命力的外在推动力

文化无界，文化无价。当今世界对中国文化的需求日趋强烈，对中国武术文化的需求也不断增长。武术协会已经在五大洲许多国家建立起来；国际性武术竞赛活动日趋频繁；遍布世界各地的500余所孔子学院已经将武术作为中国文化传播的重要内容；联合国教科文组织对武术给予了特别的关注。这些都催动武术的国际化、科学化和高水平化的发展，成为武术生命力的重要表征。

四、武术在现代社会还会继续生存下去吗？

（一）武术在热兵器时代仍有生存空间

在热兵器时代，敌对军人之间的空间距离加大，武器的杀伤力加大，这似乎使武术无用武之地，但仍然给武术留下了一定的社会空间：在战争中还是有不可避免的近战、夜战、肉搏战、登陆战、伞兵降落后的生存搏斗、特种兵侦察兵特殊技战术等，因此在军事训练中，武术仍然是不可或缺的训练项目。在和平社会，治安、防暴、保安需要武术的格斗擒拿动作。即使普通百姓也需要有反抢劫、反强暴的自卫技术。

（二）武术可以在家庭教育、学校教育和社会教育领域得以传承

武术作为一种文化不仅有传承的需要，而且也具备传承的可能。武术世家将其作为家庭教育的一部分。学校将其作为一种操练方法在青少年中进行普及，用于强身健体。体育院校在武术教学方面已经越来越走向成熟。社会教育则可以通过商业经营和非商业推广等方式对武术进行专业知识和技能的传播。

（三）武术的民间传承仍然是一块肥沃的土壤

中国武术具有师徒相传、子承父业、言传身教、耳提面命的特点，非

常适合在民间传承，这种方法已经沿袭了上千年，而且已经形成了一种特定的文化，这是正规教育无法替代的。武术的生命力在民间传承方面表现得异常决绝，用任何方式诱惑、招安、扼杀都不能将它压制下去。在推行市场经济的今天，民间传承的方式可以研究，可以变通，但它的平民化性格不能改变。

五、武术在当今中国延续下去的难度是什么

不必讳言，今天武术的延续遭遇到了一些困难，这些困难是由以下原因造成的。

（一）将武术仅视作一类体育必将导致武术文化的窄化和封闭化

武术是一种大文化，如前所述，它是文化丛体，它涉及军事、医学、体育、文化、教育等许多领域，与中医、中草药、经络、按摩、正骨、养生、保健等许多方面均有联系。武术与现代体育存在相互涵盖的地方，但武术还有许多不能为体育解释和归类的部分。从20世纪三四十年代开始，就逐渐将武术看成体育的一个分支，与西方体育并列。到六七十年代，进一步将武术归于竞技体育，之后，又将武术的竞技活动建筑在表演性竞技的基础上，于是出现了武术的体操化和以空气为假想之敌的花拳绣腿。这样的演进过程，使武术的道路越走越窄，并与武术的搏击性背向而行，形成了与大武术相隔绝的花架子武术。

（二）在体育行政部门的专断管理下，民间武术的发展受到了限制

体育行政部门对武术的管理下了很大功夫，管得十分细致，以求达到高度的统一，特别是在段位制、竞赛规则和裁判法的要求下，武术的多元性受到了压制。不少拳种后继无人，濒临绝灭。

（三）武术在进入奥运会后对它自身的伤害

在武术申奥的过程中，中国武术奉西方竞技体育的审美观、价值观为圭臬，按竞技体操的竞赛方法削足适履，使武术丧失了自己的文化品质，进一步陷入困境。中国武术几乎成了4枚奥运会金牌的牺牲品。但这项工作仍在"百折不挠"地进行。不管最终采用什么方法妥协，只要还是以4块金牌为目标，以花拳绣腿为竞赛要素，那么对武术完整性的阉割和扭曲是无疑的。

（四）武术进入班级制教学的学校教育存有难度

从 20 世纪 40 年代开始，就有热心武术的教育工作者试图将武术引入中小学体育教学，但一直未能获得推广，至今仍然有人在倡导，前景未必乐观。一方面是因为班级制的现代教育很难将武术体现在教材中，并很难开展群体性的教学；另一方面，现在的中国教育困难重重，迫于升学的压力，学生正常的体育活动都难以得到保障，武术进学校更难提上日程。

结束语

文化不必自卑，武术更需自信。有深厚文化积淀的中华武术是一定会在世界非物质文化遗产宝库中占据一席之地的，一定会在当今社会的发展中继续展现它的价值，发挥它的功能，张扬它气宇轩昂、血脉偾张的生命力。

全民健身文化建设刍议

(2014 年在全国全民健身优秀论文报告会上的发言)

前　言

　　2015 年是《全民健身计划纲要》颁布 20 周年。在过去的 20 年中，全民健身活动进入了它的黄金期，也进入了它的瓶颈期。说它进入了黄金期，是因为全民健身获得了强有力的法律保障、政治保障和经济保障，全民健身的组织形态和公共服务体系得到了社会的广泛认可。这是全民健身的主流。

　　说它进入了瓶颈期，是因为体育人口的数量没有得到明显增长（成年人的体育人口数量一直保持在总数的 20% 以下，仍有 60% 以上的人口一年之中未参加过一次体育活动），体育人口"马鞍型"的结构没有得到根本改善（中青年人仍然是参与度较差的人群，白领阶层处于亚健康状态的人数高达 76%，其中过度疲劳者达 60%。完全健康者只占 3%。因此，35～45 岁死于心脑血管的人中，中国占 22%，美国只有 12%）。各种与运动缺乏有关的非传染性疾病蔓延的势头没有得到抑制（目前中国患有高血压的人数有 1.6 亿～1.7 亿人，高血脂 1 亿多人，糖尿病 9240 万人，超重、肥胖 7000 万～2 亿人，平均每 30 秒死于癌症、糖尿病和心脑血管疾病各 1 人。2013 年慢性病患病率已达 20%，死亡数占总死亡数的 83%。中国人的腰围增长速度居世界之冠，肥胖人口达 3.25 亿人）。作为全民健身计划重点的青少年儿童体质下降的问题没有得到解决（北京中小学生肥胖检出率为 19.5%，Ⅱ型糖尿病 20 年增长 11～33 倍。小学生近视率达 32.5%，初中生为 59.4%，高中生为 77.3%，大学生为 80%。沿海城市高中生近视率竟高达 85%）。

　　以上事实说明，全民健身的社会效果还未充分展现出来。

为什么会出现这样的反差呢？让我们来研究一下全民健身的动力机制。全民健身作为一种社会文化活动，已经不是一种纯自发的个人活动，背后必须有社会强有力的持续推动，才能避免只做表面文章的昙花一现和缺乏后续力的虎头蛇尾。

一、全民健身的推动力解析

那么，全民健身靠什么力量来推动呢？

首先，当然是来自体育自身的力量。18 世纪法国哲学家伏尔泰提出"生命在于运动"（the life depends on sports）这一著名哲学论断，为人的生物属性与体育运动之间找到了一种因果关系，这六个字连接起了人类的运动观和生命观。

毛泽东的"发展体育运动，增强人民体质"是"生命在于运动"的推演，表达的仍然是上述的因果关系，但"发展"二字说明了体育运动是需要由社会来推动的，"人民"二字则强调了体育的政治属性。而全民健身（sport for all）中的"全民"二字，则开始注重公民体育权利问题，在《全民健身条例》中首次写上了"公民有依法参加全民健身活动的权利"，这是中国体育的重大进步。

与体育最邻近的事业和学科是医疗卫生，它提出了"生命质量"的概念，已不再满足于生命存在。它给全民健身的推动力来自两个方面，一方面它将体育健身纳入疾病的一级预防系统，达到"治病于未病"（全国每年卫生资源消耗 6100 亿元，而因疾病、伤病造成的损失约 7800 亿元，合计 14000 亿元。每投入 1 元保健，可以省 8.5 元医药费，减少 100 元抢救费）；另一方面它对人体生命现象的各种生物学解释，转达了人类生老病死对体育运动寄予的期望。对很多疾病的治疗确实需要体育运动作为辅助和康复手段。

经济对它的推动力是举足轻重的，因为全民健身是非生产性的，必须依托经济。《全民健身计划纲要》发起之初也就是因为想甩开竞技体育，在经费上另辟蹊径，但未能如愿。在过去的 20 年中，通过全民健身的经费直接纳入各级政府预算、体育彩票公益金的支持、家庭和个人投入等办法基本达到了这一目的。

最近国家又提出了发展"全民健身产业""全民健身消费"的产业政策，这是对全民健身的更高的要求。但是这种经济活动是一部分社会成员的健身活动走向高级化、娱乐化、贵族化的必然结果。必须指出的是，全民健身活动属于公共服务,主要经费是要吃"皇粮"的,全民健身产业的发展绝不意味着政府可以放弃与减轻责任。发展全民健身产业一定要记取当年发展"教育产业"和公立医院自负盈亏、"以药养医"的教训。

当国家意识到全民健身与国防建设、劳动力质量、民族体质前景、人口素质提升以及民生需求的重要关系时,一定会介入政治的力量来推动它。推行《全民健身计划》就是一种强有力的国家意志的政治表达,最近将全民健身提升到国家战略的认识高度,彰显了"以人为本"的观念在体育领域的渗透,也再次提高了全民健身活动的社会地位,增强了群众体育在整个体育工作中的比重。

以上讲的都是全民健身硬性的推动力,其中有全社会围绕全民健身的正面推动力,也有产生于生老病死和各种社会问题的负面推动力。在硬性推动力之外,还必须辅之以软性的推动力,那就是文化的力量。这种文化力可以让社会成员产生参与全民健身的自觉性和内驱力,让全民健身产生更强的吸引力和影响力。

今天,来自文化推动力的不足已经成为制约全民健身进一步发展的重要因素,加强全民健身文化建设的责任,已经落在我们肩上。

二、什么是全民健身文化

(一) 文化、体育文化与全民健身文化

先来谈谈什么是文化。世界上对文化的定义有千百种,而社会学则注重文化与社会的关系,将其定义为,一个社会的成员或其群体的生活方式,如他们的生活习惯、工作模式、宗教仪式以及休闲方式等。它是将作为个体的人连接在一起的具有内在相互关系的系统,它可以凭借国家、民族、地域特征、种族、语言、口音,或者任何显著特征作为标准,形成某一个或一组文化所构成的社会,而其成员则在由文化所构建的具体社会关系中被组织起来。

有人称文化为"无用之用"。它关乎人心,是一个共同体安身立命的根脉。在美国哈佛大学的校园中,矗立着一块中国式的石碑,碑文的第一句话就是"文化乃国家之命脉也"。轻视文化、践踏文化,必然要遭到文化的惩罚。

文化由物质(技术、方法等)、精神(思维方式、价值观等)和物质与精神结合(制度、组织、社会关系)三个层面组成。它们之间是相互适应、

相互联系的，由里层向外层表现出更为强烈的制约作用。

体育文化，是关于人类体育运动的物质、制度、精神文化的总和，是文化的组成部分之一。大体包括体育认识、体育情感、体育价值、体育理想、体育道德、体育制度和体育的物质条件等。体育的技术方法属于体育认识的范畴，它是人类认识过程的一种特殊形式。

全民健身文化，是体育文化的重要组成部分。但它不同于体育文化的其他类型，它是以改善民族体质和健康为目的，以运动、娱乐、养生、保健等活动为手段所组成的一种社会系统，它面对全体国民，渗入社会的生活方式，改变人们的生活习惯，进入社会的大文化系统。它也是由三个文化层面组成的。

在《全民健身计划》推行之初，我们注重最外层的建设，通过全民健身路径、雪炭工程、新农村建设等方法着力解决全民健身的场地设施；之后又进入了制度建设过程，如《全民健身计划纲要》《社会体育指导员技术等级制度》《全民健身条例》等，极大地推动了全民健身的发展。今天已经到了关心全民健身文化核心层面问题的时候了。

20世纪最后20年中，体育文化开始越来越凸显"休闲"的色彩。休闲大踏步地进入体育运动的各个领域。在竞技运动方面，奥林匹克运动会中的不少运动项目在向娱乐、观赏方向改造，使之更加适应电视转播的镜头；职业体育则为越来越多的人提供了高水准的体育欣赏节目；而很多传统的竞技项目被简化、软化、娱乐化，去适应普通人作为休闲活动的参与需要。

在大众体育方面，体育运动正在进入人们的生活，满足人们的休闲需要。参加网球、保龄球、高尔夫球、台球、骑马等过去认为是奢侈性娱乐活动的人大为增加；花样繁多的运动超市生意红火，参加运动健身体验和购置体育服装器材的人群跨越了各个年龄段。一个奇怪的现象是，中国部分运动健身参与者配置的运动装备和装束的水平大大高于他们实际的运动水平。

在全民健身现场我们不难发现，大妈们的广场舞显然比广播体操更有吸引力，全国每年40多场马拉松比赛几乎全部爆满，而群众冒着重度雾霾污染的风险来参加北京马拉松比赛显然不仅仅是为了健身，一些运动员身着孙悟空、超人的服装，手持道具边跑边舞，情人伴侣牵着手甜蜜地跑在赛道上，这一切场面证明全民健身的性质已经不再那么单纯，已经不再停留在人体的唯生物性的水平上，而注入了十分丰富的文化内涵。

（二）全民健身文化的核心是休闲

体育运动与休闲的高度融合，将是21世纪国际体育发展的潮流。我们再也不能忽视休闲在未来体育中的这一价值，也不能忽视休闲作为全民健身文化推动力的核心所起的作用。

休闲，是一个非常难以定义的概念。它在哲学、美学、经济学、文化学等多个领域受到关注，并被给予定义，而社会学将休闲看成一种社会构建以及人的生活方式和生活态度。休闲由三个要素组成：一种态度和自由的感觉，即怀有求得闲适的心理准备；一种社会活动，即利用有社会文化价值的方法手段；一个特定的时间片断，即余暇时间。那么，休闲的意义体现在什么地方呢？

1. 休闲是人类实现全面发展、自由发展的必要条件

人类社会的发展应该是人的自我实现和自我完善的过程。这个过程就是通过改造人的主客观世界使人日益成其为人，使人日臻完善，充分发挥人的主体作用。在现代社会，劳动与休闲的分离和对立，不仅是社会发展的重要条件，也是人类最终实现全面发展和自由发展的必要条件。

2. 休闲是未来理想社会的基本内容

在未来的理想社会中，休闲的地位越来越高，并且成为社会生活的基本内容。社会的观念逐渐从"休闲为了更好地工作"转变为"工作为了得到更好的休闲"。因此在未来的理想社会中，休闲的理念会得到提倡，休闲的权利会得到尊重，休闲的方法会得到进一步的开发。

3. 休闲是一种全新的生活方式

休闲作为一种生活方式，其实质是生活态度、生活信仰、生活行为的改变。人们在休闲的时候，没有政治斗争的纷杂，没有经济活动的功利，没有学术交流的争辩，没有社交场合的敷衍，呈现出高度自由的状态。于是，休闲娱乐出现了普遍化、社会化和终身化的发展趋势，这标志着一个以追求休闲为目的的时代的到来。

4. 休闲产业与休闲服务创造着巨大的经济价值

在现代社会，休闲已经发展为一个庞大的产业，创造了巨大的财富，可以获得丰厚的回报。在美国，有1/3的土地用于休闲，有1/3的家庭收入付给休闲，有1/3的时间投入休闲。有很多休闲活动都可以产生经济价值，美国的"四球一车"（篮球、网球、橄榄球、棒球和赛车）等的体育产业年

创产值在 1500 亿～2500 亿美元之间。1998 年，美国仅竞技运动商业比赛上缴的年税就高达 177 亿美元。在新的世纪，美国学者预言，人们的生活方式，特别是休闲生活方式将会有重大改变。

三、为什么要加强以休闲为核心的全民健身文化建设

（一）现代社会对休闲的需求在不断增长

（1）工业革命以来，生产方式与生活方式发生着巨大的变化，使曾一度交错存在的工作时间与余暇时间之间的界限日渐分明，工作活动与余暇活动的目的和内容截然相反，工作与生活的场所、环境向不同的两极发展，人们在工作与余暇两个时段的心理和行为也判若两人。这种向两极化发展的趋势，反映了时代的特征，两极对比越鲜明，社会的现代化程度越高。

（2）在信息化、知识化、科技化高度发展的现代社会，高效率、快节奏、激烈竞争成为社会运动的基本方式。

（3）精细的分工，大强度、高密度的劳作，知识、信息的迅速更新和传播，最终导致时空的压缩，使得人们陷入极度紧张之中。

（4）高密度拥挤的城市生活让人们时常要和各种危险擦肩而过，人们缺乏安全感。人类创造了现代生活，而现代生活异化了"人"自身。

我们强调"以人为本"，从某种意义上说，就是要在生活层面上满足人追求闲适的心理要求。休闲，可以使劳动者释放工作压力，从机器的强制下解放出来；可以让老年人找回童真，慰藉失落的心灵；可以使人们卸去社会的面具，返璞归真，回到人性的本原。

（二）休闲应该成为全民健身文化的核心

1. 休闲具有积极有效的健身性

人们最积极的休闲方式是使工作时得不到活动的身体得到锻炼。让体育运动的形式进入生产活动之外的休闲，是倡导一种文明、健康、科学的新生活方式。经济愈发达，个人面临的压力愈大，休闲时间却越多，更需要把参与体育活动作为疏导压力和享受快乐的良好渠道。人们将从被动消极地消磨空闲时间，转为追求高质量的娱乐休闲。

2. 休闲可满足人们回归自然的娱乐性

在人类回归自然的过程中，体育休闲活动多倾向于在野外大自然中进行，当人们诚心回到大自然的怀抱，与河流山川、动物植物生活在一起的

时候，欢快、喜悦、闲适的心态油然而生，身体的活力增强，自然而然地就进入了一种休闲状态。

3. 休闲活动的内容丰富多彩，具有广泛的适应性

运动休闲是一种选择性较强的活动，无论是活动的时间、空间，还是人群组合、消费水平、活动方式都可以进行选择，因此它可以适应不同年龄、不同职业、不同兴趣爱好的人群。人们在休闲的过程中，可以充分体现自我价值，展示自己的才能和技艺。

4. 休闲具有建立人们稳定可靠的社交关系的功能

在大城市里，人们感到孤立、孤独、烦躁，人与人之间的交流和沟通显得极为重要，运动休闲可为人们增加社会交往的机会，维持人们的心理健康；不同种族、宗教信仰、阶级背景的人通过共同的运动休闲，可以改善他们之间的关系。运动中与朋友、同事等进行的社会交往是令人愉快的，它具有促进社会心理健康的作用。

5. 休闲可以提供社会控制功能，减少青少年犯罪

运动休闲可帮助青少年发泄过剩的能量，避免出现暴力行为，使他们远离街巷、网吧、赌场等可能引发犯罪的场所。

6. 休闲可以回归人类本原的游戏性

当人类学家对人类的发展进行越来越深入的研究时，不仅发现了劳动工具，而且发现了各种各样的玩具，人类的祖先就是足智多谋的玩家和玩具制造者。席勒说："而每个人都会由此联想到童年时代无拘无束的玩闹是多么的悦性怡情。只有在这种审美之游戏，人才能由'断片'变成完整的人，由分裂走向统一的人，完整而统一的人就是自由的人。"

人类的休闲活动有千万种，但最基本的三大休闲活动是阅读、旅游、运动。运动休闲的本质是游戏，它带有强烈的娱乐性质。作为维护健康、挑战自我、娱乐身心、发展社交的最积极、最有趣、最有益、最廉价的休闲方式，运动休闲必然成为人们休闲活动的重要选择。

四、如何进行以休闲为核心的全民健身文化建设

在 20 世纪最后的年头闯进中国人精神家园的"休闲"，是一件"舶来品"。它来势凶猛，恰恰契合了中国的社会转型和经济的高速增长，迎合了从劳动生产型经济向休闲生活型经济的转化势头，引起了人们对传统文化

中休闲缺失的反思，也激发了人们对未来社会休闲生活的憧憬。

（一）建立正确的休闲观念

休闲，作为一种社会文化概念出现在中国人的面前，我们刚刚从生疏、怀疑走向理解、认同，并从容地接受，而它作为一种社会文化的理论体系确立于中国人的精神世界中，还有一个漫长的过程。

1. 对休闲的历史惰性

在中国长达两千年的皇权专制社会，休闲始终没有形成独立的文化体系而占据一定的社会地位，更没有形成具有现代社会与后现代社会意义的"休闲"。甚至连具有社会学、文化学价值的"休闲"的概念都没有形成。无论是儒家主张的"入世"、道家指点的"忘世"，还是释家强调的"出世"，都缺少对休闲的关照，尤其与占主导地位的儒家文化的过度传播、儒家人生目标的宗教化提倡、儒家人生态度的过分包装有极大的关系。儒家文化讳言休闲、抵制休闲、贬斥休闲，成为社会文化的主流思想、统治思想，于是休闲便失去了话语权，失去了它在社会结构中应有的地位。教育视休闲为异类，生活视休闲为奢侈，旅游成为僧人、诗人、剑客、游侠的专利，竞技成为宫廷、官宦的特权，休闲理论成异端邪说，休闲产业被推向边缘，各种雅文化走不出文人墨客的书斋，各种俗文化却在街头巷尾流弊甚广。把嫖娼当作娱乐，赌博形成行业。

2. 对休闲的现实隔阂

在中国社会转型的过程中，一种休闲生活型的经济方式正在取代劳动生产型的经济方式。在这一过程中，新型的休闲生活方式正在逐步确立起来，并首先在社区生活中体现出来。随着余暇时间的延长和相对集中，人们在休闲生活方式上正出现几个重要的倾向性的变化，这些变化突显出了"以人为本"的特征。

然而，必须指出的是，中国的体育界始终不想与休闲搭界。这是因为中国的体育背负着来自国家和民族的沉重负担，难以卸载。于是，既可以用为国争光的金牌光芒来遮蔽休闲，也可以用强身健体的增强体质来冲销休闲。因此，就出现了竞技耻谈休闲，健身无须休闲，教育不准休闲的种种奇谈怪论。

但是，休闲毕竟来到了中国人的现实生活中，这是现代化给中国人民的意外馈赠。没有中国的现代化，就谈不上中国人的休闲，这个命题大多数人认为是成立的；而没有中国式的休闲，中国的现代化就变得缺少朝气、血性和活力，这个命题还需要我们去证明，去赢得更多人的赞同。儿童要玩耍游戏，青少年要运动竞技，成年人要防病强体，老年人要增寿养生，女性要美体纤体，每一个群体都有自己的健身需求，每一种健身需求都可以渗透休闲的要素。

我们生命中所需要的各种维生素，绝大多数人都是从水果、蔬菜、肉类等各种美食中汲取，而不情愿天天服用乏味的维生素片来替代。如果把健身比喻为人体不可或缺的维生素，那么休闲的价值就在于它恰恰就是那些蕴含丰富营养的美食。

（二）建立具有本土色彩的体育休闲活动项目体系

体育休闲必须得到充分的发展，其活动内容必须不断丰富，其活动项目必须随时创新。体育休闲项目创新的意义在于，使体育休闲活动可以适应更多的社会人群。

在我国，一个体育休闲项目的文化宝库有待我们进行开发。中国具有辽阔的版图和多民族的文化结构，生成了丰富多彩的体育文化世界。中国的体育文化不仅有汉民族的，还有少数民族的；不仅有宫廷的，还有民间的；不仅有军事的，还有娱乐的；不仅有养生健身的，还有竞技休闲的。这一体育文化的大千世界是任何一个国家都无法比拟的。这其中有很多活动都可以经发掘整理成为具有民族特色的、当代的体育休闲活动项目。

西方体育以追求功利作为发展动力，在形成巨大的社会文化运动的同时，要动用、消耗越来越多的社会资源。中国体育文化更具有业余的性质，对不同性别、年龄、职业的人具有更强的适应性，在讲究健康和休闲的今天，它的体育价值更是不言而喻的。

休闲的体育项目必须具备以下要素。

（1）获得日常生活中难以获得的身体状态。这类活动通过获得日常生活中难以得到的时空感觉，从而得到身体活动和乐趣。这种活动可以强烈刺激人的前庭分析器和中枢神经系统，从而获得凌驾危险的刺激性乐趣。

（2）在活动性游戏中实现人性的解放，回归童真。德国著名诗人席勒说过一句名言：当人游戏的时候才能成为人，而当人成为人的时候才会游戏。

（3）回归自然，亲近动植物。在大自然面前，人类是最伟大的，也是最渺小的。人们只有以最虔敬又最放松的心态才能接受自然的恩赐。

（4）命中目标、赢得高比分以满足成功欲。这类活动需要精确的算度和控制能力，是思维和体力相结合的体现，当命中目标时，会引起参与者瞬时的兴奋和欢悦。

（5）高速运动带来的快感刺激。快乐、快活、愉快、欢快、凉快、痛快、轻快、乘龙快婿中的"快"字，都表现出速度与人们心情的关系。

（6）满足人类建设欲与破坏欲的本能。人们的建设欲的满足出现在休闲活动中是十分可贵的，但人们的破坏欲发泄在休闲活动中也并不可怕。

（7）强烈的音乐、节奏的刺激。这类活动节奏感强，音乐伴奏富有韵律，其娱乐性和健身性极强。

（8）通过攀爬、下坠、飞翔、探险获得超强刺激。人们与困难做斗争，似乎不是休闲，但它是人类为实现自身价值、表现自我的一种超凡行为，其结果是更高境界的一种休闲。

（9）从格斗、搏击中获得征服感和胜利感。这类活动的对象不是自然物，而是人。克"敌"制胜可以满足人性中的侵略欲、领导欲和统治欲等。

（三）创立全民健身文化形象，为全民健身产业、消费打开局面

全民健身活动已经有20年的历史了，由于民众的广泛参与，积累的大量的经验教训，它正在积淀出宝贵的文化成果。过去我们对科研成果比较看重，而对文化成果注重不够。围绕全民健身发生的身体文化、服饰文化、器具文化、民俗文化、民族文化、节事文化、礼仪文化、体育旅游文化、国际休闲文化交流等都应进入我们的视野。全民健身各种活动的标志、文化事件、典型人物、形象大使、运动休闲城市评选等都可以使全民健身变得更加生动鲜明。而这些文化要素的展现也可以为全民健身产业和消费的发展提供产品基础。

近年来，国际上休闲理论和实践发展很快，国际休闲组织的规模越来越大，各种活动越来越频繁。我国旅游业积极介入其中，而体育界基本与之隔绝，这是一种不正常的自我封闭，这种状况应该尽快改变。

结束语

在改革开放时代，休闲不期而至地出现在中国大地上，人们曾对它产生过种种不理解和不认可。在中国传统文化中，休闲历来没有多高的地位。在注意力高度集中在经济活动的今天，休闲也没有足够的发展空间。这是造成全民健身文化空洞化的原因之一。我们必须认识到休闲是全民健身文

化的核心，并将它"嫁接"到全民健身之中，让它成为推动全民健身发展的一种文化动力。只有当全民健身插上文化的翅膀时，它才能在更加广阔的田野上翱翔。只有当全民健身的文化翅膀佩上美丽的休闲羽毛时，它才能飞得更久远，才能飞得更多姿多彩。

中国社会体育的基本命题面临的形势与变革

(2015年3月在河南信阳师范学院讲学)

一、体育的要义与发展进程

18世纪以来,西方发达国家的体育依次经历了四个阶段:

——军国民体育阶段,主要以军事斗争为目的的体操、军事训练、国防体育为主;

——体育教育阶段,以学校班级教育的体育教学为主;

——竞技运动阶段,催生了近现代以奥运会为核心的高度国际化、科学化的竞技运动,在21世纪,职业体育成为我们不得不接受的事实;

——休闲体育阶段,体育运动不拘一格,健身体育、健美体育、时尚体育、休闲娱乐、观赏体育蓬勃发展,社会体育的地位明显提升。

因为中国近现代体育几乎就是一件文化舶来品,其形式和所走过的历程与欧洲体育何其相似。其不同之处有三点:其一,中国在时间上缩短了,将欧洲经历了两三百年的这一过程在一百年中完成了,尽管其中还有些粗糙,还有不少漏洞,不尽完美;其二,中国是在20世纪初叶和20世纪中叶在不同的政治体制下,两次重复了这一过程,第一次在大陆中断了,而第二次成功了;其三,中国体育的这一追随、效仿和交流的过程始终伴随着中外文化的强烈冲突,而最终达到了融合。

体育的概念多种多样,但体育本质必须包括以下三条要义:体育的上位概念是社会文化活动;其目的是追求以人的体质增强为主要内容的全面发展;其基本手段是身体练习(运动方法)。

体育的功能可用本质、衍生和附加三个层次的功能来阐释。

体育本质功能是通过以运动为主的身体练习改善人的身体与心理,身体改善短期的是增进健康,长期的是增强体质。心理改善可以是认知方面的，也可以是个性心理特征方面的，如性格、情感、兴趣，以及自我价值实现、自信、自尊等。本质功能主要表现在个人层面上。

体育的衍生功能是它为人们提供了社会参与、社会交往的机会，从而提高了人对社会的适应能力，丰富了社会文化生活，同时，社会也利用体育进行社会管理，培养成员的组织意识、志愿者意识、服务社会的意识，以及社会的规则意识和协作意识。体育的衍生功能主要表现在社会层面，将个人与社会联系在一起。

体育的附加功能，是国家利用体育发挥在政治、经济、外交、军事、文化等方面所起的作用。由于它的附加性，各国侧重有所不同，集体主义为主导的国家强调政治，市场国家则看重经济。有时附加功能被有意夸大，甚至忽略了本质与衍生功能，形成本末倒置的现象。由于体育功能的强大，体育必须成为教育的组成部分。

二、社会体育的概念、命题和面临的形势

（一）社会体育的概念

社会体育，是指职工、农民和街道居民自愿参加的，以身体运动为基本手段，以增进身心健康为主要目的的社会体育活动。它指除学校体育、竞技体育以及武装力量（军、警部队）以外的体育领域。

社会体育活动作为一种社会现象，长久存在于人类社会，它是一定社会政治、经济、文化、教育的产物，保护着人类的健康。由于社会体育不受固定规则、器材、设备、场地的限制，参与对象不受性别、年龄、职业、兴趣、爱好等方面的限制，在健康价值观念越来越深入人心的今天，社会体育得到了广泛的重视，成为一种参与程度极高的社会文化活动。几乎凡有人群生活的地方，都存在着不同发展程度和不同社会文化形态的社会体育活动。

（二）与社会体育相关的概念

1. 群众体育

是人民大众在余暇时间自愿参加的，以健身、健美、医疗、消遣、娱乐和社交为目的的内容广泛、形式多样的体育活动。

2. 大众体育

群众体育的别称。第二次世界大战后在世界范围内兴起了一股群众体

育的热潮，被称为"第二奥林匹克运动"，其英文名称是 sports for all。20世纪 70 年代为了区分不同社会制度下的体育，就称这些国家的这类体育为"大众体育"，以区别社会主义"群众体育"与资本主义"大众体育"。

3．全民健身

指中国 20 世纪 90 年代兴起的一项由政府倡导的群众性体育活动计划，只是由于全民健身更形象化、动作化，更能表达广泛性和参与性，所以更容易成为群众运动的口号。

4．体育锻炼

亦称身体锻炼，是指运用各种身体练习和方法，并结合自然力和卫生因素，以发展身体、增进健康、增强体质、调节精神、丰富文化生活为目的的身体活动。

5．娱乐体育

亦称身体娱乐。指为了丰富文化生活、调节精神、善度余暇而进行的体育活动，其根本目的在于消遣、娱乐、放松、获得积极性休息、陶冶情感，以健康、高尚、文明、科学的方式度过余暇时间，所采用的体育手段大多具有较强的娱乐性。

体育锻炼和娱乐体育是开展社会体育的两个基本的手段。这些手段的多样化则表现在更具民族传统、地方特色，更具时代特征和世界文化的特点，这些方法手段不仅为中国城乡居民所喜闻乐见，而且可以在国际大众体育中推广和流行。

6．生活体育

20 世纪末期，人们越来越关注社会体育与生活方式之间的关系，提出了体育进入生活方式、体育普遍化、体育生活化、体育生活方式等概念。有的国家，如韩国就使用了"生活体育"来涵盖体育锻炼和娱乐体育等内容。

7．终身体育

指一个人终身进行身体锻炼、接受体育教育以及参加其他体育活动的过程。终身体育是由人体发展规律和身体锻炼的作用，以及现代社会的发展所决定的。

(三) 关于社会体育的几个基本命题

命题 1：社会体育是保障实现人权、提高国民素质的组成部分。社会体育是技术化时代解救人类身体困境的重要手段,也是实现社会公平的重要方面,因此,社会体育被列为国家战略,与可持续发展、创新驱动发展、推进城镇化、科技兴国、人才强国等事项等量齐观。

命题2:社会体育是全面建设和谐社会、小康社会和实现社会现代化的基础性文化建设。

命题3:休闲体育时代的到来为社会体育开创了一个黄金时代。

命题4:一个国家或地区国民总产值对竞技体育的发展可以起较大的作用,而国民平均收入则对社会体育的影响表现得较为直接。

命题5:社会体育并不完全对应于经济的发展。当社会的注意力主要集中在经济活动时,社会体育会被忽视;当群众的文化生活相对贫乏时,社会体育则可能成为重要的选择。

命题6:社会体育是社会的公共产品,但也是社会文化的弱势部分,掌握体育资源配置主要权力的政府对社会体育的态度和决心,将关系到国家或地区社会体育发展的命运。

命题7:社会体育参与是社会动员的结果,其效果是体育社会化和科学化程度的共同体现。体育人口和国民体质监测可以分别检验社会体育参与的程度和实际效果。

命题8:学校体育是终身体育的培养者,是社会体育的基础,直接关系到社会体育的质量与规模,我国将青少年儿童列为全民健身的重点关注对象。

我国学生健康体质持续30年下降是一个严重的社会问题。北京中小学生肥胖检出率为19.5%(2013—2014年度),Ⅱ型糖尿病20年增长11～33倍。小学生近视率为32.5%,初中生为59.4%,高中生为77.3%,大学生为80%。沿海城市高中生近视率高达85%。各种慢性病正在迅速向低龄化方向发展。2013年,慢性病患病率已达20%,死亡数占总死亡数的83%。中国人的腰围增长速度居世界之冠,肥胖人口达3.25亿人。学生体质状况的恶化已经严重影响到国家劳动力的质量和国防安全。江苏省85%的考生因体质问题,报考专业受限;四川省征兵工作中,超过六成高中毕业生因体检不合格被淘汰,浙江省在近两年的征兵工作中,有63.7%的高中毕业生因体检不合格被淘汰。国家征兵的体重标准、视力标准已连续几年下调,以适应兵源恶化的现状。学生体质持续下降,学校体育难辞其咎。据调查,参加课外活动的初中生:日本为65.4%,美国为62.8%,中国仅为8%。参加课外活动的高中生:日本为34.5%,美国为53.3%,中国仅为10.5%。

在学校里经常看到的场面是,周一早晨的升旗仪式上会有学生晕倒在地。更不可思议的是,大部分学校为了迁就学生,不得不取消了1000米(男)、800米(女)跑的测试,很多学校的田径纪录还保持在20世纪七八十年代的水平,有些学校甚至连召开田径运动会的勇气和能力都丧失了。一位老教授痛心疾首地说:我们已经从面黄肌瘦的"东亚病夫",变成了白白胖胖的"东亚病夫"。

命题9:社会体育必须实行社会综合治理,注重社区体育建设,实行民间社团管理,发展社会体育的活动空间,保证政府公共服务质量。

社会体育若参与者不足,就会使社会体育丧失主体性和普及性;若社会体育指导员数量不够或不能胜任,社会体育的科学性就难以保证;若活动场所不足,社会体育的吸附性和安全性就无法得到保障;若社团落空或虚设,社会体育的稳定性和经常性就难以保证;若不开展适当的活动,不采用多样的活动手段,社会体育的健身性、娱乐性、休闲性就会失去文化依托;若无粮无草,社会体育与市场经济的适应性和存续性就无从谈起。

(四) 中国社会体育面临的形势

中国社会体育面临五个方面的形势:建设和谐社会、小康社会给社会体育带来的机遇;社会体育在推进城镇化、社会主义新农村建设中的责任;国家健康安全问题向社会体育提出的挑战;体育改革中的体育结构调整将对社会体育产生积极影响;休闲时代的到来向社会体育提出了新的课题。

其中国家健康安全问题向社会体育提出了新课题。

1. 中国人口健康不安全

当前,中国人口健康不安全的特点体现为以下5个方面。

(1) 健康不安全表现为重叠的、多维的不安全现象。

(2) 健康不安全是普遍的、全面性的,普遍存在于不同的居住地、地区、收入水平、职业、年龄等各类人群中。

(3) 健康不安全涉及人口规模大。

(4) 不仅存在健康不安全特征的人群,而且造成了因健康不安全导致的各种经济损失,既包括直接经济损失(如支付住院费、就诊医疗费),也包括间接经济损失(如因工伤、病休等休工所形成的损失),既包括经济损失,也包括精神心理损失。

(5) 人口健康与经济发展形成"发展悖论"。在过去的10年中,经济持续保持高增长,但全国城乡居民的患病率在提高,患病人数规模在增加,未就诊和未治疗的比例和规模也在增加。

2. 中国人口健康不安全的表现

中国人口健康不安全具体表现为以下4个方面。

（1）我国城乡居民患病人数高达23.5亿人次，47%的人未能就诊。

（2）城乡居民未获得社会医疗保障者比例在80%以上，达到10亿人。

（3）妇幼人群和贫困地区人口不健康问题还十分突出。

（4）各种人类不健康人群规模巨大。

——中国是世界上吸烟人口最多的国家。男性吸烟率为47.3%，高于世界平均水平。吸烟已是人类健康的主要杀手之一。

——中国也是酒类消费大国，居民年直接消费约1000万吨酒。2003年全国城乡居民人均消费酒分别为9.39公斤和7.67公斤，城乡居民每年消费酒为492万吨和589万吨，合计1081万吨。过度饮酒也是人类健康的杀手之一。

——全国仍有几亿人口缺少关于人类健康的知识。能够主动获取保健知识的人口比例全国为47.2%，城市为67.5%，农村为39.5%。相当于全国有6.5亿人不能够主动获取保健知识。

——全国各类健康不安全人群规模相当大。全国患慢性病人数为1.67亿人。

3. 中国人口健康不安全的经济损失估计

关于中国城乡居民健康问题引起的直接或间接的经济损失，其计算结果是，仅2003年就高达8000多亿元，相当于当年GDP比重的7%左右。疾病的经济损失主要包括直接经济损失和间接经济损失两大类。

——直接经济损失，2003年疾病造成的直接经济损失合计为6171亿元，占GDP的5.3%。这还不包括未就诊而采取自我医疗发生的费用。

——间接经济损失，根据调查数据计算，估计2003年全国从业人员因病休工损失为2092亿元，相当于GDP的1.8%。我们初步估计2003年因疾病造成的经济损失为8263亿元，相当于当年GDP的7.1%。

必须肯定的是，社会体育的改革和发展是成功的。在改革开放时期，我国社会体育口碑甚好，是唯一没有遭到人民群众责难，未被社会舆论诟病的上层建筑领域部门和行业。它既没有像医疗卫生体制改革一样被宣布为"改革不成功"，要另起炉灶，也没有像教育体制改革一样至今无法摆脱应试教育的阴影，素质教育基本落空，亿万学生继续"戴着镣铐跳舞"；既没有像高水平竞技体育那样具有计划经济时代的色彩，而市场经济社会的某些弊端使其自身异化现象日趋严重，以至足球还成为全国人民的一块"心病"，也没有像学校体育那样，造成青少年儿童学生体质持续20年下降，而号称"新课程标准"的改革，搞得全国中小学体育教师不知所措，体育课一度"停摆"。这是因为，全民健身活动惠及了全体人民，顺合小康社会的建设与和谐社会的构建。长期以来，社会体育一直处于社会大文化的边缘，是体育事业和体育产业的弱势部分。而人民群众对健康的需求、对利用体育方法获得健康的需求，越来越强烈，因此，对他们身心健康的关心，让他们非常满足，非常拥护，一些发自肺腑的、感恩戴德的话，往往让我们汗颜。

而更为重要的是，中国的群体部门是由一批事业心很强（因为没有多少个人利益可谋求）、深知老百姓疾苦的人员（因为他们的工作对象是基层群众）组成的，这是一支特别能团结战斗（他们没有权、财与物的优势，只能拼智慧和体力）的队伍。他们的民本思想，以及派生出来的平民意识、服务意识、便民意识、公共意识和眷顾弱势群体的意识，深得人心。

三、关于社会体育管理的转型问题

为什么说我国社会体育即将转入一个新的发展阶段呢？为什么我们的管理体制和运行机制要发生相应的改变呢？

第一，十几年前兴起的"全民健身"的概念已经在全社会确立，甚至成为人民的日常用语、"口头禅"，全民健身活动已经深入人心，涵盖穷乡僻壤；两支社会体育指导员队伍建设转入正常运作，并初具规模；全国性的社会体育社团构架已经形成；体育场馆建设已经纳入城市化发展和农村基本建设的范畴。

第二，体育人口已经进入一个相对稳定的数值期，根据国内外体育人口的发展情况来看，体育人口的数量不可以无限制地增加，它的制约因素主要不在体育工作，而取决于经济与社会的多方面条件。我国17～70岁的成人体育人口在同龄总人口的比例稳定在20%左右是比较客观的（1996年为15.56%，2001年为18.3%）。

由于我国人口总量在继续增加，老年人口也在大幅度增加，即使维持20%的比例，绝对数量的增加仍然很大，社会体育的实际工作非常繁重。因此，群体工作的重点要逐步从数量的增加转变为体育人口结构的改善和质量的提升。

第三，中国社会的健康安全问题已经十分严重，向社会体育提出了新的课题。中国人口的平均预期寿命在延长，但疾病谱和死亡谱发生了本质性的变化，人们对生活质量、生命质量的要求不断提升，对社会体育从一般的"参与"要求，正在向"效果"要求转变。

人们对社会体育提出的问题，开始从"why"转向"how"，从"为什么要参加体育活动"转为"如何参加体育活动"。因此，我们的工作性质也必须有所转变。

第四，经过北京奥运会，人民群众已经目睹了最高水平、最大规模的体育节事活动，一般号召、动员大型活动的社会吸引力和影响力减小，而审美疲劳、厌倦情绪增加，社会动员难度加大。

第五，行政体制改革正在进行，政府在社会体育管理中的地位必须发生相应的变化。随着《中华人民共和国行政许可法》的深入实施，政府的管办分离，原有靠政府推动的部分事项也必须化解出去。

目前，我们遭遇到的问题是，中国在社会体育管理上的先天性缺陷就是从中央到基层都缺少社会体育的事业性机构，由政府的群体司、群体处、群体科兼管与社会体育有关的一切活动，这些部门一撤并，社会体育的资源、活动、工作也随之减弱，甚或消失。1998年县级体委机关的改革，就使社会体育受到前所未有的重创。因此，适当发展社会体育的事业单位是当务之急。然而，事业单位也面临着改革，事业建制也可能被撤销，因此最终还要化解到社会团体、中介机构和产业部门中去。

第六，兴起于欧美发达国家的大众体育（sport for all），其组织发动期，大约是从20世纪70年代到80年代，也是10余年的时间。

那么，进入稳定建设和持续发展期的社会体育管理要做哪些变革呢？

第一，以科学发展观为指导，以追求社会体育工作"以人为本"的实效，以及国民体质增强的实际效果为工作目标。

第二，在政府的管理、指导和协调下，社会体育的事业单位、社会团体、体育产业和中介机构的关系统筹兼顾，不同机构之间的管办关系、从属关系和协作关系明确，各方面的积极性得以充分发挥。

第三，社会体育社团的实体化建设基本实现，社会体育的主要组织工作将交由体育社团来完成。多种形态、多种功能、多个层次，适应多种人群的体育社团得到鼓励，志愿者将活跃在社会体育的各个领域，在民众中逐步形成社会体育自治管理的观念。

为此，我提出了一个六位一体的群体管理模式，这是体育资源整合的概念，也是体育服务体系落实的具体体现。

这一体系就是要把社团建立到场所，把社会体育指导员挂靠到社团，使社团成为参与者的自组织，把活动经费落实到社团和场所，由社团在场所开展有特色的活动，环环相扣，形成一条稳固的链接，这是全民健身的理想状态。

我国居民的生产方式和生活方式在近30多年中发生了本质的变化，人们的身心也发生了很大的变化，但是我们掌握的体育方法还十分陈旧，更缺乏科学根据。常常"一哄而上，一哄而散"。最近，一些大师、方士的伪科学、反科学观点还在大行于市，很多人被卷入其中，不能不让我们有所警觉。

社会体育的本质是清丽的、有活力的、奋力争先的。我国在社会体育领域要做的事情还很多，加强社会体育是实现科学发展观的必然要求，而在社会体育工作中贯彻科学发展观又是时代赋予的使命。

结束语

只要我们沿着科学发展观指引的道路一步一步地走下去，社会体育的队伍会在这场改革中不断壮大，社会体育资源会更加丰富起来，社会体育会越来越深入人心，越来越快地进入人们的生活。

人民群众都愿意看到体育价值观念向更有利于社会体育发展的方向转变。多数人也都希望分享到体育改革与发展给他们带来的实际利益，因此，全社会对社会体育寄予越来越高的厚望。或许这就是我们迎接社会体育黄金时代到来的最佳条件，也是难能可贵的机遇。

让我们踌躇满志又神闲气定地好好把握吧！

从北京到伦敦:"举国体制"路在何方?

(2015年5月在浙江丽水学院讲学)

前 言

被国际奥委会主席罗格誉为"快乐和荣耀"的伦敦奥运会在一片欢歌声中结束了,在奥运圣火徐徐熄灭之时,人们激荡多日的心也逐渐平复下来。在欧洲金融危机阴云密布的时候,英国人总算把这届奥运会拯救了下来。虽然有许多瑕疵不断被媒体诟病,但无论如何,伦敦成功了。光明与黑暗同属于奥林匹亚山上诸神。

自1984年以来,本届奥运会是中国运动员在海外比赛中获取金牌数最多的一次,很多项目金牌、奖牌的得来是可圈可点的,尤其在面对胜负输赢和裁判的不公正判罚时,中国年轻运动员们所表现出的大度和淡定、语言表情的自然和放松,都是以前少见的,说明中国体育正在走向理性和成熟。

2014年5月,一位运动训练学专家曾用三句话预测伦敦奥运会中国军团的成绩:中国将与美国、俄罗斯一起保留在第一梯队;中国金牌总数有望超过美国,保持第一;中国的金牌数在38~46枚之间。这一预测基本准确,之所以说"基本",是因为俄罗斯被东道主挤出了前三,中国被美国拉下了金牌第一的位置。这一结果基本反映出中国在国际高水平竞技体育领域中的实际地位。

伦敦奥运会结束当天就有不少网友询问我,中国体育将往何处去?奥运会后会不会加速推行体育改革?被给予高度评价的"举国体制"路在何方?国家体育总局面对大部制的改革还能保留多久?

在本届奥运会上,中国竞技体育确实暴露出一些源于制度的问题,特别是三大球全面失利的局面,以及过去经常讲的"119项目"(即119项田径、自行车、船艇等体能类项目的金牌数）的翻身仗没有得到令人满意的解决，有的项目甚至与国际的差距继续拉大。人们很自然地联想到我国竞技体育的管理体制，质疑它存在的弊端。我以为，利用这一缓冲时段推动体育改革将是明智之举。

一、何谓"举国体制"

与绝大多数国家相比，我国的竞技体育管理体制是很特殊的，我们习惯称之为"举国体制"，其基本特征是政府占据绝对的主要地位，起绝对的主导作用。我国竞技体育的体制可以概括为四句话：第一句是"政府办"，第二句是"奥运战略"，第三句是"专业队"，第四句是"全运会"。第一句说的是这一体制的基本性质，第二句说的是它的理想追求，第三、第四句是前两句话的操作概念，分别落实在运动训练和运动竞赛领域。

政府在当中同时扮演着决策者、组织者、投资者、经营者、受益者和风险承担者的角色。竞技体育的本质是游戏，但当它被高度政治化之后，游戏的色彩淡化减弱，国家、民族的理念大大提升，这时竞技体育就必须由它最终的，也是最大的受益者——政府承担起全部责任。

由于强势政府的操控，这种体制是具有很大的优势的，它决策阻力小，组织能力强，集中资金快，经营环节少，可以使竞技体育弱势国家、后发国家迅速实现崛起，并能顺理成章地将国际竞技体育竞赛中取得的成果解释为国家的、民族的、政治制度的优势。我国从洛杉矶奥运会"零的突破"到成功举办北京奥运会，再到本届奥运会金牌、奖牌总数保持世界第二，所走过的道路，就是这种体制成功的写照。

很多国家的体育界人士十分羡慕中国获取金牌的成功经验，有的说印度始终不能与中国同日而语，有的用俄罗斯的日渐衰退与中国的进步相对比，然而任何一个国家和地区都是说说而已，因为举国体制背后特殊的政治、文化背景是他们不能效仿的。

在本届奥运会上，我们再次看到了中国的举国体制是争取金牌最有效的激励机制，从政治动员到媒体热捧，从为国争光到地方分利，从国家荣誉到个人名利，从体育彩票到商家赞助，把各种力量都高度集中到奥运会的焦点——争金夺银上。

在经济起飞阶段，一些国家以竞技体育（以奥运会为代表）作为体育发展的重点是必要的，但当经济发展到一定的程度，如当今中国GDP已居世界第二，神九已升天，蛟龙已下海，借奥运会宣扬国力、振奋民族精神的使命可以宣告完成，政府应该转变其体育发展的重心——由鼎力支持竞技体育转向全面发展大众体育和学校体育，而且相应的竞技体育管理体制也要进行大刀阔斧的改革。

二、举国体制造就了"精英竞技"

竞技，是文化人类学研究的一个重要的领域，著名的人类学家默多克（George P. Murdock）和他的助手在全世界数以百计的社会文化资料中抽取人类共有的60余种文化要素时，发现排在前20位的就有"竞技"和"游戏"。

竞技运动的本意，"是参与者在竞争的环境中，本着诚信自律的道德精神，遵守安全、公平的比赛规则，通过直接或间接的身体对抗，相互激发潜能，促进其身体、心理和社会行为健康发展的体育活动"（任海，2012）。

竞技体育虽然也具有文化表演的功能，但是它不同于音乐、舞蹈、杂技、戏曲、影视等文化活动。它不仅具有观赏娱乐功能，还有强大的教育功能和社会参与功能；它不仅是少数精英、天才的用武之地，也是广大青少年可以参加的活动，是教育中必须接受的一部分重要内容。因此，竞技体育这种特殊的社会教育作用是任何其他学科、其他文化形式不能替代的，是必须大力地、普遍地加以推广和发展的。竞技体育是必须理直气壮地进入学校，进入每个学生的生活中去的。

然而在中国，通过举国体制把竞技体育从广义的体育中剥离出来，使之成为只有少数精英可以参与的体育中的最强势部分，可称为"精英竞技"。精英竞技与竞技体育的宗旨背道而驰。它不以人为本，而以运动成绩为本，唯以金牌论英雄，导致成王败寇；它忽视对青少年的教育，只提供观赏，追求精英竞技的经济和政治等效益；它强调选材，准入门槛极高，社会包容度低，是一种小众运动，将大众置于观众席上；它游离于社会参与之外，与其他部门合作的空间极小，虽有体育社团但徒具虚名；它的人才结构不是正常的金字塔，而是柱型的，甚或是倒金字塔型的；它实施的是"顶层修补""外墙装饰"，忽视基础建设；它消耗极大的社会资源，加剧了体育资源分配的不公平。

中国竞技体育发生这一畸变是有其历史文化原因的：群体本位的文化价值导向罔顾或否认个人价值；"仁"文化与"礼"文化阉割了竞技运动背后的社会平等观念，难以成长出以普遍的争斗和征服为特征的运动竞技；强调中庸和谐稳定的传统哲学理念，出现了"不以成败论英雄"的"无绝对胜者"的东方"游戏"诠释；中国传统文化中游戏精神和休闲价值的缺失。于是，有竞技色彩的活动作为媚惑，从人们的生活方式和人生安排中被排除出去。

近现代竞技体育是中国从西方引进的一件"舶来品"。在运动项目上，实现了"全盘西化"，甚至不惜在全运会以全部取消中国本土的项目（除武术）作为代价。但在管理体制上，我们对国际通行的运动员的选拔制不感兴趣，对可以促进群众体育普及与精英运动提高相结合的社会组织管理体制不放心，对行之有效的协会制、俱乐部制不敢尝试，对足球、篮球等运动项目的职业化发展存有戒心。在体育价值观上，我们对奥林匹克的教育与文化的价值口是心非，而竞技体育的休闲、娱乐观完全被政治教化观所取代。

三、伦敦奥运会对举国体制的质疑

我们回过头来看一看本届奥运会给中国竞技体育体制改革提出了哪些必须做出应答的问题。和多数中国观众一样，我们对中国军团在本届奥运会上表现的前紧后松、虎头蛇尾存有难言的感觉。这是因为奥运会的最后几天是它的核心项目三大球和田径的决赛期，而此时，中国已经基本失去了"夺金点"。30多年的经验教训告诉我们：举国体制对这些运动项目是效率很低的，基本是不成功的。

对低年龄出成绩的运动项目，如乒羽、体操、跳水，以及需要高额消费的项目，如射击、赛艇，举国体制效果较好。大部分国家是不允许低龄儿童脱离学业进行专业或者专项训练的，而我们可得其"优势"。田径、三大球等成人项目，我们不再有这种"优势"，这些项目需要的是扎扎实实从娃娃抓起。但举国体制没有这个耐性做长期的基础工作，往往采取一些急功近利的办法。而且这些运动项目上年龄造假的问题非常严重，在青少年比赛、全运会比赛中的"内战英雄"，就是拿不到奥运会上去。青少年学生体质状况持续下降，学校体育很不给力，本届奥运会上表现出的运动员老化、后继乏人的问题，将会在今后很长一段时间继续下去。

在举国体制将体育资源向高端高密度集中后，运动竞赛公平竞争的机制就难以维持下去，会被一种显性的或隐性的力量扼杀，这时就会出现"一队独大""一人独大"的局面，而这种局面一旦出现，这项运动就将面临危机，因为其他力量难以与之抗衡，便纷纷退出。我国有些运动项目辉煌的时间很短，如男子跳高、三级跳远、女子中长跑等，一个优秀运动员的身后，很难有超越者。邹振先之后 28 年才有了李延熙，朱建华二世还不知在哪里，王军霞的世界纪录将永无突破之日。刘翔之后，我们不禁也要提出类似的问题。

在我国实行的奥运金牌价值取向，舆论称为"唯金牌论"，认为"千银不如一金"。因此即使获得银牌、铜牌的运动员也会受到冷落。政府为了保护国家队的利益，有时也不得不采取"分配金牌"的做法和在竞赛入口上设置障碍排斥其他力量的进入，最典型就是对某大学跳水队的排斥，该校的调查组将调查报告写好，问我取什么题目，我说，"四个字：报国无门"。

由于国家队长期集训制的存在，全运会作为选拔运动员的体育价值已经丧失，全运会挪到每届奥运会后举行就说明了这一点。因担心各级地方政府冷落了奥运战略，就不得不把奥运会和全运会的计分捆绑在一起，这也是中国竞技体育的不得已而为之的一大发明。与此同时，滋生出来的就是"分配金牌"的寻租现象，某些项目将这一违背体育精神的丑恶现象表演到了本届奥运会上，实在有伤国雅。

我国推进"唯金牌论"的基本机制就是不断地召开运动会。始于 1959 年的全运会是在中国处在被阻挡于国际竞技体育大家庭之外时的一种自我救助式的国内竞赛制度。由于竞技体育是由政府操办的，就有了国家的全运会，继而有了各级政府举办的省运会、地市运会和市县运会。全运会就成了将各级政府捆绑在一起的一根纽带。我们经常讲"竞赛是杠杆"，全运会这根杠杆撬动了各级政府兴办竞技体育的积极性，也撬开了各级地方财政的金库。

中国是全世界全国性竞赛活动最多的国家，不算运动项目单项的比赛，形成传统的全国性运动会就有 10 个，平均每年有 3 个以上。平心而论，这些运动会的社会效益和经济效益都不高，对体育发展和社会促进的作用也有限。各种事件经常发生，常常被社会舆论诟病。为了在金牌大锅里分一杯羹，一些连饮用水都缺乏的省份竟然开展划船运动，一些根本不下雪、不结冰的南方省市，居然在发展冰雪运动项目，个别很穷的省、市、自治区在高价养殖纯种比赛用马。而一些有群众基础，但未列入奥运会的传统比赛项目受到冷遇。这些怪现象的出现，都成为不该忽视的制度成本和代价。

我国的运动会办会成本很高，开闭幕式上盛大的团体操、大型文艺表演劳民伤财，运动员、教练员、裁判员要住星级宾馆耗资巨大，奢靡之风盛行，大量的体育经费花在与体育关系不大的差旅费上。我国现有可供举行国际比赛的体育场馆 6000 多个，无论是绝对数量，还是人均数量都可以居世界首位。现在运动竞赛的经费支撑这些场馆的生存，缺口很大。很多场馆不得不交给国资委。

刘翔事件的发生，让我们不得不再次对竞技体育的政治化提出疑虑。任何一个有尊严的国家、有骨气的民族都把奥运金牌视为瑰宝。然而，与获取任何稀缺财富一样，争夺金牌必须付出代价并承担风险。过去我们对获得金牌的正面的政治效益评价较多，如金牌对激发民族意识、爱国精神所起的作用等，而对竞技运动可能隐含的一些负面政治效却避而不谈。

然而，竞技运动本身具有很大的偶然性，这是由竞技运动比赛结果的预先不可确定性决定的，因此，金牌的归属往往会大出人们所料，如果将这样一个偶然概率极大的文化活动让政府来背书，真称得上"命悬一线"，如上届奥运会上突然出现的刘翔因伤病退赛事件，让政府措手不及，应该引为教训。政府主动把体育这类游戏、竞技文化胜负的偶然性承担起来，并提升到国家民族的高度来解释，其危险性和尴尬处境是应该尽量避免的，因为政府必须保持自身的权威性。

四、中国体育必须走改革之路

2001 年申奥成功后，体育改革就此搁浅，2008 年前完全停摆，无论是理论还是实践都有更加依赖政府而远离市场的倾向，体育改革的滞后性问题越来越凸显。周而复始、花样繁多的运动会，使体育部门无暇思考体育的改革、体育的发展战略、体育的法制化建设，于是，短期行为长期化、急功近利常态化成为体育工作的特点。保金牌，甚至成为拒绝改革的借口，当运动会上的金牌数量上升为体育系统的 GDP 时，全民健身只能沦为运动会的陪衬品和"同行者"；发展体育产业只能成为开运动会的集资方式；国民体质下降问题，特别是青少年儿童的体质健康问题难以得到有效的解决。

垄断的结果必然走向封闭，在"体育系统"成为一个特有的封闭概念后，竞技运动公开化、透明度下降，包括赌球在内的暗箱操作成为常态。由于封闭，外部的监督变得十分软弱，譬如，社会舆论和业内人士都对全运会多有批评，且总是自鸣得意。由于封闭，人们变得不思改革，不思进取，竞技运动管理体制成为中国各项事业改革最为落后的一部分。

有人强调，这是因为中央要金牌，老百姓要金牌。这两个借口未必成立。2009年前，国家体育总局局长伍绍祖先生在华南师范大学做学术报告，在互动阶段我提出："当中央向你要金牌时，你是怎样应对的？"他斩钉截铁地回答："中央从来没有向我要过金牌！"

至于老百姓是否要金牌，几次国际大赛后的社会调查均表明居民的体育态度与行为受奥运会、亚运会的影响甚小。现在民众对奥运金牌的态度是必须有，不能无，多更好，少不介意。

北京奥运会后，著名央视主持人白岩松说："以后，中国人可能不会像以前那样对金牌的数字太敏感，将有越来越多的人不一定关注金牌，而是更关注自己喜爱的项目。金牌情绪的淡化，可能会让体育决策部门也来思考北京奥运会后的体育战略。"这番话是有代表性的。

时任国家体育总局政策法规司司长、中国体育发展战略研究会秘书长谢琼桓先生在近作《北京奥运会后中国竞技体育的价值取向和策略取向》一文中提出：告别悲情体育，走近快乐体育；结束焦虑体育，迎接自信体育；淡化金牌体育，欣赏魅力体育。这些话无疑代表着中国体育人开始反思举国体制，反映出重构中国体育价值观的萌动。有一位网友在微博上这样写道："最近发现一个很有趣的现象，每天十分关心金牌榜的人群中，我们的长辈是主要力量，他们大多数是出生于中华人民共和国成立的那个年代，或许历史遗留下来的民族感促使他们改变不了几十年来的观念，唯金牌论在他们身上体现得最为明显。相反，年青一代已经没那么在乎金牌的得失，他们只在乎比赛的观赏性，这是好现象。"这也是我们必须注意到的一种变化。以上例证都说明民众的体育价值观正在发生变化，变得更加宽容和理解。今天，中国体育又进入了一个改革的当口，历史已经不容我们再度错过。国际奥委会协调委员会在关于第29届奥林匹克运动会《最终报告》在"经验教训"部分有这样一句话："北京奥运会进程中总结出来的核心信息之一不仅仅是'把事情做对'的重要性，更为重要的是，要做'对的事情'。"

我们可以把举国体制下的"精英竞技"做对，做到极致，做到风光无限，但它在本质上是不是一件"对的事情"？难道不值得我们深思吗？

过去我们对"精英竞技"所依附的举国体制的批判大多局限于体育范畴内，如果以当今中国主流的价值观来考量它，则可以更多地看到这场改革的必要性和紧迫性。用市场经济的眼光来看举国体制，是有许多不相容之处的：作为个人功利性极强的"精英竞技"在理论上和法律上都不应作为公共产品纳入公共管理体系，而动用纳税人的税金。

精英竞技中的很多行为是违背市场竞技游戏规则的，兼为运动员和裁判员身份的政府官员参与运动会的金牌分配，大量造假行为充斥赛事之中，向消费者提供了伪劣的体育产品。中国的竞技体育如果继续走市场经济边缘化的道路，则前景不容乐观。用科学发展观这把尺来衡量举国体制，则问题更大：科学发展观的核心"以人为本"。但举国体制基本停留在人的工具本位上，在役运动员的文化教育不能很好解决，退役运动员的悲惨处境屡见于报端。科学发展观的基本要求就是"全面、协调、可持续发展"。国民体质，特别是儿童青少年的体质状况持续下降，印证着中国体育发展的不全面、不协调的现况。作为政府政绩工程的奥运金牌、全运金牌战略，周而复始的短期行为已逐步将竞技体育的基础销蚀殆尽，使之不可持续发展。

我们已经进入文化大发展、大繁荣的时代，作为文化重要组成部分的体育文化产业却迟迟迈不开步伐，仍然端着金饭碗要饭。多年来，我们已经投入了数以千亿的资金去经营运动训练和赛事，但在国内始终经营不出看台文化，也拿不到电视转播权，更没有票房价值。究其原因，我们的精英竞技从一开始就只是为了金牌，并不准备给人民群众提供文化欣赏，于是陷入了这种孤芳自赏的境地。

我们虽然也开始了一些运动项目的"职业化"，但由于对职业化商业性质怀有战战兢兢的心态，大多职业化的项目处在准职业化、半职业化，甚至是伪职业化的水平上，不能形成产业，不能造就品牌，在职业化的社会效益和经济效益之间举棋不定，做成了夹生饭。

结束语

中国已经进入和平崛起的时代，作为一个正在崛起的负责任的大国，我们应该也可以在竞技体育中显示自己的文化软实力。但是，在国际竞技体育场合，我们必须解决"为国争光"至上，还是"体育精神"为重的问题。体育精神、奥林匹克精神、运动员道德均为世界公认的普世价值。如果一味强调民族主义的意识形态，却不认同它，其结果往往适得其反，赢了金牌，丢了国格。

唐代诗人李商隐对当时的虚浮奢靡之风写下这样的名句："春风举国裁宫锦，半作障泥半作帆。"愿当今的精英竞技不要在"一体悉尊"中化作障泥，不要因过度功利而一叶障目。我们期待建立一种健康的、干净的、人性化的、有活力的、可以惠及多数人的体育体制。中国的竞技体育体制只有跟上中国经济与社会发展的步伐，进入主流的价值体系，不抱残守缺，不因循守旧，才会赢得民众的支持，才能迎接中国竞技体育灿烂的明天。

　　谢谢！

大学体育与大学生人格体魄

(2017年9月在山西中北大学新生第一节体育课上的讲话)

1998年以前,全国在校大学生是500万人,经过每年扩招,目前在校大学生已经达到3000万人。这在世界上是一支了不起的队伍,是决定中国未来命运的队伍。

作为人的性格、气质、能力等特征的总和的人格,以及人格的载体——体魄,与体育有什么关系?大学体育在他们的人格、体魄建设中能起什么作用?

这正是今天的讲演要回答的问题。

一、体育的真义——"生命在于运动"的解读

18世纪,法国哲学家伏尔泰提出"生命在于运动"(the life depends on sports)这一著名哲学论断,在人的生物属性与体育运动之间找到了一种因果关系,这六个字将运动的实践与人类生命存在和生命赓续连接起来,也在人类的运动观和生命观之间找到了一个衔接点。

(一) 何谓生命

生物学家认为生命是能够进行自我复制、自我繁殖的物质;物理学家认为生命是一种耗散结构,它能与外界进行物质、能量与信息的新陈代谢;科学家诺贝尔认为生命是大自然馈赠给人类让他去雕琢的宝石;哲学家卢梭认为生命不等于呼吸,生命是活动。

(二) 何谓体育

人类学家认为体育是一种身体文化,人类的文化多数是依靠自身的头脑或外界物质媒介而存在的。然而,有一种文化的存在方式是人的身体,即人体文化。在人体文化中还有一个内涵极其深刻的部分,就是体育文化。

教育学家认为体育是一种教育过程,是人类保持强健体魄,并形成道德、智慧的物质基础;生理学家认为体育恰恰是人类实现物质、能量、信息对外交流,进行新陈代谢的过程;经济学家认为体育可以形成一种产值不菲的产业,社会越发达,投入体育产业的时间、空间、资金与人力就越多。

联合国《体育运动国际宪章》提出,"每个人具有从事体育运动的基本权利,这是为充分发展其个性所必需的。通过体育运动发展身体、心智与道德力量的自由必须从教育体制和从社会生活的其他方面加以保证"。国际奥委会前主席萨马兰奇说:"世界上有五种通用语言:金钱、政治、艺术、情爱和体育。"世界著名的《时代周刊》杂志刊1998年载文称,各国历史学家精选的过去1000年中最重要的1000个事件和人物,其中1896年顾拜旦恢复奥运会的壮举也在其列,被誉为千年盛事之一。所以,南非前总统曼德拉说:"体育拥有改变世界的力量。"

世界近现代体育,先后经历了以军国民体育、学校体育教育、竞技运动、大众体育休闲为重心的发展阶段,我国目前正在实现从以民族主义为核心的竞技价值观向以参与、绿色、健康、共享为核心的全民健身、全民健康与全面小康的价值观转变。

二、体育是大学生精神世界的组成部分

(一)体育是大学生生活哲学的一部分

《奥林匹克宪章》指出,"奥林匹克主义谋求把体育运动与文化和教育融合起来,创造一种以乐于做出努力、发挥良好榜样的教育价值并尊重基本公德原则为基础的生活方式"。

体育运动发生在人的身体上,却非常富有哲理。它以追求人的全面、和谐、协调、完善发展为宗旨。我们必须从生活哲学的层面来看待体育运动和人们参与体育运动的重要性,并在现实生活中给它们一个合理的位置。因为只有这样做,才能促进建立一个维护人的尊严的、和谐的社会。

(二)体育是大学生民族情感的强大磁场

现代体育对弘扬民族精神的直观作用,就在于它树立了民族形象。鸦片战争以后,屈辱的民族心理、低回的民族精神、孱弱的民族体质,以至被扭曲的民族外观,在长达一个世纪的时间里,如同一片浓重的阴云,笼罩在中华民族的心头。

中国现代体育是在那种充满民族屈辱和痛苦的形势下与奥林匹克汇流

的，这就给中国现代体育的发展进程留下了深刻的印记。

个人的成功不仅在于智商和情商，民族的成功也不仅在于智慧和情感，一切成功的背后都有坚毅二字。当代中华民族为什么特别推崇"女排精神"？因为中国女排每次反败为胜、转危为安的拼搏精神，都让我们看到了坚毅与韧性，这是任何一个大国要崛起都必备的品格。

中国的现代体育始终与民族的命运和民族的振兴解放事业有着天然的、血肉般的联系，中国体育的发展动力来自民族的忧患意识，并反作用于民族的自强意识。中国对奥运的参与和对全民健身的追求都深藏着这样一个民族文化背景。作为中国体育重要组成部分的大学体育也应具备忧患意识、自强意识和由此生发出的竞争意识与强国意识。

（三）体育是大学生开放眼光的望远镜

体育运动还培养了大学生的世界眼光。北京奥运会的口号是"同一个世界，同一个梦想"，这是中国决心加入世界大家庭的强烈表白。过去我们的思维习惯于寻求与他人的差别，然后将这些差别加以夸张，贴上各种各样的标签，鼓噪怀疑、批评和抵制，最终远离世界、远离人类的共同命运，而今天我们强调的是"人类命运共同体"。

今天体育运动比其他文化更鲜明地提示我们，要努力寻找与世界各民族的共同点、精神的相仿处，以及社会制度中可以互补的东西。把中国全身心地融入世界潮流是一次伟大的思想解放。可以预料的是，勤劳、聪明的中国人具有了开放的眼光后，散发出的创造力和影响力将是无以伦比的。

在当今变得越来越小的地球上，现代体育的组织者和参加者强烈地意识到"亚运村""奥运村""全球村"这些全球化的概念。每当我们融进世界体育的潮流时，我们就充满了时代感，国家就能繁荣发展。每当我们游离于这个潮流之外，我们就有封闭感，就深感落伍的痛苦。

三、体育在现代高等教育中的重要地位

（一）体育与大学生责任感和协作精神的培养

中国的现代化需要一支浩浩荡荡的共和国大军队伍。这支队伍既有理性思维、独立的判断能力，又有学识素养；既能有尊严地生活，又能有责任感地服务于社会；既有开放的视野，又有文化历史的眼光；既有不卑不亢的节操，又有平和稳重的心态。他们既不同于古代罗马的"市民"，也不同于世俗社会的"平民"，他们被称为现代公民。

在历史上，儒家文化及其操作制度——科举，以培养封建奴才为教育目的，把一代代儒生塑造成为低眉顺眼、百依百顺的顺民。而在中国文化专制主义时代，不断的封建轮回怪圈、一次次的"造反""起义"，使流氓、无赖、痞子群体如鱼得水，造就了一批批目无法纪、刁顽蛮横、鱼肉百姓的刁民。

当今中国社会弥漫着这样一些与现代社会不相适应的人格：充满感情泡沫的浮躁；缺乏思想内涵的喧嚣；对人的忽悠和对己的炒作；夸耀钱财和炫耀武力的暴戾；麻木不仁的冷漠和为富不仁的装穷。

体育运动有利于大学生对自己在国家中的地位的自我认识，也就是人们自觉地以宪法和法律规定的基本权利和义务为核心内容，以自己在国家政治生活和社会生活中的主体地位为思想来源，把国家主人的责任感、使命感和权利义务观融为一体的自我认识。它反映在人们的道德观念、价值取向、行为规范等范畴。它强调人在社会生活中的平等民主、独立人格、公共精神与道德、自主意识、理性责任等。

有人说现在的大学培养的尽是"精致的利己主义者"。体育不赞成这种说法，也不允许这种做法。在体育不到位的学校或许有这种现象出现。而凡是体育的参与者、从事者、热爱者未必一定精致，但肯定主张利他，主张对社会做出贡献，为他人、为弱者提供帮助。

中国大规模的志愿者活动始于体育运动，中国最有号召力的志愿者活动出现在汶川地震和之后的北京奥运会上。这就是证明。

体育运动强化了大学生的参与意识和权利意识。参与意识，主要是指人们作为政治共同体的成员，具有积极参与（包括直接参与和间接参与）公权力运行的主人意识，实质上也是一种践行权利的意识。在参与中，人们才能切身体会到自己的权利和义务，并逐渐形成理性的参与意识。

体育运动强调的"重要的是参加，而不是取胜"的观念已经成为亿万公民的行动口号，他们不仅参与到体育竞争当中来，也参与到各种志愿者的活动当中。

现代体育也是培养青少年团队意识的最佳方式。体育社团的存在和发展不仅有其发展体育事业的价值，而且对整个社会的发展起着重要的促进作用。大学体育有很大一部分是靠社团推动的。

体育社团相对于政治性、经济性、宗教性社团，社会背景较少，较少动用社会资源，成员的覆盖面较宽，因此有较大的社会容量，是社会成员有意识地利用体育实现社会参与的较好形式。

在许多发达国家，社团进行团队意识、协作精神等某些社会伦理道德的培养。在西方以个人主义为主导意识的社会里，体育社团成为规范青少年儿童行为、发展群体观念、抑制过分的个人欲望的重要手段。

体育运动平添了大学生的责任感。责任，是在特定的情境和条件下，个人或人群对他人或事务形成的一种必然性的社会关系，这种必然性靠法律、道德、良知、承诺来维系。它要求每个人在履行与自己的身份相应的责任时，必须正确处理国家政治和社会利益、集团利益和个人利益的关系，必须自觉维护公共利益。责任感，是自觉把分内的事做好的一种心态。一个有责任感的人，要知道自己是什么人，要知道什么是应该或不应该做的事，还要知道所做的事情将会对他人和自己产生什么样的后果。

现代体育的本原是一种游戏，是一种负有责任感的游戏。参与者不仅要对竞赛的过程负责，还要对竞赛的结果负责；不仅要对自己负责，还要对球迷、观众负责，更要对所代表的群体、社团、社会、国家和民族负责。因此，现代体育的责任是博大的，又是具体的。

（二）体育与大学生法治观念和规则意识的培养

现代竞技运动是一种全世界共同遵守相同规则的活动，要求公平、公正、公开地遵守"游戏规则"的特点，平等参与但结果不同的法则，与市场经济颇有相通之处。通过认同人类共同遵守的规则来进行游戏，接受公平竞争的观念，并担当起增强民族自信心的责任，非体育莫属。

体育竞赛的规则具有模拟社会法规的性质，在这个领域，社会公民和未来社会的公民自觉地接受遵守社会规范的教育。在体育活动中，维护与遵守规则，比赛就可以正常进行，便可以从中得到乐趣；破坏与违背规则，比赛就会崩溃，大家就会不欢而散。因此，遵守规则在体育中是心甘情愿的。

同时，体育道德也是社会规范的重要组成部分。体育素质教育所宣扬的奥林匹克精神、奥林匹克原则、体育道德，都具有很高的社会理想价值。竞技体育中树立的公正、民主、竞争、协作、团结、友谊、谦虚、诚实等道德观念，是社会不可缺少的规范文化，对全体社会成员都具有不可替代的教育意义。

（三）体育与大学生主体精神的张扬

现代体育高举着主体精神的旗帜，它高度重视参加者自身的内在需要，高扬人的积极性、主动性、创造性。可以说，体育的参与过程是人的自我完善的过程。在体育比赛的场合里，人的自由和个性得到充分体现，人的价值和尊严得到充分尊重，人的地位和作用，不因种族、肤色、性别、财产、门第、政治见解的不同，而受到歧视。

但是，主体精神，绝不应被理解为个人与社会的对立、个人对社会的索取。恰恰相反，人的主体精神经过现代体育的强化，会演变成强烈的社会责任感和民族使命感，它对大学生自觉自愿地履行其社会责任、人生义务，创造确立丰满的人格，无疑是不可缺少的一堂"人生社会课"。

（四）大学体育关乎学校荣誉和校友的忠诚度

高校之间大张旗鼓地开展体育竞争，除了振奋士气、凝聚人心的目标，还掺杂着诸多现实利益。如今有越来越多的学校将运动队、运动员的成绩和荣誉，校园的体育设施看作招生工作宣传广告的内容。在美国的一些影响力较差的公立大学，只要赢得体育比赛，就能获得相应的社会关注度，由此吸引更好的生源，促进学校长远发展。

各种体育赛事也是培养校友忠诚度的文化契机。大型比赛时校友自发返回母校，还时常拖家带口来观看比赛，不仅表达了自己对母校的忠诚，也促使其后代形成对本校的了解和忠诚。因此，美国高校与其校友家族间，往往会形成延续数代的利益关系。校友为学校提供财政支持，学校为校友的子女提供高质量的教育。

（五）大学体育运动是贵族气质和精英社交的土壤

大学体育十分看重体育竞技背后所表达的某种社会文化追求，任何一项体育活动之所以能够持久地在人类社会存在，总有它一定的文化符号价值，这些价值是逐渐形成特定的参与人群的基础。

比如赛艇运动，表达的是竞争、协作与领导三个基本概念。因此，这个运动项目就被培养社会精英、高级管理者的教育单位认可。高尔夫球运动要表达的是目标、效率与儒雅，于是，高尔夫球场就成了社会与企业高级领导人展示其才能的特殊社交场合。射箭表达的则是达远、精准与力道。于是，射箭就很容易为追求上进的人群所热衷。马拉松体现的是忍耐、征服与期待，于是，马拉松就成为热血青年的标志。桥牌和围棋的文化符号意义是谋略，前者有搭桥合作谋略的意味，后者则是孤独者的精算。社会的上层人士热衷于这类棋牌活动，是因为他们时时刻刻都在做决策行为的心理调适，需要这方面的训练。而麻将的文化品质是"应变"，在沉闷少变的中国传统文化背景下，它满足了人们力求多变的心理需求，一些国家则把麻将作为培养管理者应变能力的教具。至于田径的毅力与坚韧、网球的创新与激情、橄榄球的狂野与冲击、足球的团队与明星、篮球运动对最大实效对抗的追求,这些对培养大学生的自信、协作、忠诚度和领导力起到重要作用,也都是我们在这些项目上有意无意地文化追求,大学生也正是在这些项目的活动中得到了潜移默化的文化教益。

美国为了保持和巩固其在世界范围内的领导地位,采取了与英国培养贵族的十分重视体育运动的伊顿公学的一贯做法,其大学体育教育,具有极强的培养贵族精神的政治色彩。它继承了英国传统,着眼于体育训练,培养青年学生的坚毅品格、忍耐精神与团队协作能力。

欧美国家的大学教育崇尚竞争。英国自1856年开始的剑桥与牛津之间的赛艇比赛,每年复活节在泰晤士河上进行,观众多达25万人。美国哈佛、耶鲁自1876年开始的赛艇比赛至今也有140年的历史。这两所学校之间的橄榄球赛亦是历年对抗的重头戏,已持续130年。斯坦福和伯克利之间亦有长达100多年的橄榄球对抗历史。

历史上,中国称为"君子"的贵族形象与西方有很大的不同。从宋朝开始,以文官治国的立国传统弱化了尚武精神与体育教育,造成了以后书生弱不禁风、手无缚鸡之力的局面。这一轻视体育的文化传统或多或少地影响到今天中国的大学教育。

四、体育运动是大学生健康体魄的守护神

(一)大学生的体质、健康状况令人忧虑

目前大学生体质持续下降的趋势没有得到根本扭转。大学新生入学时有近90%的人体育测试不及格。与1985年相比,大学生肺活量下降了近10%;大学女生800米跑、男生1000米跑的成绩分别下降了10.3%和10.9%,立定跳远成绩分别下降了2.72厘米和1.29厘米。近视的检出率超过80%,其中重度近视占70%以上,肥胖仍是男女大学生主要的健康问题。

某大学对新入校的大学生做的调查表明,有70%以上的学生在近一年的体育运动中,都发生过不良反应。其不良反应的主要类型是肌肉酸痛、腹痛、肌肉痉挛。其实,这是缺乏体育运动的表现。全国有不少中学反映,田径校纪录已经有40多年没被打破,这也从另一个侧面反映学生缺乏运动已经到了相当严重的程度。2017年,征兵工作中发现的因体检不合格被淘汰的学生的比例相当高(血检、尿检不合格占28%,视力不合格占46%,

体重不合格占20%，心脏、血压不合格占13%），这更让人担忧。

（二）大学生的心理问题已成为大学的难点问题之一

大学生的心理问题日趋严重，重点大学尤甚，有16%～25.4%学生存在不同程度的心理障碍。《中国青年报》的一份调查结果报道，大学生中，14%的人出现抑郁相关症状，7%的人出现焦虑症状，12%的人存在敌对情绪。校园恶性事件频繁发生，大学生自杀率逐年上升。

在体力劳动时代，劳动者的疲劳是全身性的，疲劳的部位主要集中在四肢，恢复的方式主要是良好的睡眠。进入机械化时代，严格的社会分工造成的疲劳则是局部性的疲劳，疲劳的部位开始由过去的四肢转向大脑，还会形成局部疲劳的积蓄，从而造成各种心理障碍。进入信息化劳动时代，生产劳动对人的疲劳的影响转向了高级神经系统，使劳动者的健康状况发生着更为深刻的变化。在美国，神经系统疾病和心理失常症的人占全国人口总数的10%；在纽约市，每4个人中就有一个患神经官能症，严重偏离心理学标准。在日本，每年有上万企业界人士自杀，还有更多的人离家出走，或被送进了精神病院。

大学生的心理失调包括焦虑、抑郁、狂躁、自卑和妄想等5个方面。这些失调的发生与社会生活有密切的关系。生活内容的丰富、生活气氛的炽烈、生活空间的窄化、生活节奏的高速化，都可能导致心理失调，而高科技使得人们的高感情逐渐退化，于是层出不穷的心理问题成为现代社会的一个难以逾越的难关。

生活节奏的加快对于整个社会来说，具有不可逆转的性质，人们必须强制性地接受社会生活节奏，并与之同步。体育运动是人们调整、顺应新的生活节奏的重要辅助手段。一些实验和社会调查证明，运动员和经常从事体育活动的人对生活节奏的改变有较强的适应性，他们可以表现出较强的自制、快乐、超我、坚韧、敏锐、自信、合群和从容不迫的心理调节能力。

（三）大学生的生活方式存在较大的弊端

中国大学生较为普遍地沉溺于手机、电脑、游戏、网络和虚拟世界，他们这种生活方式与行为方式是让人不敢恭维的。智能手机现在已发展为一种新兴的"毒品"，使人欲罢不能，无法自拔，严重地摧残了大学生的身心健康，不仅对大学生的视力、颈椎、指关节等造成直接伤害，还影响到他们的心理健康。这种生活方式会使身体活动能力越来越弱，如果在工作中一切活动都依赖机器，则会导致疾病上身，严重者要服药治疗。同时智力也会受到摧残，诸如丧失灵巧的手艺和身体自然动作的敏捷，也是智力受损的表现。

在与自然疏远的过程中，受其影响最大的是人体运动能力，或者更明确地说，是能运动的人。人体运动能力的减弱，是人类身体和心理受到损伤的集中反映。

进入人类高级文明社会，又产生了一个必须解决的问题，即自然与文化之间的界限问题：因文化而带来的进化、因文化而获致的高雅以及更频繁出现的因文化而导致的畸形，使人类脱离自然。精细的食物导致人类的牙齿退化；时髦的服装限制了人们的行动；大量生物、化学药物和各种射线的使用损伤着人类的肌体；各种复杂的社会关系考验着人们的神经系统，扭曲着人们的精神世界。

运动缺乏症在大学生中普遍存在。人起源于一种活泼的动物，但人类忘了本。从猿进化到人，人类站立起来主宰了这个星球。但人的骨骼不适合直立姿势，人是唯一一种处在正常姿势和正常活动的情况下都可能出现腰酸背痛的动物。然而，大学生最喜欢的身体姿势是坐姿，严重者，一天要低头坐 8～12 小时。这是大学生头脑清醒时保持最长久的一种身体姿势。

在我国，各种与运动缺乏有关的非传染性疾病蔓延的势头没有得到抑制。目前中国患有高血压的人数达 1.6～1.7 亿人，高血脂 1 亿多人，糖尿病 9240 万人，超重、肥胖 7000 万～2 亿人，平均每 30 秒死于癌症、糖尿病和心脑血管疾病各 1 人。2013 年慢性病患病率已达 20%，死亡数占总死亡数的 83%，中国人的腰围增长速度居世界之冠，肥胖人口达 3.25 亿人。

世界卫生组织根据中国营养过剩、运动缺乏和环境污染的情况，估计到 2030 年，中国患脑中风的人数将达到 3000 万人。这种情况在脑力劳动的阶层尤为严重，北京某高校的 400 名教师，在一次体检中发现 75% 的人患有顽疾。中国科学院对全院工作在第一线的研究员和院士进行了体检，结果发现只有 18 人是完全健康的。

用历史的眼光来看，这种惩罚是必然的，因为 19 世纪中叶，地球上生产和使用的全部动力有 96% 来自人和家畜的肌肉力量，仅有 4% 来自水轮、风车及为数很少的蒸汽机，而今天，肌肉能量仅占总能源的 1%。人的身体已经成为一个贪婪的大库房，多余的脂肪、蛋白质和碳水化合物等分子物质源源不断地涌入，壅塞在血管里、肌肉里、内脏里，让人们膨胀起来，变得蠢笨，变得懒散，使人必须与自己的身体为敌。

有的人类学家甚至估计，若干年后，人类就会演变成一种类似蜘蛛的体形：人们将丧失躯干，只留下细弱的四肢附着在头上。英国伦敦大学遗传学教授斯蒂夫·琼斯认为地球上最高级的动物——人类已经停止发展，人类在体貌上已经用不着再进化。人类已经控制一切，用进化论的语言来说，我们是最令人厌烦的物种。

以上所有悲观的论调都忽视了人类社会进步的一个基本事实——当代体育运动在世界范围的繁荣和发展，社会的进步为人们的体育参与提供了更多的机会和可能，同时，体育参与也是现代人内心深处的一种需要，一种基于人类进化进程的需要。

（四）大学生的亚健康蔓延与有氧运动

我们可以依据大学生的健康状况将其分为三个基本的群体，即具有高水平健康与最大能力的完全健康组，还有慢性病或隐性病症的亚健康组，以及出现残疾或过早死亡的完全不健康组。

亚健康的人群在现代社会有逐年增加的趋势，在大学生总数中的比例日趋升高。其症状是：食欲不振、疲乏无力、失眠多梦、烦躁、易发怒、健忘、胸闷、心悸、头疼、头晕、感觉迟钝、注意力不集中、记忆力下降、思维和想象能力降低、偏执、消极悲观、情绪低沉、犹豫不决、容易沾染坏习惯等。现代生活综合征、双休日综合征、空调综合征、大楼综合征等形形色色的与现代生活有关的病症都属于此列。这一庞大的人群不可能都涌进医疗机构，也没有必要都去接受医生和心理大夫的诊治。他们应该进行体育运动，而健身运动、娱乐休闲恰恰是改善亚健康状态的一种最积极、最有效、最廉价、最快乐，也是最方便的手段。

于是，人们开始认识到运动，特别是有氧运动的重要性。在这种活动中，人们需要吸进大量的氧气。今天大气层中的氧气含量仅是恐龙时代的 1/29，人的许多疾病（如癌症）与细胞缺氧十分相关，充足的氧气也是燃烧消耗体内多余养分、减少脂肪沉着的重要原料。从事这类运动要求"长、慢、远"，即时间长、速度慢、距离远，每天要消耗 150～400 大卡的能量，每天至少有 10 分钟心率达到每分钟 130 次以上。

结束语

每个大学生朋友都必须确立起良好的健康观、环境观、营养观、生活观、体育观、休闲观、运动观，以及相应的权利意识，参加自己喜爱的运动项目，如此才能顺利圆满地完成四年的学业，才能为步入社会或继续深造做好身体与心智上的一切准备。

四年后，当你们离开这个美丽的校园时，将会留下怎样的体育记忆和体育故事？

也许田径场的跑道上会留下你的足迹和汗水，也许后山的石阶记录了你的步数，也许篮球馆记住了你球衣的号码，也许校运会的纪录表上有了你的名字。重要的是，这四年里校医院是你最陌生的地方，那里没有你熟悉的医生与病房。

今天，你带着期待与渴望来到中北大学，明天你将满怀活力与激情地走出校园，当你回首学业的历程时说：我要把体育一齐带走，让它伴我一生。

那么，我要说：祝贺你，你已走在成功的路上。

早在两千多年前希腊埃拉多斯山的岩石上，就刻有这样一段话：

想要美丽吗？跑步吧！

想要聪明吗？跑步吧！

想要健壮吗？跑步吧！

还有一句欧洲古谚：

跑步吧，你会有一种神圣的感觉。

新时代全民健身的特点与发展趋势

(2017年11月在博士生高层论坛上的讲话)

前 言

在中国40年的改革开放历程中,全民健身与之并行走过了30多年。在这30多年中,从1995年《全民健身计划纲要》(以下简称《纲要》)颁布到2010年后两期《全民健身计划》(以下简称《计划》)出台,从最初的不被人理解到如今家喻户晓、尽人皆知,全民健身已经发展成为中国社会最活跃、最生动、最富人性色彩,也是最受群众喜爱的文化活动。

它从来未受到舆论的诟病,并以强大的渗透力进入社会的每一个细胞,影响和改变着每个家庭与个人的生活。当今,中国已经进入一个崭新的时代,为了顺应时代的发展,满足民众的热望,全民健身也进入了黄金时代。

一、新时代全民健身出现的特点

(一)全民健身进入了社会文化大系统

全民健身已由组织发动期转入稳定建设和持续发展期。全民健身文化开始确立,它是以改善民族体质和健康为目的,以运动、娱乐、养生、保健等活动为手段所组成的一种社会系统,它面对全体国民,渗入社会的生活方式,改变人们的生活习惯,进入社会的大文化系统。全民健身从单一的健身功能扩展为素质教育、文化繁荣、社会包容、民生改善、民族团结、健身消费、大众创业、万众创新的多元功能,不仅让全民健身活动有了更加广阔的视野,也让全民健身与社会各领域产生了更广泛的联系,获得了更大的发展空间。

体育社团组织将成为民众体育参与的主要组织形式。民间体育社团将向科学化、法治化、高效化的方向发展，逐步形成架构清晰、类型多样、服务多元、竞争有序的发展局面。各级体育总会与运动项目协会将在全民健身中发挥重要的作用。

（二）民众参与全民健身的方式在体育改革中前行

城乡居民参与全民健身的热情空前高涨。体育人口数量与质量正在逐步提升。根据《"健康中国2030"规划纲要》提出的数据，到2030年我国的体育人口将从2014年的3.6亿人（占人口总数的25.7%）增长到5.3亿人（占人口总数的37.8%），这1.7亿人的增长主要发生在成年人与老年人群体中。一个可供参考的数据间接地证明了民众对健身的需求日渐强烈：据58同城报告，2017年求职者期望薪资涨幅最高的为运动健身行业，期望薪资同比2016年上涨了12.03%。这对全民健身而言是大好的消息，对体育产业而言是利好预期。

20年来，民众的健身方式正在悄然转变，已经不再满足于那些单调的、定位的、徐缓的、整齐划一的健身方法，越来越多的人倾向于运动。今后一方面继续提倡健身跑、健身走、自行车、冰雪等有氧锻炼的方法，另一方面也要积极培育帆船、击剑、赛车、航空马术、射击、射箭、极限、房车露营等具有消费引领特征的运动项目。

全民健身体现了"以人为本"的精神，公共服务的均等化已被提上议事日程，"普惠性、保基本、兜底线"，青少年儿童在社区的公共体育服务供给得以强调。对老年人、进城务工人员、残疾人以及社会矫正人员等弱势群体都有关照。

（三）将全民健身提升为国家战略

国家已给全民健身一个崇高的社会定位，将它提升为国家战略。

国家战略，是为实现国家总目标而制定的，是建设和运用国家多方面的实力和人力，大规模、全方位的长期行动计划与方略，是实现国家目标的艺术和科学。我国目前提出的国家战略有可持续发展、科教兴国和人才强国、创新驱动发展、人工智能、走出去引进来等战略。

实现各项国家战略的基本方法，其一在政府层面，是充分的、综合的调度与运用政治、军事、经济、科技、文化等国家力量；其二在民众层面，即提高国民身心智、道德与健康素质，以提高国家软实力，增强国际竞争力。全民健身作为一项国家战略不仅承担着自身提高国民素质的任务，还为实现其他国家战略提供基本条件，因此具有双重意义。

当今世界迎来了中国与中国人的时代。在这个时代来临时，世人不仅要关心我们的心智水平、科学文化素养与道德水准，还要关注我们的精神面貌、健康水平和身体能力。为此，我们要尽快为全民健身找到作为国家战略的标志性的事项和实质性的操作系统。

（四）全民健身已纳入《"健康中国2030"规划纲要》

经过多方努力和论证，终于将这份原本仅为卫生系统单一的部门规划，演变成多系统共同参与的国家层面的规划，特别是在这份《"健康中国2030"规划纲要》中纳入了体育的要素，这是中国健康观念和行动的一次巨大的进步。从此，冷落体育来讨论国家健康问题的时代将成为过去。

全民健身与全民健康、全面小康的高度融合，健康的医疗干预与非医疗干预的深度结合，体育作为健康非医疗干预的手段的关口前移，组成了"健康中国"新的品质和新的策略，也因此提升了全民健身的社会价值。

体育在获取人类健康方面的社会作用已得到多方认证。它所表现出来的主动、积极、高效、绿色和共享等特征，以及给人们带来的乐观的生活态度与身心健康方面的满足，已经受到广泛的关注和肯定。它在获取健康方面表现出的超前、方便、廉价更是值得市场经济社会称道的。

二、新时代全民健身已出现和将出现的趋势

（一）全民健身进入休闲视野

在20世纪最后的年头闯进中国人精神家园的"休闲"，是一件"舶来品"。它来势凶猛，恰恰契合了中国的社会转型和经济的高速增长，迎合了从劳动生产型经济向休闲生活型经济的转化势头，引起了人们对传统文化中休闲缺失的反思，也激发了人们对未来社会休闲生活的憧憬。

体育运动与休闲的高度融合，将是21世纪国际体育发展的潮流。我们再也不能忽视休闲在未来体育中的这一价值，也不能忽视休闲作为全民健身文化推动力的核心所起的作用。

如果全民健身不能得到发自休闲的哲学阐释和文化修饰，它只能是单纯生物学观点的肢体活动，就不可能达到最大限度的社会动员，就不可能提升它的社会化程度，也就不可能形成直接面向民众的全民健身产业。

人们为了满足休闲的需要，参加网球、保龄球、高尔夫球、台球、骑马等过去认为是奢侈的娱乐活动，花样繁多的运动超市生意红火，参加运动健身体验和购置体育服装器材的人跨越了多个年龄段。一个奇怪的现象

是，中国大部分运动健身参与者所配置的运动装备和装束的水平，大大高出了他们实际的运动水平。

休闲不仅是一种理论，还是生活态度、生活信仰、生活行为的改变。人们在休闲的时候，没有政治斗争的纷杂，没有经济活动的功利，没有学术交流的争辩，没有社交场合的敷衍，呈现出高度自由的状态。于是，休闲娱乐出现了普遍化、社会化和终身化的发展趋势，中国的新时代一定是一个以追求休闲为目的的时代。

人类的休闲活动有千万种，但最基本的三大休闲活动是阅读、旅游和运动。作为维护健康、挑战自我、娱乐身心、发展社交的最积极、最有趣、最有益、最廉价的体育休闲方式，运动休闲必然成为人们休闲活动的重要选择。

不必讳言，长期以来，中国的体育界始终不想与休闲搭界。这是因为中国的体育背负着来自国家和民族的沉重负担，难以卸载。于是，既可以用为国争光的金牌光芒来遮蔽休闲，也可以用强身健体的增强体质来冲销休闲。因此就出现了竞技耻谈休闲，健身无须休闲，教育不准休闲的种种奇谈怪论。

但是，休闲毕竟来到了中国人的现实生活中，这是现代化给中国人民的意外馈赠。没有中国的现代化，就谈不上中国人的休闲，这个命题大多数人认为是成立的；而没有中国式的休闲，中国的现代化就变得缺少朝气、血性和活力，这个命题还需要我们去证明，去赢得更多人的赞同。

（二）全民健身的重点转向城市

现代体育是城市体育，随现代城市而产生，为城市的扩展而增添功能，为城市减压而改变色彩。经过多年的努力，我国进入城市的人口总数已达到总人口的60%，达到了中等城市化的水平。城市建设已经从北上广深一线城市迅速推演到二线、三线城市，四线城市与小城镇也在快速崛起。许多宜居的中小城市开始吸引各方人才回归。

全民健身的视线集中到城市，建设、评比、评估应运而生。无论今天建设的叫全民健身模范城市，还是活力城市，无论建设的叫运动休闲小镇，还是体育特色小镇，都是将全民健身的目光不约而同地转向城市。这是一个新时代到来的必然选择。

全民健身对城市的社会进步具有极大的推动价值。全民健身是一块具有城市社会注意力和吸附力的磁石。由于全民健身的文化多样性、群众的普及性和受众的广泛性，以及与媒体的良好关系，全民健身成为吸引社会注意力的最佳工具，在很多时候甚至胜过政治号召、社会教育和商业广告。

全民健身还是推动城市化和现代化发展的加速器。体育对城市文化的影响首先是带来体育建筑文化的繁荣，体育场馆往往成为一个城市的标志性建筑。体育还可以推动城市的通信、旅游、交通等设施的现代化建设。

体育活动中的礼仪活动与志愿者活动提高了城市的文明开化程度。这些活动的规模大大超过了其他社会文化活动，可以对市民，特别是对青少年学生产生潜移默化的影响。

体育运动也是加强城市群众凝聚力和向心力的黏合剂。今天，全民健身已经不再是个人的活动，而是社会性很强的集体性活动。这些活动由于具有规模大、社会动员充分、对各方协作要求高等特点，成为培养人们团队意识、增强民众凝聚力的最佳方式。

（三）全民健身从单项推进转向整体发展

全民健身是多种管理元素组合而成的一种特殊的社会文化活动，其中应包括参与者、社会体育指导员、社团、场所、活动和经费等六个主要的元素。当这六种元素同时出现的时候，群众体育才能达到它的理想状态和最高境界。若参与者不足，就会使群众体育丧失主体性和普及性；若社会体育指导员数量不够或不能胜任，群众体育的科学性就难以保证；若活动场所不足，群众体育的吸附性和安全性就无法得到保障；若社团落空或虚设，群众体育的稳定性和经常性就难以保证；若不开展适当的活动、不采用多样的活动手段，群众体育的健身性、娱乐性、休闲性就会失去文化依托；若无活动经费，全民健身与市场经济的适应性和存续性就无从谈起。

因此，把社团建立到场所，把社会体育指导员挂靠到社团，使社团成为参与者的自组织，把活动经费落实到社团和场所，由社团在场所开展有特色的活动，环环相扣，形成一条稳固的链接，这是全民健身的理想状态。

（四）体育产业的发展机遇提升了全民健身的服务水平

全民健身活动属于公共服务，主要经费要吃"皇粮"，全民健身产业的发展绝不意味着政府放弃与减轻责任。发展全民健身产业一定要记取当年发展"教育产业"和公立医院自负盈亏、"以药养医"的教训。全民健身的公共服务体系必须到位。最近，国家体育总局在江苏省推出基本公共体育服务体系建设的示范区，划出了公共体育服务的底线，国家正在制定公共体育服务标准，这些做法是正确的。

最近，国家又提出了发展"全民健身产业""全民健身消费"的产业政策，这是对全民健身的更高的要求。全民健身活动要区别对待，一部分社会成员的健身活动走向高级化、娱乐化、贵族化、市场化、高消费化是允许的，由此营造出来的体育产业也是有发展空间的，但是这类经济活动毕竟是服务于少数人的，绝不能作为全民健身公共服务体系的主体。

全民健身公共服务体系不是一成不变的，随着国家经济的发展、人们生活水平的提高，民众对体育健身的需求也在发生变化，一些奢侈性的活动可能走向大众化、普及化，而一些原来大众普及的项目可能走向高档化：室外的活动进入了室内，群体的活动变成了个别指导，设备、器材、服装提高了品位，某些活动方式采用了国际标准。这些变化都为全民健身消费提供了可能。这些走向优质消费的变化所起到的示范作用，可以刺激全民健身公共服务水平不断提升。

（五）社会主要矛盾转化后的全民健身的应变

进入新时代，中国社会主要矛盾发生了变化。全民健身对此将如何应对，成为摆在我们面前必须回答的问题。

过去，"社会的主要矛盾是人民日益增长的物质文化需要同落后的社会生产之间的矛盾"，现今已转化为"人民日益增长的美好生活需要和不平衡不充分的发展之间的矛盾"。

1. 如何理解"美好生活的需要"

人民日益增长的"物质文化需要"转化为"美好生活的需要"可以做如下的解释：

——美好生活的需要较之以往更宽泛，更多元，外延范围更大。

——美好生活的需要更偏重生活，主张从"生活为了更好地工作"转变为"工作为了更好地生活"。

——美好生活的需要开始关心人的主观判断，更注重人的幸福感、愉悦感和获得感，而不仅是生产力、GDP。

——美好生活不仅强调物质生活的富裕，更注重生态环境、人文环境的和谐。

健康是美好生活的前提，体育运动是获取、保持身心健康的重要手段。人民对美好生活的向往必然会反映到全民健身之中来。

全民健身强调"体育生活化"与满足人民的美好生活需要是契合的。体育生活化意味着选择一种科学、健康、文明的生活方式，树立起每个家庭成员的体育意识，要求大家都成为体育的积极参与者，要求家庭有自觉的、适度的体育消费，并用健康水平、幸福感、满足感和愉悦感来评估体育生活化的效果。

2. 如何理解不平衡的发展

"不平衡的发展"是指民生领域还有不少短板。全民健身本身是社会和体育的短板，在全民健身领域内部也同样存在短板。较大的群体差别，城乡差别、东西部差别、无时不在阻碍着全民健身的发展。体育人口分布的马鞍形状态、体育消费的巨额差别、国民体质监测遇冷、青少年儿童体质状况长期不佳、各种非传染慢性疾病的普遍化和低龄化都在提醒我们全民健身发展的不平衡。

3. 如何理解不充分的发展

"不充分的发展"指的是在发展的层级和质量上所存在的问题。全民健身领域"不充分"的问题是制约全民健身发展的主要矛盾。随着人民生活条件的改善、体育价值观的深入人心，人们对体育的需求日趋强烈，这一矛盾会更加突出。

近现代体育的勃兴是建立在学校体育和以体操为主的健身活动的基础之上的，竞技运动走出校园，进入社会，最终踏进经济领域。我国改革开放时代急于赶超的体育反其道而行之，即优先发展竞技体育，暂缓启动群众体育。选择这一发展方式是迫于国际体育的压力与"金牌至上"的价值观。其结果是造成了全民健身、学校体育的严重滞后，欠账过多，发展不充分的后效应已经显现出来。

由于我国这一轮城镇化的发生与畸形的房地产开发并行，房地产商成为追逐城市空间的主导力量，利润率最低的体育场馆设施建设自然受到冷遇。体育空间的不足成了制约全民健身发展的首要原因。人们不得不选择在马路上跑马拉松以及在广场上开展健身舞，体育热遭到了冷批评，这是全民健身发展"不充分"的形象的集中反映。

结束语

随着新时代的到来，一个大健康、大体育的全民健身格局已经出现在我们面前，这是机遇，也是责任。让我们共同努力，为构建未来美好的生活增添体育的情分，我们不仅要成为全民健身的参与者，也要成为美好生活的建设者，并在参与和建设的过程中成为受惠者。

大话冰雪运动

(2018 年在北京市体育局干部培训班上的讲话)

前 言

　　天有春夏秋冬,地有东南西北。在地球的北部,特别是在高寒地区,在漫长的冬季,人们在生产、生活、交通、军事与娱乐活动过程中,发明创造出了一系列借助冰雪自然条件,运用特定器材装备开展的游戏、娱乐与竞技的活动。久而久之,这些活动已经成为世界冰雪文化的组成部分,发展成色彩缤纷的冬季奥运会。随着北京、张家口成功申办 2022 年冬奥会,过去多数人觉得陌生的冰雪运动开始被大家熟悉、关注,并走进千家万户。今天,我在这里向大家简单介绍一下有关冰雪运动的常识,以及中国对发展冰雪运动项目的一些做法与策略。

一、何谓冰雪运动

(一) 冰雪运动的定义

　　冰雪运动是利用冬季的自然条件或人造条件,运用特殊的装备、器具或玩具开展的以竞速、比美、斗智为主要内容的竞技运动项目,它与冰雪艺术、冰雪休闲、冰雪探险等共同组成了世界冰雪文化。

(二) 冰雪运动的分类

　　冰雪项目分为冰上项目和雪上项目。雪上运动一般来说可分为实用、旅游、竞技三大类别,范围很广,有高山滑雪、越野滑雪、跳台滑雪、北欧两项滑雪、自由(花样)滑雪以及冬季两项、雪橇、雪车等。冰上项目是指借助专用冰刀或其他器材,在天然或人工冰场上进行的体育运动。包括速度滑冰、花样滑冰、冰球、滑冰、短跑道速度滑冰、花样滑冰、冰壶、冰球、冰上举重、冰上三级跳等项。正式比赛在人工滑冰场上进行。

二、冰雪运动的特质

冰雪运动，既然是以冰与雪为摩擦媒质的体育运动项目，它的特点就与冰雪密切相关。冰与雪是水在0℃以下低温时的两种主要固态物质，水在结成冰雪后表面变得光洁平滑，冰层、雪层具有一定的强度，可承受人体体重压力。因摩擦力大大减少，适于在它的表面滑动。在滑动时，冰刀、雪板、雪橇产生的热能使冰面、雪面发生融化，微量的水减少了摩擦力，这是冰雪不同于玻璃的地方，是后者虽平滑光洁但不能作为滑动媒介的原因。

（一）冰雪运动的基本特点

滑动，是冰雪运动的主要行为特征。

人类的走跑跳都伴随身体的起伏，不断做类似抛物线的运动，微小起伏的是走，较大起伏的是跑，大幅起伏的是跳，而基本保持在同一平面的是滑。人们对滑动情有独钟，除了滑冰、滑雪，还有划水、滑沙、滑草、滑沼泽以及轮滑等许多种类。人们在滑行时前庭分析器受到特异的刺激，会产生特别的兴奋，可归为"眩晕运动"的感觉。人们喜欢追寻这种感觉，甚至会上瘾，这是将滑雪称为"白色鸦片"的缘由。

在冰雪面上的高速滑行对运动者的平衡能力要求很高，否则很容易跌倒摔出，所以对平衡身体的技巧、全身肌肉的控制能力很有锻炼价值。冰雪运动又多在气温很低的高寒自然环境中进行，对人的耐寒、耐缺氧能力也有所考验，因此冰雪运动对国民体质增强，特别是对青少年的身心健康有着独特的功能。这或许是很多国家重视冰雪运动在学校体育教育中开展、在大众体育中发展的重要理由。

冰雪活动产生于高寒地区的狩猎作业。我国的东北、内蒙古与新疆等地在冬季有过滑冰、滑雪的民间活动雏形，大多与湖上打鱼、森林捕猎有关。北美洲的爱斯基摩人也有类似的求生活动。真正将其转变为体育运动项目的还是在欧洲。斯堪的纳维亚半岛是冰雪运动的天堂，挪威有一句谚语："挪威的婴儿是穿着滑雪板走出娘胎的。"这说明冰雪运动已进入了他们的基因。中欧突兀而起的阿尔卑斯山是滑雪运动的圣地，它为周边几个国家提供了多处环境良好的高山滑雪场。我去奥地利音乐之乡——茵斯布鲁克旅游时，远远地就望见这座欧洲小城的标志性建筑——跳台滑雪的高台，这里曾举办过冬奥会。

冰上运动在平面上进行，这是水的结冰方式决定的。冰上运动分为竞速、竞美、竞智等几类。竞速又分长道、短道，短道弯道多、曲率大，因此过弯道技术与能力成为重要制胜因素。竞美有花样滑冰与冰上舞蹈等，在音乐伴奏下，提供了一种超体育、超艺术的文化门类。冰壶是近年兴起的、集体力与智力于一身的斗智斗技活动。冰球是竞技运动中行速最快、争斗最激烈的职业运动项目，也是球类运动中唯一使用黑色硬质板状体作为"球"的运动项目。

冰上活动可以在较小的、相对集中的范围内进行，因此很快进入了室内，进入了地球的温带地区，它的地理活动空间明显大于雪上活动。雪上活动多在坡道上进行，先用徒步登山、缆车的方法积蓄势能，然后从高处沿坡道滑下，或竞速度，或竞高度，或竞长度，或竞难度，名目繁多，花样百出。人工造雪机器的发明对延长年度的滑雪时间，对滑雪进入室内、推向南方有重要意义。

冰雪运动走向大众化是它的发展趋势。它的社会容量很大，特别适合学校体育、家庭体育开展，在人口只有 3000 万的加拿大竟有 100 万人参加冰壶运动，就是证明。为适应它的大众化趋势，如何使交通便利、保证安全和降低费用是必须解决的前提性问题。

（二）冰雪运动的文化含义

任何一项竞技运动背后总是在表达对某种社会文化意义的追求，任何一项体育活动之所以能够持久地在人类社会存在，总有它一定的文化符号价值，这些价值是逐渐形成特定参与人群的基础。比如赛艇运动，表达的是竞争、协作与领导三个基本概念。因此，这个运动项目就被培养社会精英、高级管理者的教育单位认可。高尔夫球运动要表达的是目标、效率与儒雅，于是高尔夫球场就成了社会与企业高级领导人展示其才能的特殊社交场合。射箭表达的则是达远、精准与力道。于是，射箭就很容易为追求上进的人群所热衷。马拉松的背后体现的是忍耐、征服与期待，于是，马拉松就成为热血青年的标志。桥牌和围棋的文化符号意义是谋略，前者有搭桥合作谋略的意味，后者则是孤独者的精算。社会的上层人士则热衷于这类棋牌活动，因为他们时时刻刻都在做决策行为的心理调度，需要这方面的训练。而麻将的文化品质是"应变"，在沉闷少变的中国传统文化背景下，它满足了人们力求多变的心理需求，一些国家则把麻将作为培养管理者应变能力的教具。至于田径的毅力与坚韧、网球的创新与激情、橄榄球的狂野与冲击、足球的团队与明星、篮球对最大实效对抗的追求、击剑对骑士精神的张扬、公路自行车运动的"团体荣誉，个人突围"，这些对培养人的自信、协作、忠诚度和领导力起到重要作用，于是成为我们在这些项目上有意无意地文化追求，运动员也正是在这些项目的活动中得到了潜移默化的文化教益。

那么，冰雪运动的文化含义是什么呢？

冰雪运动的文化含义是在高速中求平衡、求平稳。在以人体自身肌肉能量为驱动的条件下，冰雪上的运动是可以达到最高速的运动项目之一。在冰雪运动中最常见的失误是摔倒，因此，在高速中求平衡、求平稳，在平衡、平稳中求高速，是冰雪运动的文化核心。在飞速发展的现代社会，无论对国家、民族，还是对社会、个人，这一文化核心也都有极其重要的地位。

我讲了各竞技运动项目背后的文化品质，于是就产生了一个问题：同是身体活动，为何竞技运动可以形成文化，而其他活动则不能？例如：公园里的游船无论划得多快，也得不出赛艇的文化逻辑；街上的行人再多，也不会有竞走者的文化心思；拉黄包车的人，跑得再卖力，也绝对想不出马拉松文化……

竞技运动与其他身体活动的本质区别在于它要追求极限，将人的能力推向极致。然而，它又是在极其严格的规则管控下，在既定的历史文化逻辑延伸过程中，小心翼翼地进行，这时能产生竞技文化的空间很小，挤出竞技文化的缝隙已非常狭窄，挣脱出来的便是精华，便是让人眼前一亮的一种特定文化。

竞技文化的产生，需要关注两种事物：运动项目与参与其间的人。什么样的竞技文化，可以造就什么类型品格的人，而生活在什么类型地域文化的人可以塑造什么样的竞技文化，什么样的生产方式、生活方式，什么样的价值观也会有相应的竞技文化与之匹配。号称世界第一运动的足球在号称世界第一运动强国的美国难以落脚，而美式橄榄球在美国狂生狂长，在全球其他地方却难以生根，就是一个例证。

当我们将竞技运动的价值向文化方向展开时，竞技运动就变得高雅，就会与人的成长和发展有关，就会提高竞技的品位，吸引更多的家庭与孩子参与竞技运动。而当我们把运动员只当做夺取金牌的工具时，我们就不会去思索、总结运动项目对"人"产生的文化效应；当我们只关心金牌总数的政治情结时，每个运动项目就失去了它的文化个性，变成相同形状的金牌的数量累计。

当代中国一直难以构建竞技文化，"术"一直难以转为"道"，就是因为谋项目功利有余，求育人文化不足。在这个星球上，人是唯一可以创造文化的动物。人是竞技文化的主人，也被竞技文化塑造与提升。不关注人的竞技，无异于大工业生产的流水线；而不关注竞技文化对人的教养的特殊价值，就等于拾了芝麻丢了西瓜。在竞技运动中，人的主体精神必须得到充分尊重，只有做到这一点，竞技文化的产生才具备了基本条件。冰雪运动也同样如此。"以人为本"说来容易，做起来很难，当竞技运动面对的是一个高度功利化的社会时就更难了。

三、冰雪运动是休闲文化的组成部分

休闲，是从固有的文化环境与物质环境的外在压力中解脱出来的一种相对自由的生活，它是个体能以自己所喜爱的、本能地感到有价值的方式，在发自内心之爱的驱动下而采取的行为。然而，中国传统文化不响应休闲，中国传统教育不支持休闲，中国的传统家规不容忍休闲。在当代，休闲成为一个重要的、普遍接受的概念。

休闲需要具备三个基本条件：一是余暇时间，二是闲适的心态，三是适当的活动的方法。

人类的休闲活动有千万种，但最基本的三大休闲活动是阅读、旅游、运动。

运动休闲的本质是游戏，它带有强烈的娱乐性质。作为维持健康、挑战自我、娱乐身心、发展社交的最积极、最有趣、最有益的休闲方式，运动休闲必然成为人们休闲活动的重要选择。

冰雪运动是开展休闲的最佳方法之一。推广冰雪健身项目，鼓励各地依托当地自然和人文资源，发展形式多样、人们喜闻乐见的冰雪健身项目，开展大众冰雪赛事活动。以花样滑冰、冰球和高山滑雪等为重点，支持有群众基础的冰雪健身项目发展。深入发掘东北、华北和西北等地区的冰车、抽冰嘎、冰上龙舟、冰蹴球、转龙射球等传统民俗冰雪项目。

（一）冰雪运动是青少年最喜爱的项目之一

冰雪运动，以它的户外性、开放性、惊险性、竞技性、观赏性、群体性等休闲品质，成为广大青少年儿童最喜爱的运动项目之一。

吸引他们的冰上竞技运动项目有：速度滑冰、短道速滑、花样滑冰、冰球、雪橇运动，以及冰车、冰上溜石、冰壶等运动项目。雪上竞技运动项目有：单板滑雪、双板滑雪、自由式滑雪、高山滑雪、越野滑雪、跳台滑雪、飞雪、花样滑雪、特技滑雪、雪上芭蕾、技巧速降、带翅滑雪、多项滑雪、森林滑雪等现代滑雪项目。其他休闲运动类项目有：攀冰、冰上风火轮、登雪山、仿真滑雪、仿真溜冰、滑雪机、雪地足球、冰钓、冬泳等。

为了响应青少年对冰雪运动的参与热情，国家在2018年将编制完成冰雪运动校园教学指南。到2020年，全国将有2000所中小学办成校园冰雪运动特色学校，到2025年，将达到5000所。

（二）冰雪运动是家庭体育的重要选择

雪上运动往往在山区雪场进行，远离城市，远离住宅，这类活动又具有一定的危险性，属于高危项目，因此少年儿童参加雪上运动必有家长陪同，形成全家出动的家庭体育局面，有的家长还兼任孩子的教练，冰雪运动的代际连续性就是这样发生的。可以看出，家长对冰雪运动的兴趣爱好和价值取向对孩子影响很大，对国家冰雪运动的开展也有重要作用。

（三）冰雪运动具有极佳的观赏性

冰雪运动中的竞速类项目，竞争十分激烈，胜负往往在一个刀尖、半个雪板的千分之一秒之差，而且竞赛的胜负常常出现戏剧性的翻转，对观众的吸引力极大；冰球比赛的快速争夺、强烈对抗，成为球类运动中独树一帜的高收视率项目；冰雪运动中的表演类项目具有极强的艺术感染力，有的还充满高难度、高惊险度的刺激，观众常常看得如痴如狂。这种观赏性是其他体育活动、艺术活动不能替代的。

此外，利用冰雪创作的冰雕、冰灯、冰瀑、冰挂雾凇与雪雕等艺术作品吸引着来自祖国各地的观赏者，也保有巨大的观众群体。

四、冰雪运动是发展体育产业的支柱行业

（一）冰雪运动是高产值、高消费的产业

由于冬季特殊的自然环境，冰雪运动要更强调运动装备、运动设施以及运动保护，可以说没有一定的经济规模，根本谈不上发展冰雪运动。长期以来，欧洲、北美、日本独霸冰雪运动，就在于其有能力支撑完整的冰雪运动休闲产业，有着相当比例的人口有能力参与冰雪运动。

滑雪市场占据了欧洲度假市场的20%，仅阿尔卑斯山就有4万个滑雪机构，每年吸引4000万～5000万人口。根据盐湖城冬奥会时的统计，当年美国490个滑雪场吸引了5730万的滑雪爱好者。日本仅北海道一地，每年接待的滑雪爱好者就有1000万，其中30%都是外国游客。所以，如果说夏季奥运会是体现了"重在参与"的奥林匹克精神，冬季奥运会则更多体现的是一个国家的综合国力。

国际冰雪产业主要集中在欧洲、北美和亚洲的日韩两国。其中，欧洲的冰雪产业主要集中在阿尔卑斯山一带和北欧国家，主要包括法国、瑞士、奥地利、德国、意大利等，北美的冰雪产业主要分布在美国东部和中西部（尤以科罗拉多州为多）和加拿大的落基山脉。亚洲的冰雪产业则主要集中在日本和韩国。

欧洲的冰雪产业专业性强，已形成完整的产业体系。以阿尔卑斯山脉区域为代表的欧洲冰雪产业文化深厚，赛事节庆活动丰富，每年冬季都举行上百次滑雪比赛，并且举办过12届冬奥会，冰雪赛事承办经验丰富。冰雪产业已成为相关国家的支柱产业，并形成了涵盖滑雪度假区、冬季体育设施生产与销售、滑雪科研、滑雪教育培训等完整的大冰雪产业体系。

北美冰雪旅游分布集中，主要滑雪场集中分布在美国、加拿大交界地带和阿拉斯加、落基山脉，并形成了冰雪产业集聚区。北美滑雪基地多以综合性滑雪度假区的形式存在，并围绕滑雪度假区形成大量的房地产。从发展模式来看，北美滑雪场主要以滑雪度假为主题，提供滑雪、住宿、餐饮、房地产等综合性服务。

日、韩的冰雪产业，开发程度较高，以多元化发展，突出联动效应，极大地满足了旅游者的各种需求。凭借良好的经济条件与自然条件，日本在20世纪50年代开始大力开发滑雪场，到70年代末，其滑雪场建设达到顶峰。据统计，数量最多时接近900家，全日本滑雪人数占全国人数的15%。韩国的冰雪产业起步比日本稍晚，伴随着新的山区建设计划，韩国滑雪度假胜地在国际上的影响也日益扩大。

截至2016年，全球有66个国家能够提供设备齐全的室外滑雪场，滑雪场为2131家。阿尔卑斯地区是世界上最大的滑雪胜地，吸引了全球43%的滑雪者，超过1/3的滑雪场位于阿尔卑斯地区。第二大的滑雪胜地是美洲，滑雪人次占全球的21%。亚太地区曾与美国有相同的市场份额。尽管日本滑雪产业持续下降但仍未被日益增长的韩国和中国滑雪市场所取代。全球提升设备数量为26529部，全球主要滑雪场为44家，每年冬季平均滑雪人次为100万以上。

冬奥申办成功以来，北京市冰雪运动和冰雪产业呈现爆发式增长，冰雪产业总产值和增加值年均增长20%以上，超过了我市国民经济和体育产业的增长速度。2017年冰雪场馆营业收入超过6亿元，共举办106项冰雪活动，参与群众达450万人次；滑雪人次达171万，居全国第一。截至目前，我市共有22家滑雪场、71片室内外滑冰场和37处嬉雪场，其中，五棵松冰世界体育乐园是亚洲最大冰上乐园和亚洲最大室外冰场。各区冰雪场馆面积总计635.1万平方米，各区冰雪运动场所以私营为主，共48家，占全市冰雪运动场所总量的71.6%。各区冰雪运动场所共实现收入41081.4万元，接待人次398.2万。

随着国家速滑馆、首体综合训练馆、国家高山滑雪中心、国家雪车雪橇中心、延庆赛区综合管廊等冬奥场馆及配套基础设施项目动工，冰雪运动场地设施供给大大增加。全力推进北京市冰上项目训练基地建设，推动22个滑雪场的设施提升改造，新建并试运营一批室外制冷冰场和简易冰场，在颐和园、北海公园和陶然亭公园等市属公园，开辟冰雪活动面积近80万平方米。到2022年，北京市要基本形成较为完善的冰雪运动服务体系，冰雪运动发展迈上新台阶，为成功举办北京2022年冬奥会奠定坚实的基础。为此要做到以下5点。

（1）冰雪场地设施支撑充足。要新建室内滑冰场16个、室外滑冰场50片、嬉雪场地30片，规范提升现有22个滑雪场的软硬件水平。

（2）冰雪运动人才保障充分。要培养1500名冰雪运动高级管理人员，4200名运动员、教练员和裁判员，4300名专业技术人员，15000名服务保障人员，25000名校园辅导员和社会体育指导员，为加快发展冰雪运动、筹办北京2022年冬奥会提供人才保障。

（3）冰雪竞技水平大幅提升。本市冰上项目的竞技实力不断增强，雪上项目专业队伍建设实现突破，在北京2022年冬奥会上取得良好成绩，冰雪运动的整体实力和社会影响力全面提升。

（4）冰雪运动参与普遍广泛。本市参与冰雪运动人口达到800万人，冬奥会、观赛礼仪和冰雪运动知识进校园覆盖率达到100%。

（5）冰雪体育产业持续发展。到2022年，全市冰雪体育产业收入规模达到400亿元左右，实现增加值80亿元左右。随着冰雪运动参与和培训需求的日益旺盛，竞赛表演活动日益丰富，冰雪旅游业发展迅猛，冰雪场地建设运营市场化程度将加快发展，冰雪用品及相关产品制造增长空间也在逐步扩大。

到 2025 年，冰雪运动普及度将大幅提高，群众冰雪活动极大丰富，参与冰雪运动的人数稳步增加，直接参加冰雪运动的人数超过 5000 万人，并"带动 3 亿人参与冰雪运动"，冰雪运动产业初步形成以冰雪场地设施建设运营为基础，以冰雪大众休闲健身和竞赛表演为核心，以冰雪体育旅游为带动，以冰雪装备制造为支撑的冰雪产业体系。到 2020 年，我国冰雪产业总规模达到 6000 亿元；到 2025 年，我国冰雪产业总规模达到 10000 亿元。

冰雪运动产业体系将包括冰雪健身休闲业、冰雪竞赛表演业、冰雪装备制造业等三大产业板块。其中，冰雪健身休闲业包括运动健身、场馆服务、培训教育、体育旅游等产业，以社会关注度高、市场空间大的冰球、花样滑冰、高山滑雪等项目为主；冰雪竞赛表演业将促进办赛主体多元化，推进冰雪赛事活动市场化运作，举办冰雪运动国际高水平专业赛事，培育花样滑冰、冰球、冰壶和单板滑雪等观赏性强的冰雪运动品牌赛事；冰雪装备制造业将支持冰雪装备制造企业与冰雪场地等用户单位联合开发冰雪装备，扶持具有自主品牌的冰雪运动器材装备、防护用具、设施设备、客运索道等冰雪用品企业和服装鞋帽企业发展。

在此期间，我国将建立一批产业规模较大、集聚效应明显的国家冰雪产业示范基地，2020 年达到 2 个，2025 年达到 5 个；建设一批具有较高知名度和影响力的国家冰雪产业示范企业，2020 年达到 10 个，2025 年达到 20 个；培育一批特色鲜明、市场竞争力较强的国家冰雪产业示范项目，2020 年达到 10 个，2025 年达到 20 个。

（二）我国发展冰雪运动产业需要克服的障碍

1. 场地设施不足，难以满足群众的需求

冰面供给不足，专业化不够。本市大部分地区仅有 1~2 处固定冰上运动场所，且服务水平参差不齐，有效供给严重不足，难以满足冰雪教学普及和人民群众日常冰雪运动的需求。

雪场等级低，配套不完善。由于本市冬季气候干燥且降雪稀少，各大滑雪场均依靠人工造雪，运营期仅有 3 个月；雪道规模普遍偏小，以初、中级雪道为主，高级雪道占比不足 20%；且受限于建设用地规模，缆车、餐饮、住宿等配套设施不足。

2. 参与冰雪运动的人口仍然不多，深度参与和消费动力、能力不足

本市冰雪运动基础薄弱，市民冰雪运动意识和冰雪运动技能相对较弱。2016年，参与冰雪运动的市民仅400万人次，占北京市常住人口比重不足4%，而欧美等冰雪运动发达的国家和地区冰雪运动人口比重均超过10%。本市冰上运动存在"14岁断档"的现象，即参与冰上运动的青少年在14岁之后通常因为升学压力而放弃冰上运动。

本市居民参与冰雪运动90%为娱乐性体验，而冰雪设施和服务水平相对落后制约了二次消费和参与深度。冰雪运动尤其是滑雪支出费用较大，据不完全统计，接受冰上运动专业训练年支出可达10万元以上，京郊雪场滑雪次均消费600～1000元（包括交通、门票、设备租赁等），冰雪消费仍属中高端消费，不同于欧美等冰雪发达地区人们已将冰雪度假等冰雪消费视为一种生活方式。

3. 产业发展体小力弱，价值创造能力不足

冰雪产业贡献率低。初步估算，2016年，全市冰雪产业营业收入约为6亿元，占体育产业比重约0.5%，对本市国民经济带动作用极微。本市体育产业增加值占地区生产总值比重不足1%，与发达国家体育产业2.1%的比重还有较大差距，其中冰雪产业起步较晚，规模远低于欧美等冰雪发达国家。各区虽然有部分冰雪企业入驻，但尚未形成规模。

冰雪产业链条短、辐射小。欧美冰雪产业较为发达的国家已经形成涵盖滑雪度假区、冬季体育设施生产与销售、滑雪科研、滑雪教育培训等完整的大冰雪产业体系。而本市冰雪核心产业与本市丰富的科技、教育、文化、旅游资源缺少深度融合，冰雪旅游、推广、培训、产品研发等关联产业规模较小，"冰雪+"多元融合发展模式还处于探索阶段。

冰雪赛事策划举办运营能力不足。本市多数冰雪场馆在选址、场地建设、设计、配套设施建设等方面与国际知名冰雪赛事承办要求存在较大差距，如具备承办国际冰球赛事条件的场馆仅首都体育馆、五棵松体育馆等2～3处场馆，2017年度本市承办的国际知名冰雪赛事活动仅有5次。

4. 冰雪运动和产业专业人才短缺

专业运动方面无法匹配"准双奥城市"的竞技水平。目前本市尚未实现冬奥会雪上项目全覆盖，缺少广大青少年冰雪运动基础群体、成熟的俱乐部运营模式和专业人才选拔培育机制，极大地制约了本市冰雪竞技水平

的提升。

冰雪产业从业人员数量与行业发展潜力开发之间有严重的供需矛盾。专业教练员、冰雪运动社会体育指导员等各类专业技术人员、校园辅导员等不能满足本市冰雪运动普及推广需求。冰雪企业领军人才、赛事策划与组织人才、赛事与活动的营销人才等专业人才严重缺乏。

5. 政策效力的发挥仍有较大空间

冰雪优惠政策有待进一步落地，冰雪产业发展受到土地性质、水电成本高、税费负担重等政策制约，如滑雪场发展普遍反映规划建设用地不足导致雪道、索道、员工宿舍等建设受限，无法满足日益增长的市场需求；现行用水定额分配制度为按月核定水量，且不允许定额核定水量跨月使用，不符合行业季节性用水特点；冰雪场馆按商业设施而非体育设施计税的问题尚未解决。资金投入有待进一步加大，2016 年，市体育产业发展引导资金冰雪运动项目支出 2764 万元，主要以补贴冰雪运动消费为主，约占体育产业发展引导资金比重 6.2%，不到足球、篮球投入的一半。

五、冰雪运动是成长中的竞技运动

（一）冬季奥运会简介

自 1924 年法国夏慕尼举办第一届冬季奥运会，到 2018 年在韩国平昌举行第 23 届，冬奥会经历了近百年的历史，但只在北美洲举行过 5 次，在亚洲举行过 4 次，其他均在欧洲进行。中国自 20 世纪 90 年代低调进入冬奥会，截至 2018 年平昌冬奥会，一共获得 13 块金牌，项目以短道速滑与花样滑冰为主。

平昌冬奥会共设 15 大项、102 小项，其中雪上项目约占 75%，冰上项目约占 25%，也就是说，雪上项目上不去，金牌总数难以占先。现在奖牌榜前 10 名的都是北半球国家，欧洲占 6 名，美洲与亚洲各占 2 名，纬度偏高的国家具有发展雪上运动的优势。

冬奥会的雪上项目都在室外进行，冰上项目都在室内进行，前者受冬季时间长短影响，后者不受季节影响。中国没有生产冰壶的那种特殊的花岗岩石原料，只能到苏格兰去买，每个冰壶要花 1 万～1.5 万元人民币，一套冰壶总共有 16 个，大约要用 20 万元，冰壶在中国普及显然是不可能的。

（二）2022 年北京冬奥会

2022 年北京冬奥会的成功筹办，将昭告世界这样的一组信息：冰雪运动将从发达国家走向发展中国家，从贵族化的精英运动项目转向大众化的体育普及项目，从高寒地带向温带地区开放，这些变化不仅对中国体育运动发展的深度与广度产生深刻的影响，而且给世界冰雪运动的未来形成方向性的指引。

北京、张家口正在积极筹办2022年冬奥会。践行《奥林匹克2020议程》，坚持"绿色办奥、共享办奥、开放办奥、廉洁办奥"的理念，转换观念，广泛吸引社会力量参与筹办和备战参赛工作，将筹办冬奥会作为实施京津冀协同发展战略的重要举措，树立奥林匹克运动与城市良性互动、共赢发展的典范，举办一届精彩、非凡、卓越的奥运盛会。

2022年第24届冬奥会，北京主要举办冰上比赛，张家口主要举办雪上比赛。此次冬奥会一共有15个大项（其中北欧两项包括跳台滑雪和越野滑雪），共设109个小项。其中7个小项是本届冬奥会新增的。

这届冬奥会将为"无以伦比"的评价平添新的内涵，为世界冰雪运动文化增添异彩，而中国冰雪军团对冰雪运动的理解、为之不懈的努力与出人意料的战绩，也将为上述论断做出佐证。因此，中国冬奥军团的备战已经成为全国、全球瞩目的大事件。

北京冬奥会上中国代表团的目标是"全项目参赛"。从中国开始参赛的1980年那届冬奥会算起，各届的参赛率统计如下：美国、加拿大、意大利与日本均超过94%，南斯拉夫、韩国、法国均超过了80%，最低的挪威也达到了77%。

要实现这一目标还是很困难的，在平昌冬奥会上中国代表团曾有49个缺项，这次全得补上。而且根据国际冰雪运动组织的规定，这109个小项中仅有61个是东道主具有直通资格的，其余48个须靠积分或排名争取资格。而高山滑雪超级大回转、滑降等项目必须通过国际雪联积分才能获得参赛资格。我国现有运动员的实际水平还有很大差距。

（三）备战2022年冬奥会的战略思考

1. 优化冰雪运动竞技项目布局

优势项目和潜在优势项目要重点发展，一般项目有侧重地发展，新开展的项目要跨越式发展。鼓励东北三省开展更多的冰雪项目，加快北京、河北、新疆和内蒙古等地冰雪项目的发展速度，调动其他有条件的省、区、市开展适宜的冰雪项目。发挥高等体育院校的人才、科研优势，推动新开展项目的引进、推广和提高。

2. 完善冰雪运动后备人才培养体系

全力备战 2022 年冬奥会,完善以各级各类体校、体育学院和专业队为主,以大中小学校和社会培训机构为辅的人才培养体系。加强高水平后备人才基地的建设,改善后备人才培养的训练设施和师资条件。打通冰雪运动项目和夏季运动项目后备人才的培养渠道,鼓励人才共享。

3. 冰雪运动竞技水平和国际竞争力全面提升

基本形成冰雪运动竞技项目布局更加合理、结构更加优化、发展更加均衡、成绩显著提高的全新发展格局,力争在 2022 年冬奥会上综合实力跻身世界先进行列,实现运动成绩与精神文明双丰收。

4. 全面推进冰雪运动"南展西扩"战略

以京津冀为引领,以东北三省提升发展为基础,发挥新疆、内蒙古等西北、华北地区的后发优势,带动南方地区协同发展,形成引领带动、三区协同、多点扩充的发展格局。

(四) 以北京冬奥会促冰雪运动繁荣发展

四年的备战周期太短。特别是对于一个冰雪自然条件恶劣、场地设施几乎为零、冰雪运动基础薄弱、冰雪竞技长链破碎、民众普及程度低下的国家而言,要做的事情实在太多,面对的困难更多。确立一个维护国家尊严、民众认可、切实可行的运动项目发展战略目标是这次备战的当务之急。多年来,在国内外综合性运动会上,我国一直以金牌总数(既不是奖牌总数,也不是金牌的含金量)为终极目标。这种以金牌总数论英雄的心态与做法,显然不适合 2022 年的北京冬奥会。今天我们不得不直面近年中国竞技体育整体衰落的现状:里约未能阻止伦敦倒退的脚步,平昌未能扭转索契下滑的趋势。一些优势项目已无绝对实力,后备力量捉襟见肘,要以"跨界"的方式应对。

由于上一轮体育改革的停顿,训练、竞赛、选拔、激励等环节都存在着体制问题,因此,这届冬奥备战不得不与竞技体育体制改革同步进行,这大大增添了备战的难度。但是,从某种意义上讲,体育改革的推进将是这次备战冬奥获胜的决定性因素。不能再走以备战为借口停滞改革的老路,这条走不通的老路已经给中国体育留下了诸多后患。也不能对"东道主效应"给予过高的期待。据国内外专家的估计,主办国可以获有 3%～8% 的东道主便利,即使将这种便利提升到 30%,甚至 300%,北京冬奥会上中国的金牌总数仍然难以进入奥运会金牌榜的第一梯队，因为在平昌冬奥会上，我们只有一块金牌入账。

里约、平昌冬奥会的经历告诉我们，在关键项目、关键场次，遭遇关键对手，获得关键胜利，其政治效应、社会心理效能是不可低估的。当今中国的社会心理需要胜利的鼓舞，更需要面对强敌与困境不屈不挠、反败为胜的精神支持。花滑、冰壶、短道、雪上技巧等项目都有可能出现这种戏剧效果。有所舍才能有所得。希图东方不亮西方亮的办法不适合冰雪运动，尤其不能期盼四年后张家口的雪上项目会因此出现某种奇迹，搓麻将可以凭侥幸，打桥牌不行，冰雪运动是体育运动中的"桥牌"，它的技术高于运气，必然胜于偶然。指望靠一些"小动作""小计谋"，像韩国在平昌短道速滑中所做的那样，凭一些令人不齿的行径取胜，更不是我们这个泱泱大国的做派。

知己知彼，百战不殆。要打好信息战，这是备战过程不可忽视的第二战场。这是中国乒乓球队长盛不衰的重要原因。平昌冬奥会期间发生的短道速滑对规则理解的屡屡失误，就是因信息不灵造成的，不能重蹈这一失误。科学训练是竞技取胜的唯一法宝。科学训练的第一要义就是尊重运动训练的客观规律。尊重运动项目制胜的规律，尊重运动员成才的规律，尊重竞技状态出现的规律，做到不侥幸，不蒙事，不懈怠，不折腾，不越俎代庖，不滥用行政命令。

有些优势项目将受到保护，鼓励支持它们形成多支专业队公平竞争的局面，如短道速滑、花滑等。有些项目发展势头很好，又有观众市场，可以将它们推进职业体育范畴，如冰球、冰壶。有些项目可以发展成青少年运动项目，在局部地区可以编入学校体育教材，如速滑、速降。有些项目难度很高，只能成为小众、精英活动，可以让它们在专业体育学校生存发展，如雪上技巧、高台滑雪。有些项目场地设施成本过高，与世界差距过大，还有较高的危险性，可以考虑放弃，或保留少数人到国外去训练。要将冰雪运动列入全民健身的家庭体育、青少年体育和体育产业范畴，让它在 2022 年后永远留驻中国。

结束语

要为将北京冬奥会纳入中国冰雪运动的未来做整体谋划。北京冬奥会不过是 16 天转瞬即逝的一项节事活动，而亿万人参加冰雪运动则是改变全民健身整体格局，影响千家万户对美好生活的追求，形成巨大体育经济效益的伟大事件。

因此，冬奥备战必须与冰雪文化的长期建设结合起来做超前考虑，避免短期行为，避免人一走茶就凉，赛一完雪就停。更不要像索契、平昌一样，比赛一结束，冬奥会的建筑就成为垃圾废墟。

只有冰雪运动持续发展，才符合我国体育发展的根本利益。

谢谢聆听！

健康中国与全民健身

(2018 年 5 月在潮州全国运动康复研讨会上的讲话)

前　言

2016 年秋天,在上海举行了一次意义深远、不同凡响的"全国卫生与健康中国大会",会上推出了一份重要的文件,即《"健康中国 2030"规划纲要》(以下简称《纲要》)。

这份关照中国未来 15 年、与"绿色中国""美丽中国"相辅而行的《纲要》,让我们更多地看到了中国改革开放近 40 年取得的惠民成果,也让我们憧憬中国走向现代化的未来远景。

作为体育人,在参与《纲要》的制定过程中,我深深意识到了中国体育将承担起重大的社会责任。

一、健康中国的提出及其意义

(一)国际健康促进发展背景

国际健康促进发展,最早可追溯到 1978 年的国际《阿拉木图宣言》:"健康是人类的基本权利——获得最高质量的健康状况是全世界共同追求的目标。"

1986 年,世界卫生组织发布的《渥太华宣言》提倡了"健康促进"运动,并指出"健康促进"不仅仅是国民的健康素养促进,应是"国家层面"的公共健康促进。

2007 年,美国运动医学会(ACSM)推出"运动是良医"项目,鼓励医生开运动处方治疗慢性病。到了 21 世纪,随着人类对健康认识的逐步深入,"全方位健康"观达成共识。美国、日本等国都对国民健康给予高度重视,并制定国民健康发展战略。美国自20世纪70年代起每10年制订健康计划,目前是《健康公民2020》,该计划包括一系列体力活动促健康发展。

(二) 我国健康建设的发展历程

健康中国建设起始于2008年原卫生部启动的"健康中国"战略研究,组织相关专家历经3年多,于2012年研制出《"健康中国2020"战略研究报告》。该研究报告包括总报告、促进健康的公共政策研究、药物政策研究、公共卫生研究、科技支撑与领域前沿研究、医疗模式转换与医疗体系完善研究、中医学研究等。报告提出了今后的工作重点之一——制订针对健康危险因素的全民健康生活方式行动计划,开始出现与全民健身较为接近的提法。

由于仅为卫生部门的单打独斗,《"健康中国2020"战略研究报告》缺乏跨部门的联合作战,这与大卫生、大健康的理念相差甚远。因此未受到广泛的重视,未能很好地实施。

健康中国建设必须以有利于维护和促进健康的公共政策为根本,实现多系统、多部门、全方位的合作。2015年,李克强总理在第十二届全国人民代表大会第三次会议上首次将"健康中国"写进政府工作报告。同年10月份召开的十八届五中全会通过的《中共中央关于制定国民经济和社会发展第十三个五年规划的建议》提出"推进健康中国建设",标志着"健康中国"上升为国家战略。"推进健康中国建设"部分共8节,第7节中首次提到广泛开展全民健身运动。接着《纲要》顺势推出。

《纲要》的提出是符合当今广大民众对健康的强烈需求的,它的提出顺应了现阶段中国经济与社会发展的实际状况,是民生工程建设的重要组成部分,也与世界卫生组织推行的"健康促进运动"遥相呼应。

《纲要》明确了今后15年健康中国建设的总体战略。这个战略要牢固树立和贯彻落实创新、协调、绿色、开放、共享的发展理念,坚持以基层为重点,以改革创新为动力,预防为主,中西医并重,将健康融入所有政策,人民共建共享的卫生与健康工作方针,坚持以人民健康为中心。

《纲要》提出,要站在大健康、大卫生的高度,完成普及健康生活、优化健康服务、完善健康保障、建设健康环境、发展健康产业等5个方面的战略任务。这份《纲要》将健康放在国家发展优先的重中之重的位置上。

《纲要》提出,"把健康摆在优先发展的战略地位,立足国情,将促进健康的理念融入公共政策制定实施的全过程",加快形成有利于健康的生活方式、生态环境和经济社会发展模式，实现健康与经济、社会协调发展。

《全民健身计划（2016—2020 年）》（以下简称《计划》）和《纲要》的实施必将对提高中国社会整体的健康品质，提高人民群众的生活质量、生命质量起到重要的作用，一定会受到广大人民群众的认可、欢迎和支持。它对推进长期困扰中国的医疗体制改革，提高国家的软实力，也具有重要的价值。

（三）"健康中国2030"的目的、目标与指标

1. 目的和目标

建设健康中国的根本目的在于立足全人群和全生命周期两个着力点，惠及全人群，使全体人民享有所需要的、有质量的、可负担的预防、治疗、康复、健康促进等健康服务，突出解决好妇女、儿童、老年人、残疾人、低收入人群等重点人群的健康问题。要覆盖全生命周期，实现从胎儿到生命终点的全程健康服务和健康保障，全面维护人民的健康。

到2030年，具体实现以下目标。

（1）人民健康水平持续提升。人民身体素质明显增强，人均健康预期寿命显著提高。

（2）主要健康危险因素得到有效控制。

（3）健康服务能力大幅提升。

（4）健康产业规模显著扩大。

（5）促进健康的制度体系更加完善。

2. 指标

（1）主要指标之一。

健康水平指标1：人均预期寿命（岁）。2015年：76.3岁；2020年：77.3岁；2030年：79.0岁。

健康水平指标2：城乡居民达到《国民体质测定标准》合格以上的人数比例。2015年：89.6%；2020年：90.6%；2030年：92.2%。

（2）主要指标之二。

健康生活指标1：居民健康素养水平。2015年：10%；2020年：20%；2030年：30%。

健康生活指标2：经常参加体育锻炼的人数。2015年：3.60亿人；2020年：4.35亿人；2030年：5.30亿人。

健康服务与保障指标1：重大慢性病过早死亡率。2013年：19.1%；

2020年：比2015年降低10%；2030年：比2015年降低30%。

（四）当前中国严峻的健康形势

当今，我国城乡居民的健康问题已十分严峻。

2003年，我国18岁及以上成年人超重率为30.1%，肥胖率为11.9%，与2002年相比，增加幅度为32.0%和67.6%；6～17岁儿童青少年超重率为9.6%，肥胖率为6.4%，与2002年相比，超重率增加1倍，肥胖率增加2倍。

不论成人还是儿童青少年，超重率、肥胖率增长幅度都高于发达国家。

1985—2014年，我国中小学生除肺活量、速度50米和女生仰卧起坐等指标下降放缓，略有回升迹象，速度、力量、爆发力、耐力、视力以及超重和肥胖等指标，从整体上，皆呈现下降趋势。其中，反映学生的耐力、力量素质指标和反映学生健康水平的指标呈严重下降趋势，城市7～18岁男生在2005年、2010年和2014年三次肥胖检出率的均值分别为11.39%、13.33%和11.08%，均超过世界卫生组织公布的10%的"安全临界点"。更为突出的是，学生视力不良检出率不断攀升，且向低龄化发展。2014年城市高中学生视力不良检出率均值高达86.38%，这种状况正在向低龄化方向发展，这与近年来学生长时间使用手机、平板电脑等有很大的关系。

改革开放40年来，经济建设取得巨大成就，但道德、法治与文化建设相对缺失，社会形成过度追求经济效应、急功近利等不良社会氛围，不同程度地扭曲了全社会的价值观、人才观、教育观和道德观。这一恶果折射到学校、家庭和社会，加重了学生学习、升学和就业的压力；折射到体育管理环境中，则产生有令不行、行而无果的尴尬现状。最终导致学生体质持续30年下降，已进入难以扭转的困局。

根据世界银行的预测，今后20年内中国慢性病的发病人数会增加2～3倍。近20余年，我国医药卫生费用以每年20%的速度增长，其中80%用于慢性病的防治，每年有77亿人次到医院看病。慢性病导致的死亡数占中国总死亡数的85%，慢性病经济负担的增长速度远远超过GDP的增长速度。

还应该指出的是，各种与运动缺乏有关的非传染性疾病蔓延的势头没有得到抑制（目前中国患有高血压的人数有1.6亿～1.7亿人，高血脂1亿多人，糖尿病9240万人，超重、肥胖7000万～2亿人，平均每30秒死于癌症、糖尿病和心脑血管疾病各1人。2013年慢性病患病率已达20%，死亡数占总死亡数的83%。中国人的腰围增长速度居世界之冠，肥胖人口达

3.25亿人）。就在此时，《纲要》应时出台，而且在《纲要》中强调了全民健身的重要性，这绝非偶然，这是疾病历史发展的必然，也是社会健康发展规律的作用使然。

二、作为健康中国国家名片的全民健身

在我国人群死亡前十位疾病的病因和疾病危险因素中，人类生物学因素占31.43%，行为生活方式因素占37.73%，环境因素占20.04%，医疗卫生保健因素占10.08%。可见，制约健康的是多因素、复杂的系统，这些不但需要个人的努力，更需要国家从"健康中国建设"需要来营造卫生、防疫、体育、文化、教育、旅游与环保等多部门联合工作机制。

经过多方努力和论证，终于将这份原本仅为卫生系统单一的部门规划演变成多系统共同参与的国家水平的规划，特别是在这份《纲要》中纳入了体育的要素，国家体育总局成为制定《纲要》的副组长级单位，这是顺理成章的，是中国健康观念和健康促进行动的一次巨大的进步。

从此，冷落体育来讨论国家健康问题的时代将成为过去。这份《纲要》，包括序言及总体战略、普及健康生活等8篇29章内容。第六章"提高全民身体素质"中明确提出，广泛开展全民健身运动，普及科学健身知识与健身方法。加强体医融合和非医疗健康干预，建立运动处方库，推动形成体医结合的疾病管理与健康服务模式，发挥全民科学健身在健康促进、慢性病预防和康复等方面的积极作用。

（一）现代经济与社会发展对健康与体育提出的新要求

今天，中国社会出现的种种社会问题，如人口快速老龄化、城市过度拥挤、环境污染严重、非传染性慢性病高发、国民体质下降、医疗资源短缺和医疗费用高涨，是多数工业发达国家在达到今天中国经济和社会发展的相近水平时都遭遇过的。

于是，这些国家都推行了与《纲要》相类似的全国性健康计划（如日本先后推出的《健康日本第一波、第二波》《21世纪，健康日本》，美国的《健康公民2000》等）。与此同时，这些国家也花费了巨大的精力，进行社会动员，开展了一个被称为"sport for all"的大众体育运动与之配合。

（二）体育的本质：增强体质、促进健康

体育在获取人类健康方面的社会作用是无可替代的。它表现出了主动、积极、高效、绿色和共享等特征。它给人们带来的乐观的生活态度与心理

健康方面的满足，已经受到广泛的关注和肯定。它在获取健康方面表现出的超前、方便、廉价。

国内外大量的医学和体育的科学报告已经阐释了体育运动对促进健康、提高身体机能、防止慢性疾病、加速患者病后康复、医治心理疾患、改善人的社会品质，以及防控健康风险的价值。共同的结论是，体育对人类健康的作用是任何药物和其他医学手段不可替代的。

（三）20年全民健身活动已在促进社会健康方面大显身手

1995年，我国开始推行《全民健身计划纲要》；2009年，颁布了《全民健身条例》；2010年，开始推行首期《全民健身计划》；2014年，在国务院46号文件中，将全民健身上升为"国家战略"；2016年，开始推行第二期《全民健身计划》。20多年来，全民健身事业得到了长足的发展，全民健身的理念已深入千家万户，全国有3亿多成年人经常参加体育活动，这是一个了不起的，也是不容忽视的成就。

20余年来，民众体育健身意识普遍增强，体育健身逐步进入人们的日常生活。据统计，截至2014年年底，全国经常参加体育锻炼的人数比例达到33.9%，比2007年提高了5.7个百分点，其中16岁以上（不含在校学生）的城市居民达到19.8%，农村居民达到9.5%，分别比2007年提高了6.7个和5.4个百分点。学生参与体育锻炼的政策体系更加完善，老年人、残疾人参加体育锻炼的人数有明显增长。

根据2014年国民体质监测的结果，我国城乡居民达到《国民体质测定标准》合格以上的人数比例为89.6%，比2010年提高0.5个百分点，其中优秀等级为13.1%，良好等级为26.5%，合格等级为50%。

将全民健身事业纳入各级国民经济和社会发展规划、将全民健身事业经费纳入各级财政预算、将全民健身工作纳入各级政府年度工作报告（简称"三纳入"）是落实《规划》的重要抓手。经过几年的努力，目前除西藏和新疆，全国绝大部分地区基本实现了省、市、县三级政府"三纳入"全覆盖。

全民健身作为公共产品纳入国家公共服务体系，正在实现普及化、均等化发展，体育场地设施有了明显的改善，社会体育指导员数量迅速增加，大批全民健身类体育社团如雨后春笋般发展起来，人们自发参加体育活动的热情高涨，如井喷式出现的群众性马拉松、龙舟等比赛，产生了巨大的社会影响。更为重要的是，全民健身与旅游、休闲、养生、保健相结合，运动休闲逐步得到社会承认,一个多元化、普及化、科学化、民族化的全民健身格局已经形成。

令人欣喜的是,在"我参与,我健康,我快乐""每天锻炼一小时,健康工作50年,幸福生活一辈子"等口号的鼓舞下,亿万民众为了拥有健康、为了提高生命质量,自觉参与全民健身活动,这已经成为越来越多中国民众选择的生活方式。

全民健身活动不仅是过去时、现在进行时,而且应该成为将来时。因此,对国民健康起基础作用的全民健身活动,毫无疑问应该在《纲要》中占据重要位置。

三、全民健身将为"健康中国2030"做出什么贡献

(一)体育可对社会健康实行群体性关照

体育的普遍化、生活化、群体化可以向每一个社会成员发起以维护健康与提高生命质量为动机的体育动员,可以给予亿万不同性别、年龄、职业、社会地位的民众来自体育健身的恩惠。遍布城乡的全民健身活动是当今中国参与度最高、惠及人群最多的一种文化活动。体育还可以对社会弱势群体(老年人、残疾人、妇女、农民工等)给予特殊的关照。

(二)防治和减少伤病与疾患,延长平均寿命,是建设小康社会的前提

体育作为一种非医疗干预的健康手段,对预防身心疾病发生所起的作用越来越受到社会重视,特别是针对因缺乏运动而造成的各种慢性疾病有显著的作用。

(三)提高社会活力程度,是建设和谐社会的积极因素

全民健身活动可以提高社会的组织化程度,体育社团是社会普及程度和民众参与比例最高的社会组织,体育志愿者是在青少年中响应程度最高的人群,这些都能对社会发展和社会稳定起到积极作用。

(四)实现医疗与体育相结合,更可以形成一股强大的社会健康力量

——卫生的健康体格检查与体育的国民体质测定相结合,可更全面准确地描述国民的身心状况。

——合理的营养与适度的运动相结合更能真正解决健康问题。

——制定各种不同人群的健身方案、开设"运动处方"必须医疗与体育联手。

——体育运动在抵制各种不良嗜好、恶习（吸烟、酗酒、暴饮暴食、电动、游戏、手机控等）等方面有特殊价值。

——体育运动在应对自然灾害、安全事故等危险时可提供身体与技能方面的帮助。

——科学的健身运动都要在医务监督下有效进行。

——运动康复医学将成为未来医学与体育科学发展共同关注的重点。

四、健康中国将对全民健身产生哪些影响

（一）体育的改革与发展可以进一步得到"顶层设计"的关注

国家在讨论社会健康、健康环境、公共健康服务体系、健康产业、政府监管职责等一系列重大问题时，都不再忽视体育的作用。国家在讨论体育的改革与发展时将会把体育放在国家安全、人民福祉的角度来考虑，而不仅是奥运金牌数量、运动项目发展、体育产业产值等。

（二）促进国民体育价值观的全面改善与提升

中国的竞技体育过分强势，造成了全社会体育价值观的偏颇。在特定的历史条件下，发挥竞技体育的政治功能，凝聚民族意志是必须的，但最终形成一个只有少数人参与的"精英竞技"，而置多数民众的体育权利、健康权利于不顾，显然偏离了发展体育运动的初衷。《纲要》的出台将有利于加速体育改革的步伐，摆正国民的体育价值观。

（三）促进全民健身基础条件的改善

在落实《纲要》的过程中，发展全民健身的基础条件应该能得到改善，特别是体育场地设施的条件。各国发展大众体育的经验证明，在初始阶段，狠抓场地设施的建设是大众体育发展的前提。例如，德国从20世纪60年代开始，实施了长达数十年分多期完成的《黄金计划》，这一计划不仅增加了体育场馆的数量，而且大大提高了体育场馆的科学化、智能化水平。

这份《纲要》实施后，我们希望不再看到大妈们在街头广场跳舞，孩子们不再随意游泳、滑冰，学校里恢复使用被"冷落"多年的球场、田径场、单杠双杠。希望中国体育场馆设施的骄傲不再是鸟巢、水立方，而是居民社区的体育场地设施。

五、健康中国与体育变革

有学者研究显示，中国人一生 60%～80% 的健康投入都花在临死前一个月的治疗上。45 岁以上人群高血压的诊断率、治疗率、控制率分别为样本量的 56.2%、48.5%、19.2%，意味着 33% 的高血压患者没有进行控制。这是对国人缺乏主动健康、体育运动前置理念的鲜明写照。

在制定《纲要》时，许多专家都提出要将健康的关口提前，使人们获取健康的被动化为主动，消极化为积极，强制化为自觉。所谓被动、消极与强制，就是指人们在罹患疾病之后不得不采用临床医学、康复医学的方法来恢复健康，而主动健康则是指"治病于未病"，主要手段是体育运动与健康教育。

为此，我提出体育运动的"四个前置"。

（一）在国家经济与社会发展的整体活动中体育地位的前置

中国传统文化轻视体育，在古代几乎没有体育的地位。到了近代，体育是从西方传入的舶来品，可有可无，自生自灭。到了当代，体育在行政、学术、经费等排序时总居于末位。一旦精简行政机构，第一个被裁掉的就是体委、体育局。最近中国社科院编写了《2016 年中国社会蓝皮书》，全书几十万字竟只字未提体育，好像体育不存在于今天的中国社会一样。

（二）在医疗健康干预与非医疗健康干预排序过程中体育地位的前置

医疗卫生关系到人们生老病死的切身利益，是社会最敏感的神经。医疗卫生的重要性是不言而喻的。医疗卫生经费问题常常会成为国家社会矛盾的焦点，甚至上升到政治层面，在国外会成为选举总统成败的关键问题。在人口寿命普遍延长的现代社会，国家与家庭医疗经费的突增已经成为不可遏制的趋势。但是在中国，国家投入的医疗经费与体育经费呈畸形的比例关系，全国医疗经费每年为 40588 多亿元，体育经费仅 1000 亿元，差距悬殊。

（三）在教育中的体育地位的前置

我国的教育方针是德智体美全面发展，而且特别强调"健康第一"，而实际上无论学校的健康教育，还是体育教育都没有受到足够的重视。30 多年来，学生的体质状况下降的趋势始终未能得到根本改善。我们的学校正在源源不断地把一批批缺乏健康知识和体育知识技能、没有体育兴趣和习惯、健康状况欠佳的青少年推进社会，再推进日益昂贵的医疗系统中去。因此，我们必须在学校教育阶段把学生的"生命观""健康观""运动观""休闲观"建立起来。

（四）在体育内部要做到全民健身地位的前置

改革开放初期，我国发展竞技体育的举国体制所形成的"金牌至上""竞技优先"的巨大惯性，经过多年的体育改革，虽有所变化，但体育结构中全民健身与精英竞技孰轻孰重的问题还要在供给侧改革中做进一步调整，以适应"健康中国"的大格局。

结束语

《纲要》是令人振奋的，它是一份健康事业的宣言，也是中国体育发展的里程碑，终将影响到中国的亿万家庭和每一个社会成员。中国不仅要有优良的自然环境，优质的、平等的医疗卫生服务，也要有高效率的、讲科学的、有尊严的体育健身文化。

一个大健康、大卫生、大体育的格局已经出现在我们面前，这是机遇，也是责任。让我们共同努力，将《纲要》的福音传递出去，让《纲要》的文字内容变成"健康中国"的生动现实。我们不仅要成为全民健身的参与者，也要成为健康中国的建设者，并在参与和建设的过程中成为受惠者。

体育改革的回顾与展望

（2018年10月在纪念改革开放40周年大会上的讲话）

前 言

中国体育改革怎样进行，结果如何？这是举世瞩目、人人关注的问题，因为体育是社会的缩影，体育改革是中国社会体制改革成败的标志之一。

中国近代体育是从西方传入的，当代体育则是从计划经济体制中脱胎出来的。改革，其实质是体育社会化，因为社会化是解放体育权能的本质需求。这场改革的目标是创建一个小政府、大社会的，能够实现共建、共享、共治的社会组织治理格局的国家体育体制。在这个体制下，人民尽享参与体育的权利，真正成为体育的主人，体育能最大限度地运用国家经济与社会发展的成果，与经济体制和社会体制改革同步进行。

这场改革的路线是，在顶层设计的指导下，自上而下逐步推进，分阶段完成。这场改革的操作性概念是，实现中华全国体育总会、中国奥委会，以及各全国性单项运动协会的实体化，引导地方各级体育机构做出相应变革。撬动这场改革的杠杆是国家队体制的改革，因为这将从根本上动摇举国体制的垄断性，从而牵动一系列后续改革。

在体育改革过程中，要重新梳理体育的观念，定义体育的概念，确认体育的价值与功能，为这一改革奠定坚实的理论基础。

一、中国体育改革的阶段划分

第一阶段，体育改革的摸索阶段（1980—1988年）

1980年提出的改革目标是"以革命化为龙头，以社会化、科学化为两翼，实现体育的腾飞"。在这一阶段，市场经济、社会综合治理、公共服务等概念还未提出，体育改革定位还不准确，强调完善举国体制。在这一阶段，感受了 1984 年洛杉矶奥运会的兴奋，也领教了 1988 年汉城奥运会的痛苦，知道了竞技体育的重要性，明确了体育改革的必然性。

第二阶段，体育改革的高速运转阶段（1989—2000 年）

在这一阶段，中国体育经历了 1990 年北京亚运会，1993 第一次申奥未果，2001 年第二次申奥成功，体育改革走上正轨，"一法三纲"出台，开始尝试作为改革突破口的足球职业化改革，体育彩票开始发行。但体育改革遭遇了前所未有的阻力，改革领军人物伍绍祖被逼下台。

第三阶段：北京奥运会的特殊阶段（2000—2008 年）

经过长达 7 年的筹备，2008 年成功举办了第 29 届奥运会，举国忙于奥运，忙于与国际对话，忙于竞技运动水平的迅速提升。体育改革事宜让位给奥运会，改革被冲淡置后，有些方面还出现了与改革相悖的倒退做法。

第四阶段：体育改革的基本停滞阶段（2009—2016 年）

这一阶段体育改革基本无作为。反映到伦敦、里约两届奥运会上，则是金牌数、奖牌数逐届锐减，几个优势项目失手，兴奋剂事件不断考验着中国体育。运动项目管理中心、国家队、全运会等遭到舆论诟病，爆出的各种腐败问题，严重困扰着竞技体育。

二、中国体育改革几次错失机遇

1978 年，改革开放之初，中国竞技体育最远端、最薄弱的部分——业余训练的突然萎缩，敲响了改革的警钟。然而，40 年的事实证明，将业余训练提升为半专业训练与专业训练的做法，未能解决竞技体育后备力量薄弱与青少年体质下降的基础性体育问题，因为这一动作恰恰与体育改革的大方向背向而行。

1988 年，对汉城奥运会失利的反思，本应成为体育改革的良机。但是，习惯性地将汉城的失利归结为固有体制的实施不力，反而强化了以政府为主导的体制，推延了改革的步伐。

1998 年，新一届政府旨在推行"小政府，大社会"的行政机构改革，体育行政机构本应在这场全国性的改革中顺势推行体育改革，然而体育改革在一场"体委保卫战"中受挫，再次错失了改革的良机。而此时，县级体育机构大多被并转，造成了体育资源的严重流失，县级业余训练遭到致命的打击。

2008 年北京奥运会的成功举办，为体育改革提供了极佳的时机与良好的社会心理准备，人们期待北京奥运会可以成为中国体育改革的里程碑，然而，体育改革依然处于休克状态。

2018年，体育改革进入深水期，然而，这一轮改革再次与东京奥运会和北京冬奥会狭路相逢。四年一度的奥运会多次成为体育改革延缓迟滞的借口，由于特殊的政治因素，东京奥运会上的金牌压力与北京冬奥会的成功筹办确实成为当前社团化改革举棋不定的现实问题。

另一个棘手的问题是当前的社会维稳对体育社团的不信任，无人愿意承担报备责任。此外，体育社团的经费来源、与原有系统的脱钩、社团的工作方法、社团的人员素养等一系列问题，能否正确处理体育改革和两场与中国密切相关的奥运备战之关系，做到以备战促改革，以改革强备战，都在考验着这一轮改革者的智慧与能力。

三、体育改革的重点、难点与疑点

毫无疑问，竞技体育训练与竞赛体制是体育改革的重点，原因如下。

（1）中国体育的行政体制与竞技体育体制关系十分密切，在国家体育总局行政机构和直属事业单位中，全面负责群众体育的只有2个，其他不是全部服务于竞技体育，就是被赋予了大部分服务于竞技体育的职能。

（2）竞技体育体制占据着全国体育的绝大部分体育资源。

（3）竞技体育体制改革制约着其他体育体制，包括体育行政管理体制、群众体育体制、学校体育体制、体育产业体制的改革与发展。

（一）竞技体育体制改革中的重点环节

1. 业余训练与专业体育的关系

20世纪50年代形成的、与教育有紧密联系的业余体校体制，到80年代迅速衰减，我国的业余训练至今没有找到一个适宜的体系，以及与专业队衔接的方式。

2. 专业体育与职业体育的关系

进入职业化的足球、篮球等项目，始终未能解决好职业比赛与专业比赛（全运会、奥运会等）的关系，未能解决好专业比赛的社会效益与职业比赛的经济效益的关系，形成两败俱伤的局面，甚至一昧否定职业体育，退回原点。

（二）竞技体育体制改革的难点

（1）领导体育改革的第一负责人改革决心是否坚定，是否愿将改革落在自己的任期内。

（2）总有推迟、回避改革的借口：如运动会国际赛事频繁，运动会的政治包袱重。

（3）认为举国体制还存有优势。

（4）部分体育界人员素质过低，不愿放弃既得利益。

（5）体育彩票改变了竞技体育财力不足的窘境，改革发自经济的动力不足。

（6）在改革过程中，出现体育资源流失的现象。

于是，体育改革出现了"肠梗阻"的现象。

体育改革的长期滞后带来的问题是严重的，不能再持续下去了。施行近70年的竞技体育管理体制是一种具有高度行政垄断性质的、与计划经济体制完全契合的体育体制，是"文革"时期专制主义文化在体育中的残存物。这种体制已经暴露出越来越多的无法克服的弊端，因为这种体制的垄断性压抑了它的创新精神，这一体制正在承受着巨大的制度性成本和代价，包括人文成本、经济成本和政治成本，从而使竞技体育无法得到从容的发展。

这一体制将体育资源高密度地集中在高水平竞技体育的高端（亦称"顶层修补"），其运行结果是将短期目标长期化、揠苗助长经常化、竭泽而渔普遍化，造成了我国竞技体育捉襟见肘的窘境，使得教育部门与体育部门各自为政，业余体育与专业体育产生断裂，专业体育与职业体育难以衔接。

（三）竞技体育体制改革的理论疑点

在当今的体育改革中，有些理论上的疑点直接影响着对改革的认识，主要集中在以下两点。

1. 对举国体制的认识

应该认识到，我国固有的体育管理体制既没有将体育行业的方方面面包括进来，更没有将全国各行各业的积极性调动起来，只是借用"举国"一词掩盖由政府管、政府办的实质。今天，我国的体育已经发展成如此巨大的规模，政府已经管不过来，更办不过来。这个体制已经阻碍了竞技体育的发展。

2. 对金牌功能的认识

正确的观点是，反对将金牌数量作为衡量政府体育业绩的唯一指标，反对不择手段地获取金牌以及"唯金牌论英雄",但并不拒绝金牌。金牌至上的观念是错误的,但没有金牌是万万不行的。

四、加速推进体育改革进程

我国的体育改革长期迟滞于国内其他行业改革的进程,也落后于国家整体改革的步伐,给体育的发展带来一系列的问题,具体表现为:运动训练体制的紊乱低效,造成竞技体育长时间滑坡;运动竞赛体制的不合理性;与教育部门分庭抗礼,形成互相不能兼容的两座金字塔;竞技运动的异化、功利化、精英化和运动成绩的虚假;形成了严重的腐败陷阱。

只有改革,中国体育才能为今后更大的发展赢得时间与机遇,在中国改革开放的大业中摆脱落伍者的困境,中国体育才能在国际竞技赛场上重塑辉煌,中国体育才能给体育产业的发展开拓出更大的空间和更丰富的资源,中国体育才能真正使青少年儿童和整个民族的体质强健起来,中国体育才能与美丽中国、绿色中国、健康中国和幸福中国并肩走在同一大路上。国家行政机构的精简与改革、社会体制的改革、社会综合治理能力的提升、全民健身黄金时代的到来、体育产业的加速发展,必定会触及竞技体育,会对其改革的迟滞提出质疑。以奥林匹克为核心的国际体育潮流向文化教育、向青少年、向大众体育倾斜,我们也必须以改革的方式来与之相适应。

第五阶段体育改革应注意的问题:要保护已有的体育资源不因改革而流失。在这场改革中,特别是在体育行政部门的机构改革过程中,如何将政府手中的体育资源分配到体育社团中去,已经成为这一时期必须着重解决的问题。要做好多方面的政策协调。在未来 10 年,随着体育社会化程度的提高,体育资源与体育活动等要素增长加快,使体育与社会其他部门行业的体制、机制之间的冲突也越来越多。体育空间发展与规划、土地、水利、环保、绿化等部门之间,赛事活动与公安之间,社团建设与民政之间,业余训练与教育之间,体育产业与财政、税务、工商之间都可能出现种种冲突。这些现象的出现是社会进步的表现,必须由体育行政部门着手协调解决。每解决一组矛盾就意味着体育社团获得一次认可、一次解放。要大力培养体育社团的领袖与骨干。这场改革的成败既取决于体育行政部门有没有勇气分权让利给社会,也取决于社会团体具不具备接受的能力。大力培养与提升体育社团的治理能力是当务之急,也是考验这一轮改革者的决心与诚意的试金石。

今天，各级政府部门自上而下对体育改革的认识已经逐渐趋向一致，顶层设计的改革决心很大；民间社会自下而上对体育改革的自发推动也已经形成合力，各方面凝聚的改革动力很强。40年来，体育改革量的积累即将面临一场质的飞跃。

结束语

我们即将迎来奥林匹克东亚时代的高潮，我们非常不情愿看到因中国竞技体育体制改革的不完整、不彻底而在东京奥运会与北京冬奥会上留下阴影。我们希望未来10年中国的竞技体育能在高度社会化的背景下成长。

一个开放的、高效的、涵盖不同类别竞技体育的、实现不同层级竞技体育有效衔接的、惠及亿万家庭与体育爱好者的体育体制将在不久的将来出现在我们面前。

全民健身助力健康中国

(2019年8月在第八届中国健康生活方式大会上的讲话)

前 言

体育运动,是人类创造的一种历史悠久又色彩奇异的文化,它早于文字的产生,更先于教育的问世,也前于医术医学的存在。人们在用语言表达思维之前,就开始用肢体动作传达意念与情感,用最原始的"体育"动作缓解疲劳,强健筋骨,提高狩猎等劳作技能。在中国远古时代的黄河流域,就流行过一种被称为"消肿舞"的医疗体育,用以消解因气候湿热造成的水肿乏力等身体不适。可以说,中华民族是世界上最早意识到医疗要与体育融合,并采取了行动的民族。

一、体育缺位健康惶恐

千百年来,体育的发展行程并不顺畅,在欧洲大陆,在长达一千年的中世纪时期里,体育被神权压制而致湮没;在中华大地,体育始终未进儒家文化的法眼,未能得到地位的伸张与健全地发展,甚至连体育的概念都没有形成。直到今天,体育还是被看轻了,无足轻重,认为"头脑简单,四肢发达";被看淡了,可有可无,与教育、卫生和生活方式渐行渐远;被看偏了,价值窄化,只争金牌,只讲输赢,多数人成为看台上的球迷、屏幕前的观众。体育的这种文化退让,是与人类的进化与社会的文明进步背道而驰的。

哺乳动物的多数种群,都有一种趋懒、少动的本能,如长期的冬眠。这是在食物与水源极端匮乏的条件下形成的保护性反应。而到了生活条件优渥、食品充裕、体力消耗减少的当代,这种保护性反应则酿成了危害自身的灾难。

人类不同于其他动物的是，我们是以直立姿势雄赳赳气昂昂地走出丛林的。然而，人类是不太适合直立行走的，因为人的骨骼系统不太适合他的直立姿势，人是唯一一种在正常姿势和正常活动的情况下都可能出现腰酸背痛的动物。于是，今天的人们就选择蹲下来，最终坐下来。久坐就成了每一个人在头脑清醒时持续时间最长的身体姿势。

久坐所造成的运动不足、肌肉饥饿以及对内脏与肢体的伤害，已经严重地摧残了人体健康，成为普遍的社会问题。更严重的是，学习与工作的坐姿状态被视为文明史上的败笔，因为它对人的新陈代谢产生了恶劣的影响，是造成人体内各种物质代谢失调的重要原因之一。

工业化时代、知识经济时代与智能化时代的接踵而来，极大地减少了人类的体力消耗。19世纪中叶，地球上生产和使用的全部动力有96%来自人和家畜的肌肉力量，仅有4%来自水轮、风车及为数很少的蒸汽机，而今天肌肉能量仅占总能源的1%。全球性的石油大战背后掩盖的就是这样一个事实。

弗洛姆在《人类毁灭的原因》一书中说，机器比活的东西更能投人所好。人对机器的偏爱是自我毁灭的信号。人-机对话的工作方式、生活方式与娱乐方式迫使人类抛弃了自身的良好习惯，甚至使人们对电脑、ipad与手机像吸食鸦片一样依赖、上瘾，而不能自拔。

在这个与自然疏远的过程中，受其影响最大的是人体运动的能力，或者更明确地说，是能运动的人。人体运动能力减弱，是由于受机器的奴役和放弃了本身的努力。运动能力低下，是人类身体和心理受到损伤的集中反映，是各种疾病不请自来的必然。

因文化而来的进化、因文化而获致的高雅以及更经常出现的因文化而导致的畸形，使人类更加脱离自然。精细的食物使人类的牙齿退化；时髦的服装限制了人们的行动；大量生物、化学药物和各种射线的使用，损伤着人类的肌体；各种复杂的社会关系与多元的社会文化，考验着人们的神经系统，扭曲着人们的精神世界。

今天，人的身体已经成为一个不堪重负的大库房，多余的脂肪、蛋白质和碳水化合物分子源源不断地涌入，壅塞在血管里、肌肉里、内脏里，让人们膨胀起来，变得蠢笨，变得懒散，使人必须与自己的身体为敌，一场世界性的减肥大战方兴未艾。于是，各种慢性病在全社会爆炸式地增长，让人们心惊肉跳，国家医疗卫生费用逐年递增。

这似乎是一个世界性的、规律性的现实问题。只有当人们受到如此严厉惩罚的时候，方知觉醒，才会开始行动，去寻找开启枷锁的钥匙。

二、大众体育捷足先登

人类拯救自身的方案之一就是请求体育运动回归。早在20世纪70年代初，欧美发达国家大众体育（sport for all）率先起步。半个世纪过去了，这个被称为"第二奥林匹克运动"的、大规模的社会实践证明了如下道理。

——坚持大众体育可以有效地遏制各种慢性病流行的势头，长期的体育活动可以提高心脑血管系统的工作能力；降低心脏病的发病率与死亡率，使血压降低，以防止脑中风；还可以改善酶和激素的反应，有利于能量与物质代谢。

——各种健身运动是治疗亚健康状态的一种最积极、最有效、最廉价、最快乐的手段，也是人们戒除酗酒、抽烟、赌博等不良生活习惯的手段。

——体育运动和身体娱乐是人们调整、顺应新的生活节奏的重要辅助手段。经常参加体育运动的人可以表现出较强的自制、超我、坚韧、敏锐、合群和从容不迫的社会交往能力。

——体育运动可以克服人们对快节奏生活的抵触、恐惧、怨烦和焦虑等心理障碍，可以稳定心理情绪、缓解身心紧张，控制"A"型反应，以增强人们在快节奏的生活中的自信心。

——现代生活方式强调生活质量。因为生活质量是反映人类为了生存与提高生存机会所进行的一切活动所具备的能力和活动的效率。健康，以及健康促成的长寿是人们获取良好生存机会的基本生命前提。而要达到健康这种最高境界，体育运动无疑是最重要的手段和途径之一。

——体育运动具有广泛的适应性，青少年、儿童需要通过体育实现全面发展，在岗职工需要体育提高自身在就业市场的竞争力，女性需要体育来保持曼妙的身材，实现妇女"三期"的健康过渡。对于老年人而言，体育更为重要，无论是对老年疾病，还是老年的退行性变化，体育都是提高老年人生命质量、延缓衰老的不可或缺的组成部分。老年体育不仅是大众体育的旁支，也是老年医学不容忽视的积极力量。

不争的事实是，体育运动与体育科学在这场世界性的健康革命中体现出的价值已为越来越多的人所接受，体育运动在关照、监控和提高人的生活质量、生命质量方面所起的特殊护佑作用，是许多其他活动不可替代的。

三、全民健身横空出世

在世界大众体育发展约20年后,在中国也应运而生了一种全国性的群众性体育活动,我们称之为"全民健身"。全民健身是一项伟大的、捍卫生命尊严的文化运动,无论它的发展规模、持续时间,还是社会吸引力、影响力,都是其他任何一项文化活动无可比拟的。在中国改革开放的进程中,它是唯一一项未受到社会诟病的,而意在让群众收获安全感、归属感、满足感与获得感的社会活动。

在过去的20余年中,全民健身做了大量的实际工作,比如建设了遍布城乡的37万条全民健身路径与大量的全民健身中心,铺设了5.6万千米的步行绿道,培训了235万名社会体育指导员,这些都为全民健身的民众参与做了实质性的铺垫。

过去的1/4世纪里,全民健身的理念悄然发生了变化,而这些变化都是由计划经济向市场经济转变而引发的。比如,体育的口号从过去的"锻炼身体,建设祖国""锻炼身体,保卫祖国""为祖国健康工作50年",转变为"我锻炼,我奉献,我快乐""每天锻炼一小时,健康生活一辈子""参加全民健身,畅享幸福快乐",这些口号的变化标志着全民健身从"忘我论"进入了"存我论",从工具论进入了目的论,说明全民健身的宗旨更贴近以人为本,更切合民众的现实生活。当然,这些口号也很容易得到正在争取个体健康的社会成员们的广泛响应。

今天,全民健身被越来越多的人接受,全民健身成为社会普及的概念,巨大的努力换来了全民健身的社会动员和量的积累,全民健身已被认作"国家的名片",被上升为"国家战略"。在世界卫生组织2019年所做的一份大规模的大众体育调查研究中,中国被评为最活跃、最勤奋、最经常锻炼的国家之一。

最近到重庆万盛考察全民健身活动,发现这座城市的体育人口高达56%,远超全国平均水平。进入市中心的体育公园,看到民众参加身体锻炼的热闹场面,一位同行的德国大众体育专家称:"在欧洲找不到任何一座城市可与之媲美。"当地政府在报告中提供了两个显著的数据:全市居民的慢性病发病率,从2014年至今减少了12%;全市医保费用减少近20%。我国因慢性病发生的死亡率占总死亡率的86%,而医治慢性病所需的费用每年以7%左右的速度增长。所以,万盛全民健身创造的人文价值、经济价值与社会价值都非常值得重视。

近年来，全民健身不断出现一些让人意外惊喜的场面，如马拉松的井喷，广场舞的狂热，公路自行车的激增，跑酷、跑吧、长走俱乐部等草根体育组织的兴起，户外野外活动人群的暴涨，中国式摔跤、射箭的复兴，它们都表明全民健身自发自觉的热潮已经形成。这一不同以往的景象证明，全民健身正在发生质的变化，意味着一个新的历史时期即将到来。

可以预料的是，未来10年将是中国全民健身的一个黄金时代。从最近接触到的、先走一步的几座活力城市，我们预感到这一时代的序幕已经拉开。全民健身的本土精神与大众体育的国际潮流必将得到充分融合，这一以创新、协调、绿色、开放、共享发展理念为基调，以亿万民众平等参与为追求，以城市规模为基本单位，以智能化、大数据为支撑的新时代体育，必将造福千家万户，必将在世界文化之林占据一席之地。

四、医体融合的必由之路

在2016年颁布的《"健康中国2030"规划纲要》（以下简称《纲要》）中，全民健身首次进入了健康中国的视野，《纲要》所强调的全民健身与全面小康紧密结合。实现医体的高度融合，为全民健身的明天提供了新的思路，为创造新的价值奠定了思想基础。

医体深度融合，这种提法已被医体两界同时叫响，这种改革希求被高度重视，证明医体的分离在中国广泛存在着，这种分离既不利于体育宗旨的兑现，也不利于医疗卫生目标的实现，最终不利于国人健康事业的真正落实。

做好医体深度融合，我以为需要在以下8个方面着眼，做好工作。

其一，观念的融合。若医疗仍然只是针对疾病的临床医治，而体育对健康的干预仍然置后，融合就是一句空话，双方都只能隔岸观火。

其二，概念的融合。医疗卫生的主题词是健康，体育运动更关注的概念是体质，两者虽有差异，但目标是一致的，应相互取长补短。

其三，学科的融合。体育科学与医学科学的研究对象都是"人"，融合的前提是无须怀疑的。运动处方曾被称为体育科学的最高形式，因为它同时运用了医学的处方原理与体育的方法手段。如果黑色的药物处方与绿色的运动处方能共同施治，其效果一定上乘。

其四，手段的融合。以药物、手术等物理化学生物学为主的医学手段与以身体练习为主的体育手段的融合，是动与静、主动与被动、积极与消极之间的融合。运动康复、医疗体育、体育医务监督等形式都是实现双方手段融合的途径。

体育所采用的手段包括多种多样的运动与游戏。与健康直接有关的运动方式是有氧运动。在进行有氧运动时，人们吸进大量的氧气，充足的氧气是燃烧消耗体内多余养分、减少脂肪堆积的重要原料。体内缺氧是包括癌症在内的许多疾病发生的诱因之一。在恐龙时代，大气层中的氧气含量是现在的29倍，现代人缺氧的严重性是可以想见的。

从事有氧运动要求做到长、慢、远，即时间长、速度慢、距离远，每天要消耗150～400大卡的能量，每天至少有10分钟心率达到每分钟130次以上。活动的方式是长走、慢跑、游泳、登山、骑自行车、划船、上台阶、有氧体操等。可一次用30分钟完成，也可分三次进行，每次10分钟。选择上述周期性的运动便于运动负荷的定量控制与测算，也便于开出有效的运动处方。与人的健康有关的身体素质主要是耐力、力量与柔韧三项。中国人的身体锻炼多采用下肢的活动，关注耐力较多，而忽视上肢、腰背的力量与全身的柔韧，这是需要在健康中国行动计划中加以改进的。中国传统的健身养生导引术强调内外结合、神形俱练、动静兼备、刚柔相济，形成了一整套独特的健身方法手段，如太极运动、气功、八段锦、易筋经、五禽戏等不仅对心肺功能有益，而且对保持神经系统的健康、心理健康有着特殊的医学和体育价值，这是西方大众体育所不具备的。应该说，中国在实现医体结合方面有着独特的优势，这也是中国民族传统体育对世界体育与现代医学做出的重要贡献。

其五，检测的融合。医学的健康体格检查与体育的国民体质检测分别提供了人的安静态与运动态不同深度的身体信息，二者都非常重要，如将两种指标体系融合起来，则更能完整地、高效地反映人们身心的实际状态。

其六，人员的融合。这里不是指两种职业差别的消失，而是指医务人员能运用体育的语言系统应对患者，体育人员也熟悉医学的语言系统以提点体育参与者。当前能跨界于双方的是运动康复指导师与进行运动医务监督的医护人员。二者融合目标的实现最终需要靠体育教育、医学教育的改革来完成。身穿白大褂的医务人员与身着运动服的体育工作者能够有共同的语言，一定能发出美妙的声音，那是百姓的福音、社会的祥兆。

其七，资源的融合。以大健康、大社会的眼光统筹医疗与体育的资源，包括人员、经费、场所、技术、活动等，让其更高效地服务于社会健康。

其八，部门的融合。这是一个利益分配问题、权限问题，是制约医体融合的主要障碍。只有变部门切割为共享，才能真正在全社会实现医体融合。当前两部门的关系调整是实现医体融合的关键所在，需要顶层设计，也要靠部门之间的沟通、对话来解决。

结束语

全民健身，是人民的事业、时代的心声、人性的关照、健康的助力。78岁的老人有幸作为参与者、亲历者、受惠者，目睹了全民健身与健康中国的演变，展望着全民健康的辉煌前程，感慨万千。医体深度融合是健康中国与全民健身新的增长点，让我们共同发展它、丰富它，擘画它更加美好的未来！

谢谢聆听！

幼儿体育功能的社会学阐释

(2019 年 3 月在北京师范大学幼儿体育论坛上的讲话)

前　言

广义的幼儿教育，其年龄界定是 3 岁到 6 岁之间的家庭教育、幼儿园教育与社会教育之和；狭义的幼儿教育专指幼儿园教育和其他专门开设的幼儿教育机构的教育。幼儿体育也可以照此理解。

在古代中国，对幼儿的教育主要在家庭中完成。中国的汉字十分复杂，学生的识字年限远远超出其他文字系统，所以往往需要从婴幼儿阶段就开始认字、习字。配合识字教育，开始了对孩子的道德启蒙。家庭保留、传承了一些儿童的民间游戏方法，这算是初步的体育教育。

在传统的农业社会，社会对幼儿教育的关照几乎为零。在一个几乎没有公园、运动场、博物馆等公共设施的国家，幼儿教育，尤其是幼儿体育完全得不到社会的关注。

19 世纪后期，中国开始走入广义的现代化进程，在引入西方教育制度的同时，也在东南沿海城市引入了幼儿教育思想与幼儿园教育体制。但只有部分知识分子和富裕家庭的子女才有条件、有意向去领教这种稀缺的教育资源。

100 多年来，特别是近 70 年来，幼儿园教育有所发展，但始终没有在国家的教育体制中占据应有的位置，也没有进入社会文化建设的视野；幼儿体育既未被竞技体育关照，对"从娃娃抓起"始终阳奉阴违，也未被全民健身实质性接纳，"全民健身的重点是青少年儿童"只不过是一句虚言。

进入市场经济时代，随着民办幼儿园的突然兴起，幼儿体育突然"热"了起来，这与市场的催动有关，更与一种正确的幼儿教育思想进入中国，进入幼儿教育政策有关，这当然也是抵制"幼儿教育小学化"的必然。因此，与其说是一种"热"，不若说是一种回归，一种幼儿教育迟早要向正确道路走的回归，这将为未来大规模的幼儿教育浪潮的出现做出良好的铺垫。

对幼儿体育的功能做出理论解释是必须的，否则幼儿体育实践难以把握正确的方向，难以持久下去，更难以避免陷阱。我对幼儿教育是门外汉，今天仅从社会学的角度谈几点看法。

一、幼儿体育功能的社会学阐释

我们每一个人都要经历一个所谓"人的社会化"的过程，这是指社会通过各种方式使自然人逐渐学习社会知识、技能与规范，从而形成自觉遵守与维护社会秩序、价值观念与行为方式，逐步成长为社会人的过程。让我们通过一个真实的故事来看看这一过程的重要性。

1938年2月6日，《纽约时报》报道了宾夕法尼亚州一座农庄里一名5岁多叫作安娜的私生女的遭遇。她的母亲迫于社会的压力，将孩子关在二楼的一个储藏室里多年。当安娜被发现的时候，她靠着煤桶，双手抱头，不会说话，不会走路，也不会自己吃饭，营养严重缺乏，浑身皮包骨头，更没有任何情感表达，形同一只未被开化的"动物"。一位社会学学者根据这件事，发表了一篇题为《一个儿童的极度社会隔绝》的文章，指出人的社会发展与人的生理发展必须同步，如果没有社会维度的发展，人的有机体发展将变得毫无意义，就像安娜一样，连维持自我生存的吃饭能力都没有。从这一极端案例中可以看出，人类出生后是幼稚状态持续较长的物种，人的生理发展与人的社会发展必须是同步的，如果没有社会维度的发展，人的机体发展就变得毫无意义。从这一案例中也可以看出，幼儿的身体活动，特别是有意识的身体教育具有多么重要的价值。

（一）人的社会化的内容

1. 学习和掌握基本生活知识和劳动技能

从婴儿时期至4岁左右，婴幼儿会有意识地模仿家长和他人的言谈举止。这一阶段，婴幼儿学会了走路、抓握、攀爬，也学会了识别、发声、表达感情，为以后到学校接受知识、技能的教育做好了身体与脑容量的准备。每个个体也在此基础上逐渐学习和掌握了基本的生活知识，并熟练地运用基本的劳动技能。

2. 内化社会的行为规范

不同社会文化背景具有不同的行为规范。成人如此，幼儿也如此。幼儿适应社会环境的过程，就是一个不断学习社会的行为规范，并将其内化为自觉行为的过程。幼儿在还不具备足够的文化知识时，他们的许多行为规范是在体育活动、游戏活动的过程中潜移默化反向形成的。他们不仅在体育游戏中习得了行为规范，还逐渐知道了行为规范的重要性。当最先形成的行为方式、观念与后来所处的社会环境不协调时，他们会在不断社会化的过程中加以改造，并内化为自觉行为，更好地融入现实社会。而体育活动是教授这种规则最好的老师。

3. 确立和培养自我观念和人生目标

个体在成长中逐渐形成"自我"和"他我"的认识。很多家庭会在床上摆出与金、木、水、火、土五行对应的实物，叫婴幼儿来"抓周"，以判断他们自发的喜好，甚至由此来判断他们的职业倾向与人生目标。稍大一点的孩子时常要面对家长、教师的发问："长大了以后做什么？"这些都是对幼儿自我观念与人生目标的培养。这个过程相当漫长，在家庭、学校和社会的教育引导下，他们的自我观念会逐渐稳定下来，并形成自己的人生目标，还会在社会化的过程中不断完善和修正。但这个过程的起点是在幼儿教育阶段，体育游戏中常用的激励、强调、提醒、隐喻等都会起到一点催化作用。

4. 促进个性的形成

个性是指一个人的整体心理面貌，即指具有一定倾向性的各种心理特征的总和。不同的个体在社会化过程中形成和发展起来的个性虽然存在着差异，但也从整体上符合社会的价值标准。在幼儿体育中，他们的个性会暴露无遗，一旦进入体育与游戏的状态，他们立刻就会忘乎所以，毫无遮掩地将个人的优点、缺点展示出来。有一位教育家曾说，用一个足球就可以判别出一群孩子的个性：把球扔向远处，让他们去追逐时，勇敢与懦弱、大度与小气、好胜与畏缩、友善与交恶……都可以一目了然。幼儿体育不仅可以发现个性，也可以鼓励表现良好的、积极的个性，纠正一些负面的、消极的个性。事实上，这样的体育参与，促进了幼儿个性的形成和发展。

5. 培养社会角色

社会角色，指的是具有某种社会地位、身份的人们与其权利、义务相一致的规范与行为模式。它是人们对具有特定身份的人的行为期望。在一个正常的社会里，社会角色与社会地位、经济收入、文化水平、职业分工、辈分长幼是相称的，这有利于社会进步。但也有例外，"公仆像上帝，百姓像奴仆""男人像女人，女人像小孩，小孩像老人"这种社会角色的错乱，证明社会出了毛病。人在一生中，需要扮演多个不同的角色，在家族、家庭、社区、职场中都要承担不尽相同的责任，这就大大增加了习得社会角色的难度。而且随着生活节奏的加快，角色转换的速度也在加快。也许刚主持了一场喜庆的婚宴，马上又要去出席悲痛的葬礼。也许刚去探望了年迈的父母，回家就去抱孙子。这就要求每个现代人不仅需要掌握各种社会知识与规范，还要有角色认同与角色扮演的能力。而幼儿游戏、体育活动提供了大量角色分配、角色选择、角色扮演的机会，主角与配角、主力与"板凳"、领导与服从、老鹰与小鸡、警察与"强盗"、"妈妈"与儿子、诚实与"伪装"……这些模拟体验是幼儿在其他场合中难以获得的，是对幼小的心灵的一次次抚摸。

（二）社会化的种类

1. 初始期社会化

人的初始社会化所处的年龄跨度较大，一般认为从出生到成年的阶段，都属于初始社会化阶段。在此阶段，人们要完成基本知识和基本技能的学习，认识和遵守社会规范，扮演社会角色并确立人生目标。

幼儿教育归于这一阶段。在这一阶段，可以强化人的社会性的是家庭、幼儿园、同侪群体与体育运动。在中国实行独生子女与少子女的人口政策下，同侪群体的缺位成为当今中国幼儿教育中的严重问题，孩子们的成人化、男孩的女性化等问题越来越严重。因此，幼儿体育的重要性更加突显出来，只有在体育、游戏这类群体性活动中，每天面对电视、平板、手机，生活在虚拟空间的孩子才会有结交朋友、交流情感、互通话语的机会，他们才能互相比较、模仿，才会产生正常的喜怒哀乐。这种历练是成年人无法代替孩子完成的。

2. 成人的继续社会化与再社会化

成人的继续社会化与再社会化，虽然都是成年人的事情，但幼儿时代所接受的教育都会留下痕迹。常言道"三岁看大，七岁看老"，说的就是这个道理。我们非常希望孩子们将从幼儿体育中得到的健康、活泼、友善、讲道理、懂规则等品质带到以后的生活之中。

3. 反社会化

在人的社会化过程中，存在着一种与正常社会化不同的反向发展，即反社会化。反社会化在青少年中表现尤为明显。这种反社会化人格表现为好冲动、感情丰富而又脆弱、凭感觉做事，同时又反抗权威、无视规则、背叛秩序。这一人群的所作所为给社会造成了极大的困惑和伤害，并提升了社会运作的成本。反社会化心理的形成，与个别人反社会的天性有关，更与人在幼儿时受到溺爱、正规幼儿教育的缺失有关。反社会化的存在也进一步提醒我们，要加强对幼儿教育、幼儿体育的重要性的认识，要对幼儿在活动中随意突发的破坏性、危害性行为保持警惕，进行及时的教育与纠正。通过幼儿体育活动，培养他们坚强、勇敢、不怕困难的意志品质和主动、乐观、合作的态度；幼儿体育游戏中规则的建立与执行，培养了幼儿的规则意识并阻止破坏性行为；同时，体育所具有的社会的安全阀的作用，为幼儿提供释放自我、发泄自我的机会和条件，减少暴力事件的发生。

二、幼儿体育的误区与出路

（一）"重智轻体"是幼儿体育的大敌

"重智轻体"的问题已经讨论多年，研究的论文、调查报告已很有说服力。幼教工作者也已经开始认同，有些地方已将这一问题写进红头文件。但是，这一问题的彻底解决还需要较长时日。有些问题需要幼儿教育自行解决，如师资、教材、场地、器材，有些需要靠全社会努力，特别需要家长的配合。

长时间以来，中国的教育被家长绑架，很多教育机构的教学内容、教材选择、教师配备都由家长说了算，特别是关于孩子的逐级分流问题，被家长强烈干预，分流不得不服从家长的意志，形成了现在这种以选拔精英为主旨的单纯追求升学率的局面。小学入学面试必须做出相应的改革，幼儿体育才会得到更多的宽容。鲁迅先生曾主张兴办家长学校，首先端正家长的教育观念，获得家长的资格，办学者才会大大减少办学的压力。

（二）幼儿体育不只是幼儿教育的从属

体育与游戏在幼儿园教育中的地位正在提升，也越来越受到孩子们的喜爱与欢迎。但我国体育教育在学校中始终没有受到足够的重视，更何况处于弱势的、先天不足的幼儿体育。中小学学生体质状况持续下降已达30余年，至今没有得到根本性扭转，有些指标还在继续恶化，如近视率、肥胖发生率。幼儿的体质状况总体好于其他年龄段人群，但也在下滑。这是一个非常不好的趋势，提醒我们要重视幼儿体育，它毕竟是中华民族体质的根本所在。有些幼儿园不是从根本价值上看待幼儿体育,只是将它看成一种消磨时间的辅助方式,更缺乏幼儿体育的系统教育思想,什么活动热门就搞什么活动,哪种教材新鲜就模仿套用。有些地方的幼儿体育在跟着境外走,跟着商业走。因此,发展幼儿体育要有长远的目光,要总结国内成功的经验,也要推介国外的理论与实践,还要吸引一批硕士研究生、博士研究生到幼儿园来从事幼儿体育的教学与科研工作。

(三) 幼儿体育不是成人体育的浓缩版

幼儿体育是用游戏来吸引孩子,用运动的方式来延长幼儿参与的时间,最终达到教育的目的,而不是成人体育的浓缩版。《幼儿园教育指导纲要》中明确提出,健康领域的活动要充分尊重幼儿生长发育的规律,严禁以任何名义进行有损幼儿健康的比赛、表演或训练等。培养幼儿对体育活动的兴趣是幼儿园体育的重要目标,要根据幼儿的特点组织生动有趣、形式多样的体育活动,吸引幼儿主动参与。

然而现在市面上经常会有一些体能机构也可以参加各种比赛,或有专业训练团队为噱头来招生,有些幼儿园则特别推崇篮球操、足球操,甚至还有专业足球队,有的地方还让幼儿模仿性感十足的双人舞蹈,还组织了选秀比赛。3～6岁的幼儿骨骼肌肉和心理尚未发育完善,专业化、成人化的训练有百害而无一益,必须制定相关法律法规来规范这些不当的行为。

(四) 幼儿的身心健康是全社会的大事

最近看了央视播放的《挑战不可能》的两期节目。一期是一个男童,给他任意一首古诗词中的三个字,他立刻能背出这首诗,并说出出处;另一期是一个女童表演心算,两位数加减法,近百个数播报完毕,她立即报出准确答案,简直比计算机还快,比算盘还准。看完这两段视频,我一方面对天才儿童的潜能佩服得五体投地;但另一方面,也深感压抑和疑虑,我们要把家庭、儿童引导到什么地方去?

要以全社会的眼光来看待幼儿教育,《"健康中国2030"规划纲要》提出的"0到100岁全覆盖"的目标要真正落实到幼儿。要建设更多的儿童乐园、儿童体育场、儿童游泳池、儿童轮滑场,让孩子们在家庭、社区和社会都有充分地进行体育运动的机会。全社会要倡导幼儿大健康、大教育、大体育的观念,还要对一切危害幼儿身心发展的人与事展开批评。

结束语

到2020年,我国学前教育适龄人口将超过1.26亿人。而全国目前有各类幼儿园不足 30 万所，平均每 420 多个幼儿才拥有一所。到 2020 年，我国幼儿园学前一年的毛入园率要达到 95%，幼儿园数量显然不能满足社会的需求。

幼儿园教育质量的提升更是迫在眉睫。陈旧的幼儿教育观念必须打破，要建立起有利于幼儿终身发展的，也有利于国家人才建设的新的观念。在这新的观念里，幼儿体育一定会异军突起，占据极其重要的地位。

相信经过几代人的努力，中国幼儿教育、幼儿体育辉煌的时代终会到来。因为幼儿是祖国的花朵，我们会格外珍惜；因为他们的成长关系到祖国的未来、民族的希望。我们今天所做的一切最终都是为了他们！

谢谢！

活力城市的哲学思辨

——亚洲活力城市标准制订的前提性思索

(2019年4月26日在重庆万盛亚洲活力城市标准研讨会上的讲话)

前 言

"全球活力城市"如同一股劲风掠过欧洲，来到亚细亚。

为什么它以体育作为动力？为什么它落脚在城市？为什么它以活力作为标志？它将给生活在城市里的人们带来什么馈赠？翘首以盼的活力城市的人们要做出怎样的努力，才能获得这份殊荣？这些问题一直萦绕在亚洲活力城市标准制定者的脑海中。我们试图以哲学的语言一一作答。

一、人与城市

人类有聚集、群居的本能。出于繁衍、防卫、交换与提升文明的目的，人类群居形式的最终选择就是城市。六七千年来，人类创造了城市，城市护佑了人类。可以说，一部人类文明史就是城市文明史。

人是城市的核心，城市可满足人的一切需要。什么性格的人就建造什么品格的城市，因此罗马不同于雅典；而什么风格的城市又养育什么样的人，因此北京人不同于纽约人。城市的复杂性、多样性首先来自地理、气候的因素，也与历史、文化有关，更被宗教、民俗演化，在版图辽阔的亚洲，这一社会现象远胜于欧洲。

然而，无论如何，评价城市，就是评价生活在城市中的人。评价城市的标准就体现在对人的生活方式、生活态度的评价之中。欧洲如是，亚洲亦如是。

二、人与体育

体育运动，是关于人的伟大寓言，它的寓意是人与动物具有本质区别，说明人除了有维持生存、支撑生活，用于生产、军事的行动，还另有一类行动并非创造实用价值，但它可以产生出足以改变世界的力量，这就是体育。体育是高级意识的产物，其他物种断然不能效仿。"生命在于运动"是一个了不起的终极命题，它说明体育与人之间存在着一种不容切割的因果关系，说明了人类对体育的依赖。人对体育的慷慨是对生命的大度，而人对体育的吝啬则是对自身的虐待。体育是多变的、动态的，选择体育作为指标系统来衡量人的生存状态，是可行的、有效的、无害的，也是方便的。

三、城市与体育

人口向城市大规模地集中，为体育发展提供了良好的条件。可以说，现代体育的重心就在城市。现代体育已经成为城市经济活动与文化建设不可或缺的组成部分，它既涉及城市的国民总收入、家庭消费、就业率，也与社会道德、文明素养、犯罪率密切相关。

现代城市建造了超大容量的高水准体育设施，大多成为表达城市个性的标志性建筑；现代城市实现了大规模、高质量的体育参与，其量值之高是其他任何文化活动不可比拟的；在现代城市还出现了组织化程度极高、花样不断翻新的赛事活动，成为城市文化中最活跃、最富色彩的一部分，这些活动深刻地改变了城市的面貌与气质。

人们的体育素养是活力城市的核心。城市居民的体育素养不可能孤立存在，它是城市文明的一部分。体育素养要求在成年累月的体育实践活动中，在掌握体育知识、运动技能的过程中，将体育逐渐变成自身的一种感觉、一种能力、一种情怀、一种文化修养、一种缺此不可的生理机能、一种舍此就坐立不安的心理品质。

体育素养是城市的宝贵财富，它激发出来的城市活力可以成为一种建设性力量。它对经济目的的达成、对社会发展趋势的引导，具有显性的价值；对青少年创造精神、独立意识的生成，对城市居民向心力、凝聚力的巩固，对城市整体文明程度的提升都具有潜在的价值。

体育对城市的实质性功能不仅为市民们所利用、共享，也是聪明的市长们所关注的，当双方在这一问题上达成共识时，就进入了城市体育的最佳状态。考察体育与城市之间所存在的互为因果的关系是十分需要想象力的,而以城市体育的发展来推进城市面貌的改善,却需要脚踏实地地做大量的实际工作。

因此,以体育的视角来评价城市发展水平是适当的,以城市的眼光来评价体育进展程度,也是睿智的。亚洲的城市正需要引进这样一个力争双赢的评价系统——活力城市。

四、人的活力

生物学称人是一种生命体,物理学称人是一种耗散结构,需要不断与外界进行物质、能量与信息的新陈代谢(这些代谢过程都是在城市中实现的),人又是有认知、有个性、有情感、能创造文化的动物,这些决定人各方面能力的因素有的是人的自然属性,有的是社会属性,统称人性。所有这些因素都需要人靠自己的身体活动与心理活动体现出来。决定人的活动状态与活动水平的动力,被称为活力。

哲学意义上的人,被认为是游戏者。而"文明是在游戏中并作为游戏而产生和发展起来的"[1]。游戏者的活力是游戏活动赋予的。如果政治、经济、社会与文化等活动都可以被视为游戏,那么,本性就归属于游戏的体育,对人的价值就可想而知了,这一价值不仅是直接的、外显的,而且更关乎人的心灵。

五、城市的活力

城市也是生命体,甚至有自己的生命周期。有的城市是健康的、富有朝气的,有的城市是病态的,失业率、青少年犯罪率高的,环境污染严重,食品安全、交通安全问题突出,慢性病高发,贫富差距大,社会骚乱不断等社会问题困扰着城市;有的城市是新生的,城市的产业结构符合时代发展的趋势,而有的城市是落伍的、枯竭的,面临产业升级的问题却一筹莫展,等待被淘汰;有的城市是文雅的、具有高素养的,而有的城市是粗俗的,缺少应该匹配的文化教育设施与相应的规则。

简言之,有的城市是具有活力的,而有的城市是平庸的,甚至是死气沉沉的。于是,激发城市的活力,重振城市的自信心,不仅是城市管理者孜孜以求的,也是每个城市的业主们梦寐以求的。

---

[1] 约翰·胡伊青加:《人:游戏者》,成穷译,贵州人民出版社1998年版。

六、体育与活力

体育是一种奇异的文化品类,它出现在地球上,就是为了给万物带来活力。这种活力可以从生命体中迸发出来,也可以从非生命体身上展现出来。

它给生命体以生理负荷与心理负荷,也给了生命体以各种技能,这种技能不仅包括走、跑、跳、投等基本活动能力,也包括大幅度的、高速的、高难度的各种动作。这些行为可以将生命体的活力尽情发挥、极力散发,感动自己,也感染他人。

当体育的灵魂附着在非生命体上的时候,同样可以表现出活力与精彩。体育建筑、体育雕塑、体育装备器材、体育服装、体育文学影视作品等,都会让人亢奋起来、振作起来,它们的样式、色彩、形状、文字风格都不同于他类,给人以冲动,促人以活泼。

当体育在社会中出现的时候,无论在家庭、社区,还是在社团、职场,其活力的表现是多元的:竞争与协作会同时出现,领导与服从会自觉遵守,独立与默契会自然形成,个人意识与团队精神会紧密结合。这时,各种社会机构与社会组织会高效运转,人际关系会和谐团结。

七、体育与活力城市

经济的繁荣、人口的增长、文化的活跃、社会的发展,都有可能改变城市的面貌,提升城市的活力。一种新的认识正在成为共识,那就是体育对城市活力的影响不容忽视。

有这样一座城市,每一个幼儿每天都可以与同伴快乐地玩游戏;每一个学生都可以选择自己热爱的运动项目,把自己的运动天赋发挥到极致;每一个成年人离开工作岗位时,可以在体育健身中放松;每一位女性都不必太担心容颜老去、身材走样,因为她们是健美运动的常客;每一位残疾人都可以在体育中找回生活的自信与自理能力;每一位老人都是终身体育者,能够在养生、健身中安度晚年。在这座城市里,每个人走出家门后都能找到心仪的步道、跑道、自行车道、泳道、冰道或雪道。各种体育场馆设施既呈现多元化的特征,也有城市的个性。

在这座城市里,人们可以参加各种体育社团、培训班,在活动中得到示范、讲解与指导,在测试中得到健身效果的及时反馈。

在这座城市里,周末人们涌进运动场、比赛馆,今天也许是观众,明天就可能是竞赛的参与者。

在这座城市里,最冷清的地方是医院与药房,无人问津的地方是少管所与监狱,最无销路的东西是毒品。

在这座城市里,大家有一个共同的口号、一个共同的标识、一个共同的信念,那就是体育让生活更美好,体育让城市更加充满活力。

这是亚洲活力城市标准制定者理想中的活力城市。我们将朝这个方向努力制定标准,借此推动一个个亚洲活力城市的诞生。

结束语

今天,我们梳理了人、城市、体育与活力之间的逻辑关系,为亚洲活力城市标准的制定与认证工作寻求了理论根据。我们还有许多实际工作需要去落实。有国际健身大众体育协会(TAFISA)同人的支持,借鉴欧洲同类研究成果与工作成果,我们有信心不辜负亚洲朋友的重托,将亚洲活力城市标准如期制定出来。

谢谢!

体育，一个永恒的话题

(2019年5月17日在成都体院召开的体育概念探讨会上的讲话)

前　言

　　关于体育概念与功能的研讨会是我期望已久的会议。感谢研讨会的发起者与组织者，你们为中国体育做成了一件不求功利，但可以载入体育史册的大事情。

　　我多次表达过这样的观点：中国的体育改革一直滞后并存在严重缺陷，一个重要的原因是我们对体育的本质把握不够清晰，当前这场体育改革必须同时完成的任务，就是实现对体育本质的重新认识。

　　体育人文社会科学的基本功能是探索体育的本质，即对体育的概念做定义，对体育的功能做解释。早在20世纪80年代初，即改革开放之初，我们就做过一次类似的事情，迎来了体育与体育科学的第一次思想解放。40年过去了，中国进入了市场经济时代，人们的观念正在发生剧烈的变化，体育的体量成千百倍地增长，体育的管理方式、治理方式、经营方式都在不断演变。体育的实践活动发生了蜕变，因此要求对体育的认识活动迅速跟上并领跑在前。

一、体育是一个历史概念

　　体育作为一种肢体活动由来已久。但作为独立的文化形态与体系只有两三百年的历史，将研究体育的认识归于科学更不足百年。"体育"这个术语是从日本引进的，从开始使用至今，只有100多年的历史。中国运用"体育科学"这个术语的时间更短，只有40多年。由此可以看出，"体育"这个概念是经过不断的堆积、嬗变、修正，从而积淀而成的。随着历史步伐的前进，对体育的概念不断做出新的定义是必须的，是体育文化的题中之义，也是体育进步的表现。

体育运动所具有的强烈实践性，使之成为人类文化大千世界中极富动感和魅力的一部分。它是如此的丰富多彩，在不同国度呈现其多样性，在不同时代展示其多变性，成为民族文化与世界文化、传统文化与时代文化"共时"与"历时"的一个交汇点。

因此，对体育的历史分期是定义体育的基本前提。

人们在记录体育进程的逻辑线索时，尝试运用不同的史学观念。一种观念是按照生产关系的变化线索，把各个时代的体育资料填充到不同的社会形态中去，描述原始社会、奴隶社会、封建社会、资本主义社会的体育等。这种教条的历史观使我们始终不能正确地认识体育的起源，也难以看清体育与人的基本关系。

于是，有人尝试用生产力的变革过程来回眸人类体育发展的历史。他们用世界公认的人类的三种文明，即古希腊农耕游牧文明、英国的工业文明和以美国为代表的知识经济文明来依次描摹世界体育的进程。这种记事方法显然具有强烈的"欧美文化中心论"的色彩，显然把东方体育文化，特别是中国体育文化有意无意地忽略掉了。今天，东方体育文化正在苏醒，世界已进入了体育全球化和多元化并存的时代。这一重要的时代特征是我们在定义体育概念时必须要考虑到的。

体育是一种非生产性的实践活动，它不直接产生劳动价值，也不直接创造物质财富。虽然有一部分体育技术从生产劳动技术和军事技术移植而来，体育也可以作为传授劳动技能和军事技能的辅助手段，但是体育的本质是属于生活的。

可以说，体育是劳动之余、劳动之外的产物。在生产力并不很高的时代，体育一直游移于劳作与休闲、生产与生活、工作与游戏、军事与娱乐之间，随着时代的进步，这一游移方式有着明显倒向后者的发展趋势，这一趋势表明：体育的强制性在减弱，自主性在加强；社会性在减弱，人性在加强；工具论的色彩在减弱，目的论的色彩在加强。这一趋势也是我们在重新定义体育的概念时应该注意到的。

随着科技的进步、社会的发展，人类日常生活中的许多概念都在发生变化，如今天的服装、饮食、营养、交通、住房、心理等概念与几十年前都不可同日而语，至于社会、军事、通信、健康的内涵与外延也都发生了本质性的变化。更让我们吃惊的是，连科学、艺术、教育、价值观这些上层建筑也在忙不迭地修正自己的概念。至于文化的概念之争，它已成为世界性悬案。今天，日新月异的体育再次回到理论工作者的桌案上、论坛中，实属正常。

二、体育是个普世概念

在这个星球上，体育是最少受到意识形态影响的国际性的学术语言。在国际体育的大家庭中，概念内涵、语义表达的相通相近是沟通的共同需要。在频繁的国际竞赛活动、学术交流、裁判仲裁、新闻报道以及商业谈判中，大家必须使用一致的、公认的概念与术语。因此，我们在定义体育的概念时，必须既要尊重约定俗成的习惯，更要考虑到国际环境中的普世理念。

近现代中国体育的主体是舶来品，并在百余年的"赶超"过程中，不断适应世界体育潮流。18 世纪以来，西方发达国家的体育依次经历了四个阶段：军国民体育阶段、体育教育阶段、竞技运动阶段和体育休闲阶段。这四个阶段不是截然替代的，而是相互包含的，但在不同阶段，体育的目的、主要组织方式和内容手段各不相同。

在军国民体育阶段，主要以军事斗争为目的的体操、军事训练、国防体育为主；在体育教育阶段，则以学校班级教育的体育教学为主；在竞技运动阶段，则形成了以奥林匹克为核心的竞技文化；而到了体育休闲阶段，体育运动充分展现了它的多样性与复杂性。健身体育、健美体育、时尚体育、休闲娱乐、观赏体育蓬勃发展，大众体育（sport for all）的地位明显提升，并在全球流行。

我国的近现代体育由于政治、经济和社会等各种因素，发展过程较为曲折复杂，大体分上下两段进行。19 世纪中期以来，西方体育进入我国之初，体育先是作为军国民教育的工具，引进西方和日本的兵式体操。20 世纪初，体育进入学堂，以欧美体育教育思想与方法为主，推行课程标准，变体操为体育。随着西方竞技运动逐步成为体育的主流，我国也经历了同样的变化。

1949 年后，下半段开始，又重新回到了军国民体育的怀抱中，"劳卫制"、国防体育、广播体操、生产操等强制性的体育方式广泛推行。在学校体育中，前苏联的体育教育思想占统治地位，全国统一的教学大纲则体现了鲜明的计划经济色彩。经过 30 年的努力，中国终于在国际竞技运动的大家庭中恢复了合法地位，并以特有的体制手段、惊人的发展速度跟上了世界竞技运动的前进步伐。在竞技运动的发展壮大之势一发不可收拾。我们基本完成了西方体育的体系化建设，基本按照奥林匹克的面貌来改造中国的竞技体育。

进入改革开放年代，休闲的呼声渐起，人们开始践行一种新的生活方式，应运而生的是被称为"全民健身"的大规模的群众体育活动，中国体育终于在这个回合迎合了世界体育的潮流。

中国关于体育的概念也就在这两个阶段的四种形态中波动向前，其间在关于体育文化的讨论中争执不休，甚至出现"土体育"与"洋体育"水火不容、学校体育与竞技体育尖锐对立的局面。特别要提示的是，中国现行体育的概念还是在第二、第三两个形态交接时确立的，对竞技体育后来的高速发展估计不足，对休闲时代的到来则完全没有预料到。

三、中国现行体育概念的缺陷与导致的问题

（一）体育上位概念的游移

中华人民共和国成立之后的体育理论引自前苏联，当时认为体育的上位概念是"教育过程"，将体育中的一切活动统统归于教育。这一定义使用时间很长，从20世纪50年代沿袭到80年代，一直写在各种版本的《体育理论》教科书里。之后，竞技体育膨胀起来，大有脱离教育的倾向，用"教育过程"来定义体育显然有所偏颇，有点碍手碍脚。解决的办法就是提升上位概念的级别，先称"社会活动"，再称"文化活动"，最终称"社会文化活动"。这就是当前不同版本《体育概论》教材的现状。

（二）体育概念外延的不足

中国有一个无所不包的广义体育的概念，这是与许多国家不同的，是中国的特色。这种做法有利于中国体育的发展，也没什么不好。但是这个广义体育是在不断延伸与扩展的。近20年来，中国体育变动幅度之大，令人震惊：过去少有人涉及的文化被引进体育中来，体育文化大行其道；过去鲜少被提及的体育经济被代之以体育产业、体育商业、体育消费等而大肆渲染；过去作为资本主义体育标志的职业体育入室登堂，反客为主；过去与举国体制截然对立的体育社团蓬勃发展起来；过去的单位体育变成社区体育；棋牌、钓鱼算不算体育，始终没有定论，赛马、赛狗、信鸽、电子竞技算不算赌博，也存在争议；过去，我们把体育球迷、观众统称为"间接体育参与者"，甚至将其排除在体育大门之外，然而今天，他们成为一支强大的队伍，让我们无法忽视。可以看出，传统大概念的广义体育仍

然不能将今天中国体育实践中的一切囊括进来,必须重新审视、梳理体育概念的外延。

(三) 体育术语使用的混乱

与体育概念不清所对应的是体育术语混乱,以及与外文对译的不规范。

体育有"体育""体育运动""体育与运动"等不同表达,还有"广义的体育"与"狭义的体育"的区别。体育的下位概念就更加混乱。如群众体育领域,在方圆不到一平方千米范围内的国家体育总局辖地就有群众体育司、社会体育指导中心、全民健身研究室等不同称谓。此外,社会上还有大众体育、健身体育、休闲体育等种种叫法。在竞技体育领域,有竞技体育、竞技运动、竞技、运动等不同说法与写法出现在政府报告、法规文件与学术文章中,常常引起人们的疑问。

(四) 体育概念造成的困境

体育概念不清的问题造成了学术与管理上的困难。学术的认识模糊造成了管理的分类不当,而管理的分类不当又反过来固化了学术的缺陷。当前出现的学校体育与竞技体育衔接失当,学校体育与全民健身不能对接,全民健身与竞技体育各行其是,专业体育与职业体育各领风骚,体育与教育部门隔岸观火,体育与医疗部门各自为政等问题,已经阻碍了国家体育资源、教育资源、卫生资源与休闲资源的整合统筹,严重地阻碍了中国体育的发展。

结束语

概念是反映外在事物本质属性的思维形式,具有公众性。今天我们需要使用抽象化的方式,从体育实践中提取出一些观念,用以反映体育的共同特性,即形成概念。这一做法既要反映出体育的本源意义,又要充分体现出人的思维的能动性,即参与下定义的人要有智慧的投入。

不要急于做出结论,因为形成结论的过程更为重要。一个概念的公众性,即得到它合理性、合法性的承认,以及它是否禁得住实践的检验,是一个漫长的过程。体育既是一个科学的概念,又是一个必须被民众接受的通俗概念,因此,定义它就尤为困难。

但是,我们终于起步了。

附图 学术活动及讲学相关的现场照片

在北京市体育局讲学

在重庆做"活力城市的哲学思辨"的报告

附图　学术活动及讲学相关的现场照片　209

在北京体育大学为研究生做报告

在河南濮阳全民健身培训班上讲课

在北京体育大学与同学做怀旧讲演

在北京西单图书大厦为读者演讲北京奥运

附图　学术活动及讲学相关的现场照片　　211

在北京冰雪运动培训班上讲课

在全国博士研究生高层论坛上的讲演

在第六届全国体育科学大会上做主题报告

在第十一届全国体育科学大会上做专题报告

附图　学术活动及讲学相关的现场照片　213

在基层社区为居民讲课

在京津冀国际体育产业大会上演讲

在南京体育学院演讲

在宁波大学演讲

在全国休闲大会上讲话

在首都体育学院做电视讲演

在天津体育学院讲"全民健身运动成就"

在2019年"全球活力城市"中国方案研讨会上讲话

附图　学术活动及讲学相关的现场照片　217

主持第十一届全国体育科学大会的沙龙活动

在扬州武术大会上的讲学

在江西宜春学院讲学

获奖合影

与德国学者探讨"建设活力城市"的问题

与任海先生到澳门大学讲学

与台湾地区博士研究生合影

与外国学者进行文化交流

附图　学术活动及讲学相关的现场照片　221

在江西宜春学院讲学后与老师们合影

为大学生讲述体育人生

倾听听众提问

讲课现场

附图 学术活动及讲学相关的现场照片 223

答记者问

与研究生合影

与博士研究生座谈

演讲现场

与华南师范大学博士研究生及高访学者合影

书斋生活

在云南昆明讲学之余访香格里拉

眺望远方